思考力トレーニング

「考えて解く」力

理科・社会 5 年生

3 ステップで、情報の活用力を高める!

ステップ ①　ステップ ②　ステップ ③

情報を読み取る　　考える　　　表現する

KUM◯N

この本の使い方

○ 3つの問題パターンで、少しずつレベルアップ！

ステップ 1

問題文や資料から
情報を読み取って
判断する。学習の
基本も確かめられる。

ステップ 2

問題文や資料から
必要な情報を
選び出し
それをもとに考える。

ステップ 3

選び出した情報を
もとに自分の考えを
まとめて
文章で表現する。

各ステップには「ねらい」があって、「つけたい力（判断力・思考力・表現力）」の★で、どんな力が身につくかがわかるようになっているよ。

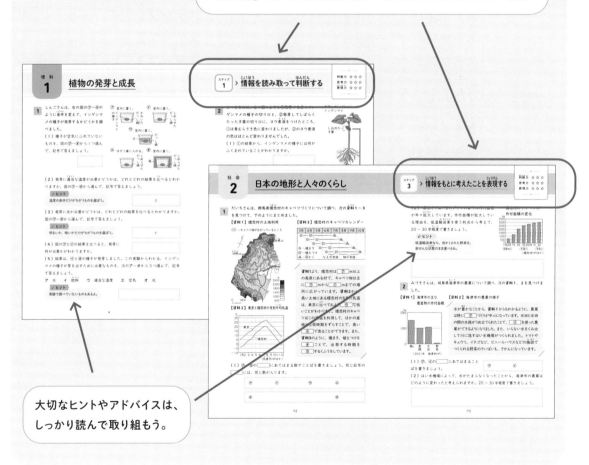

大切なヒントやアドバイスは、
しっかり読んで取り組もう。

○各教科の最後にある「まとめ問題」にチャレンジして、この本で身につ
いた力を確かめよう！

目　次

小学 **5** 年生

理科

【写真・資料提供】
朝日新聞社／ Cynet Photo、Cynet Photo、ウェザーマップ、PIXTA

社 会

植物の発芽と成長

1 しんごさんは、右の図の㋐〜㋕の
ように条件を変えて、インゲンマ
メの種子が発芽するかどうかを調
べました。

㋐ 室内に置く。　インゲンマメの種子　かわいただっし綿

㋑ 室内に置く。　しめらせただっし綿

㋒ 室内に置く。　水　だっし綿

㋓ 冷ぞう庫に入れる。　しめらせただっし綿

㋔ 室内に置く。　箱　しめらせただっし綿

（１）種子が空気にふれていない
ものを、図の㋐〜㋔から１つ選ん
で、記号で答えましょう。

（２）発芽に適当な温度が必要かどうかは、どれとどれの結果を比べるとわか
りますか。図の㋐〜㋔から選んで、記号で答えましょう。

**ヒント**
温度の条件だけがちがうものを選ぼう。

　　　と

（３）発芽に光が必要かどうかは、どれとどれの結果を比べるとわかりますか。
図の㋐〜㋔から選んで、記号で答えましょう。

ヒント
明るいか、暗いかだけがちがうものを選ぼう。

　　　と

（４）図の㋐と㋑の結果を比べると、発芽に
何が必要かがわかりますか。

（５）結果は、㋑と㋔の種子が発芽しました。この実験からわかる、インゲン
マメの種子が芽を出すために必要なものを、次の**ア**〜**オ**から３つ選んで、記号
で答えましょう。

ア 水　**イ** 肥料　**ウ** 適当な温度　**エ** 空気　**オ** 光

ヒント
実験で調べていないものもあるよ。

ステップ 1 ＞ 情報を読み取って判断する

判断力 ☆☆☆
思考力 ☆☆☆
表現力 ☆☆☆

2 さつきさんは、右の図のような①発芽する前のインゲンマメの種子の切り口と、②発芽してしばらくたった子葉の切り口に、ヨウ素液をつけたところ、①は青むらさき色に変わりましたが、②のヨウ素液の色はほとんど変わりませんでした。

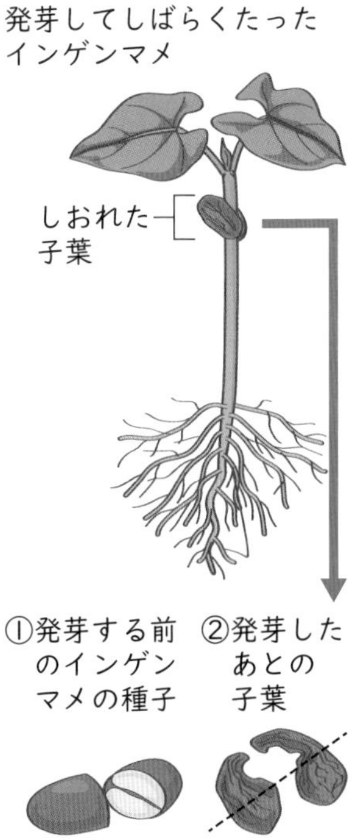
発芽してしばらくたった
インゲンマメ
しおれた
子葉
①発芽する前
のインゲン
マメの種子
②発芽した
あとの
子葉

（１）①の結果から、インゲンマメの種子には何がふくまれていることがわかりますか。

［　　　　］

（２）実験結果について、［　　　］にあてはまることばを書きましょう。

①と②の実験の結果から、インゲンマメが発芽するときに、種子の［　　　］の中の養分が使われたことがわかりました。

ヒント
ヨウ素液の色の変化のしかたで、養分の量のちがいがわかるね。

［　　　　］

3 こうたさんは、右の図の㋐～㋒のようにして、植物の育ち方を比べました。

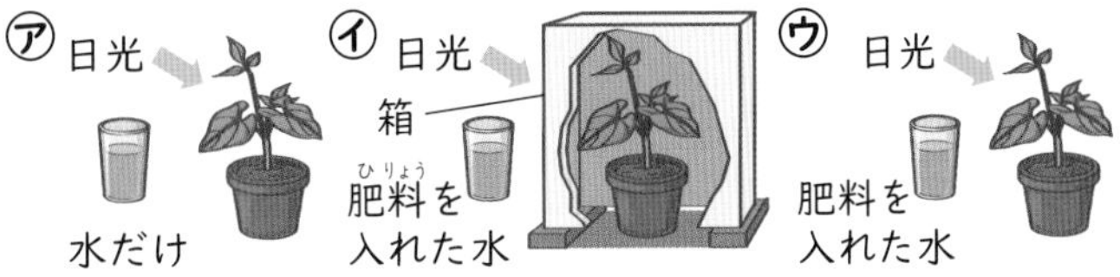
㋐
日光
水だけ
㋑
日光
箱
肥料を
入れた水
㋒
日光
肥料を
入れた水

10日後に、次の❶～❸のようになるものを、図の㋐～㋒から1つずつ選んで、記号で答えましょう。

❶ 葉は黄色っぽく、数が少ない。くきは長いが、細い。
❷ 葉は小さく、数が少ない。くきは短く、細い。
❸ 葉はこい緑色で大きく、数が多い。くきはよくのびて太い。

❶　　　❷　　　❸

植物の発芽と成長

1 エダマメが大好きなみさきさんは、自分でエダマメの種子をまいて育てようと思い、近所の農家の林さんにエダマメの種子のまき方を教わっています。

林さん：エダマメというのは、ダイズの若い緑色のマメのことなんだ。だから、まくのはダイズの種子だよ。㋐1月や2月では、芽が出ないから、まく時期は、4月の中ごろから5月の中ごろがいいよ。土をよく耕して、㋑ふわふわにしてから、種子をまくんだ。発芽させるには、（❶）ようにすることが大事だよ。

（1）右の図は、ダイズの種子です。発芽に必要な養分がふくまれている部分を、図の㋐、㋑から1つ選んで、記号で答えましょう。

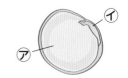

（2）下線部㋐について、1月や2月では、芽が出ない理由を、次の**ア〜エ**から1つ選んで、記号で答えましょう。

ア　空気がかんそうしているから。　　**イ**　風が強いから。

ウ　晴れの日が多いから。　　**エ**　気温が低いから。

（3）みさきさんは、下線部㋑の土をふわふわにする理由を、次のようにまとめました。　　　にあてはまることばを書きましょう。

【土をよく耕してふわふわにする理由】

・芽が地上に出やすくなるため。

・土に　　　を多くふくませるため。

（4）❶の（　）にあてはまることばを、次の**ア〜エ**から１つ選んで、記号で答えましょう。

ア 土がかんそうしない　**イ** 肥料をあたえる

ウ 土をもり上げる　　　**エ** 風があたる

　みさきさんがダイズの種子をまくと、たくさんの芽が出て、15cmくらいに育ちました。その写真を、先生や友達に見せています。

みさき：こんなに、たくさん育ちました。

しんご：すごい！　たくさんのなえがみっ集しているけれど、これではそれぞれのなえに、光がじゅうぶん当たらないよ。元気に育つかな。

みさき：そういえば、理科の実験で、光を当てずにインゲンマメを育てたときには、葉が黄色くなりました。

しんご：もやしは、工場で光を当てずに育てるから白くなるっていうテレビ番組を見たことがあるよ。

先　生：長ねぎの白い部分も、土をかぶせて光が当たらないようにして育てるから、白くなるんですよ。

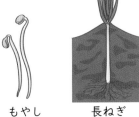

もやし　　長ねぎ

みさき：ということは、植物は光が当たらないと、（❷）という性質をもっているといえそうですね。

先　生：よく気がつきましたね。そのとおりです。

（5）❷の（　）にあてはまる植物の性質を、次の**ア〜エ**から１つ選んで、記号で答えましょう。

ア くきが太くなる　　　**イ** くきが細くなる

ウ 緑色がうすくなる　　**エ** 緑色がこくなる

植物の発芽と成長

1 理科クラブのりょうさんとけんたさんが、種子の発芽や養分について話しています。

りょう：インゲンマメの種子は、右の図の子葉に、発芽のための養分をたくわえていると勉強したよね。

けんた：右の図のような実験で、ヨウ素液の色の変化から、発芽したあとの子葉では、でんぷんが減っていることを確かめたよ。

りょう：でも、実際に、子葉の中の養分が発芽に使われたかどうかはわからないね。

けんた：うーん。じゃあ、子葉を半分に切った種子と、そのままの種子で成長のようすを比べてみよう。そうすれば、結果のちがいで、子葉の養分が発芽に使われたか、使われなかったかが確かめられるよ。

根・くき・葉になる部分　　発芽してしばらくたったインゲンマメ

子葉

子葉

ヨウ素液をつける

発芽する前のインゲンマメの種子　発芽したあとの子葉

【問題】 子葉を半分に切ったら、芽の成長はどうなるか。

【予想】 子葉を半分に切ると、発芽のための養分が少なくなるので、そのままの種子に比べて、成長しないと思う。

【実験】

①次のA～Cの種子を用意する。

A：そのままの種子

B：図のように半分に切った種子の**あ**の部分

C：図のように半分に切った種子の**い**の部分

②しめらせただっし綿を入れたカップを3個用意し、A～Cの種子を3個ずつ入れる。

③だっし綿がかわかないようにして、10日後にくきののびをはかって、平均を調べる。

しめらせただっし綿

8

実験の【結果】は、次のようになりました。

【結果】

	A　そのままの種子	B　半分に切った種子（あ）	C　半分に切った種子（い）
10日後のくきののびの平均	16 cm	4 cm	発芽しなかった

（１）下線部について、ヨウ素液は、でんぷんによって、何色に変化しますか。

（２）下線部について、でんぷんが少ないと、ヨウ素液の色の変化は、どうなりますか。

（３）【結果】で、BがAよりもくきののびが小さかった理由を、「子葉」「発芽のための養分」という２つのことばを使って書きましょう。

（４）【結果】で、Cが発芽しなかった理由を書きましょう。

（５）２人はこの【結果】から、「子葉にたくわえられた養分が発芽に使われている」ことを確かめました。もし、子葉の養分が発芽に使われていなかったとしたら、A、Bの結果はどのようになりますか。

魚のたんじょう

1 かいとさんのクラスでは、メダカを飼って観察
しています。

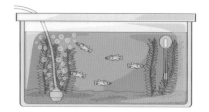

（１）メダカの飼い方として正しいものを、次
の**ア**～**カ**から３つ選んで、記号で答えましょう。

ア 水そうは、日光が直接当たる明るいところに置く。

イ 水そうは、日光が直接当たらない明るいところに置く。

ウ 水は、くみ置きの水を半分ずつ入れかえる。

エ 水は、水道の水を新しいうちに、全部入れかえる。

オ えさは、食べ残さないくらいの量をあたえる。

カ えさは、食べ残すくらいのじゅうぶんな量をあたえる。

> 💡 **ヒント**
> 水道水の中の消毒薬は、しばらく
> おくと、空気中に出ていくよ。

（２）右の図は、メダカのめすです。めすのせ
びれとしりびれの形を、次の**ア**～**エ**から１つず
つ選んで、記号で答えましょう。

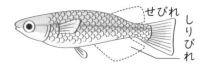

ア **イ** **ウ** **エ**

せびれ	しりびれ

（３）たまごが育つには、どんなことが必要ですか。㋐、㋑の □ にあて
はまることばを書きましょう。

> めすが産んだたまごが、おすの出す ㋐ と結びついて、 ㋑ が行われる
> と、たまごが育ち始めます。

㋐	㋑

2 かいとさんは、メダカのたまごの育つようすを、毎日同じ時間に観察します。

（１）めすが産んだたまごをつける場所を、次の**ア～エ**から１つ選んで、記号で答えましょう。

ア 水そうの底の小石 　　**イ** 水草

ウ 水そうのかべ 　　　　**エ** おすのせなか

（２）上の図は観察に使うけんび鏡です。けんび鏡の名前を書きましょう。

> **ヒント**
> そう眼実体けんび鏡を使うこともあるよ。

（３）メダカのたまごの直径はどのくらいですか。次の**ア～エ**から１つ選んで、記号で答えましょう。

ア 0.1mm 　**イ** 1mm 　**ウ** 5mm 　**エ** 1cm

（４）右の図は、受精後１時間のたまごのようすです。メダカの体に育っていく部分を、図の**ア～ウ**から１つ選んで、記号で答えましょう。

> **ヒント**
> **イ**には養分がたくさん入っているよ。

（５）次の㋐～㋤は、観察した受精卵のようすです。㋐～㋤を育つ順にならべましょう。

 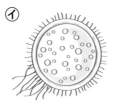  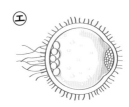

> →　　　　→　　　　→

理科 2

魚のたんじょう

1 あおいさんは、メダカを飼(か)って観察し、記録カードを書いています。

メダカ　6月13日午前10時
おすとめす　晴れ　気温20℃

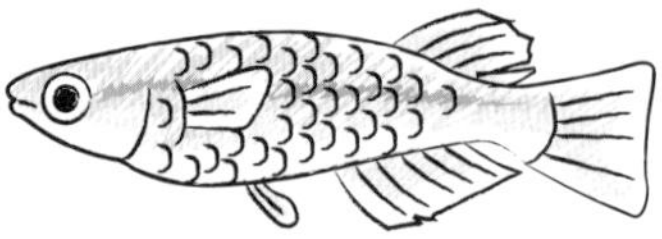

メダカのおすとめすを10ぴきずつ飼います。メダカのおすとめすには、特ちょうがあります。図のメダカは[㋐]に切れこみがあり、[㋑]の形が平行四辺形に近いので、[㋒]です。

メダカ　6月21日午前10時
メダカのたまご　晴れ　気温22℃

水草にたまごがついていました。このたまごは、[㋓]とたまごが結びつく受精(じゅせい)が行われたのだろうか。
受精が行われないと、たまごは育ちません。

(1) ㋐～㋓の[　　]にあてはまることばを書きましょう。

㋐　　　　㋑

㋒　　　　㋓

(2) たまごは、水草についたまま、水を入れたいくつかの容器(ようき)に移(うつ)しました。それらの容器を、入れ物に入れ、容器のまわりに水を入れて、たまごの変化を毎日観察しました。容器のまわりに水を入れる理由を、次の**ア**～**ウ**から1つ選んで、記号で答えましょう。

あなをあけておく。
容器
容器のまわりに水を入れておく。
たまごがついている水草
水

ア　たまごを入れた容器の水温が上がらないようにするため。
イ　たまごがかんそうしないようにするため。
ウ　たまごが容器からとび出さないようにするため。

情報を読み取って考える

（３）次の**ア～エ**は、たまごの変化を観察したあおいさんの記録カードの一部ですが、日付の順にならんでいません。

ア

たまごの変化

イ
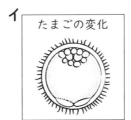
たまごの変化

ウ

たまごの変化

エ

たまごの変化

次の**❶～❹**は、日付の順に記録カードに書かれた文です。それぞれ、**ア～エ**のどれにあてはまるか、１つずつ選んで、記号で答えましょう。

❶ あわつぶといっしょに、メダカの体になるものが見えます。

❷ 目ができてきました。頭の位置がわかります。

❸ 目が黒くなり、心ぞうの動きや血液（けつえき）の流れが見られます。

❹ 体が色づき、たまごの中でぐるっと回るように動きます。

| ❶ | ❷ | ❸ | ❹ |

（４）たまごの中でメダカの子どもが育つときの養分について正しいものを、次の**ア～エ**から１つ選んで、記号で答えましょう。

ア 水の中にある養分を取り入れて育つ。

イ たまごの中にある養分を使って育つ。

ウ たまごの中の養分と水の中の養分の両方を使って育つ。

エ たまごの中にいるときは、養分がなくても育つ。

（５）たまごからかえったメダカの子どものはらには、右の図のようなふくらみがありました。このふくらみのはたらきは、芽が出るときのインゲンマメのどの部分と同じですか。
次の**ア～エ**から１つ選んで、記号で答えましょう。

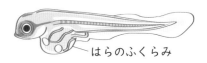
はらのふくらみ

ア 根 **イ** くき **ウ** 葉 **エ** 子葉

魚のたんじょう

1 みずきさんとあらたさんが、メダカについて先生と話しています。

みずき：メダカのたまごの*ふ化について、図かんや本を読んで調べてみましたが、ふ化するまでの日数が8日というのもあれば、13日というのもあって、ずいぶんちがいます。　　　　*ふ化…動物のたまごがかえること

あらた：へえ。いったい、どっちが正しいんだろう。

先　生：メダカが産卵する条件のひとつに、水温が18℃〜30℃で、あまり変化しないということがあります。

みずき：18℃から30℃ではずいぶんちがうね。水温がちがうと、ふ化するまでの日数がちがうのかもしれないね。

あらた：実験して、調べてみようよ。

　2人は、水温を一定の温度にすることができる、温度調節機能つきの水そうヒーターを先生に貸してもらい、次のような実験を行いました。

【問題】	水温は、産卵からふ化までの日数に関係しているか。
【方法】	水温を一定にして、産卵からふ化までの日数を調べる。 20℃から28℃までのいろいろな水温について調べる。

　実験の【結果】は、次のようになりました。たとえば、水温が20℃のときは、産卵から13日目にふ化したことを表しています。

【結果】

水　温	産卵からふ化までの日数
20℃	13日
22℃	12日
24℃	11日
26℃	9日
28℃	8日

情報を読み取って表現する

みずきさんは、実験の【結果】からいえることを、次のようにまとめました。

【まとめ】　水温が高ければ高いほど、ふ化までの日数が短くなる。

（１）みずきさんの【まとめ】は、実験の【結果】からいえることとしては正確ではありません。正確なまとめになるように書き直しましょう。

（２）実験の【結果】から考えて、６月27日に産卵したたまごを、25℃の水温で育てると、７月何日にふ化すると予想できますか。次のア〜エから１つ選んで、記号で答えましょう

ア　３日　　**イ**　５日　　**ウ**　７日　　**エ**　９日

実験のあと、先生が「水温とふ化までの日数の関係」について教えてくれました。

先　生：メダカは、水温が18℃から30℃の間では、水温（℃）×ふ化までの日数（日）＝250になると、ふ化するといわれています。

みずき：その式で計算すると、水温が20℃のときは、（　　　　）ので、実験の【結果】とだいたい合っていますね。

（３）（　）にあてはまることばを、計算した式と求めた答えを使って、書きましょう。

人のたんじょう

1 ゆうたさんは、人のたんじょうについて調べました。

> 女性の体の中でつくられた卵と男性の体の中でつくられた精子が結びついて □□□□ が行われると、新しい生命がたんじょうして成長を始めます。

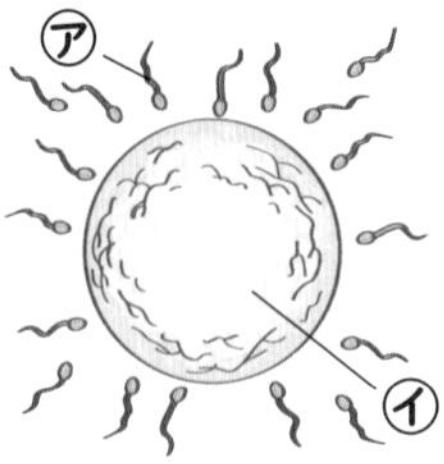

（1）□□□□ にあてはまることばを書きましょう。

（2）卵は、右の図の㋐、㋑のどちらですか。

> ⚡ **ヒント**
>
> 精子は動くけど，卵は動かないよ。

2 はるかさんは、母親の体内で育つ子どものようすを調べました。

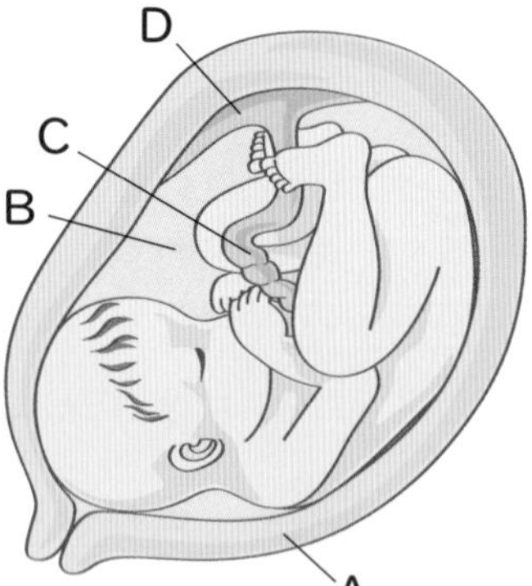

（1）右の図のAは、人の子どもが母親の体内で育つところです。これを何といいますか。

（2）Bは子どもをしょうげきから守るために、（1）を満たしている液体です。これを何といいますか。

（3）はるかさんは、C、Dのはたらきについて、次のようにまとめました。㋐、㋑の □□□□ にあてはまるのは、C、Dのどちらですか。その名前も書きましょう。

> □ ㋐ □ は、母親からの養分をもらい、いらないものをわたすところです。養分やいらないものは、□ ㋑ □ を通って運ばれます。

㋐記号：　　　名前：　　　　　　　㋑記号：　　　名前：

3 のぞみさんは、子どもが母親の体内で成長するようすを調べました。

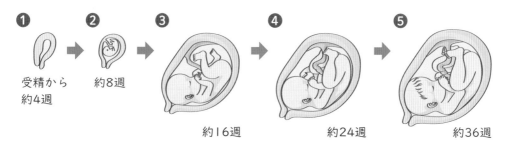

❶ 受精から
約4週
❷ 約8週
❸ 約16週
❹ 約24週
❺ 約36週

（１）人の受精卵の大きさ（直径）はどのくらいですか。次の**ア〜エ**から1つ選んで、記号で答えましょう。

ア 0.014 mm **イ** 0.14 mm **ウ** 1.4 mm **エ** 1.4 cm

> 💡 **ヒント**
> 人の受精卵はメダカの受精卵より小さいよ。

（２）上の図の❶〜❺のとき、どのようなようすが見られますか。あてはまるものを、次の**ア〜オ**から1つずつ選んで、記号で答えましょう。

ア 体のようすや顔の形がはっきりしてくる。男女の区別ができる。

イ 目や耳ができ、手足の形がはっきりしてくる。

ウ 心ぞうが動き始める。

エ 子宮の中で回転できないくらい大きくなる。

オ ほねやきん肉が発達して、活発に動く。

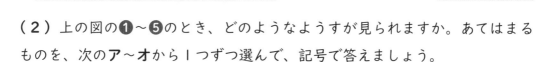

❶　　　　❷　　　　❸　　　　❹　　　　❺

（３）人は受精してから約何週で生まれますか。

（４）生まれたときの人の子どもは、どのくらいの大きさですか。次の**ア〜エ**から1つ選んで、記号で答えましょう。

ア 身長 50 cm、体重 3 kg **イ** 身長 50 cm、体重 10 kg
ウ 身長 100 cm、体重 3 kg **エ** 身長 100 cm、体重 10 kg

人のたんじょう

1 あかりさんは、母親の子宮の中で育つ子どもの体重の増え方を本で調べて、コンピュータを使ってグラフにし、発表しています。

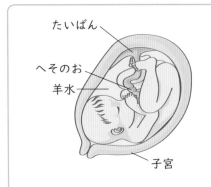

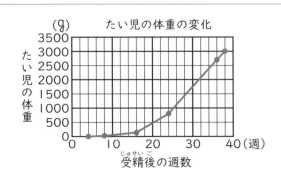

(g) たい児の体重の変化

あかり　子宮の中の赤ちゃんは、羊水につかっています。お母さんから養分を、たいばんとへそのおを通じて受け取り、ぐんぐん育ち、直径0.1mmほどだった受精卵が、生まれるときには身長が50cmにもなります。

（1）あかりさんの発表をきいた4人の友達が、子宮の中の子どものようすについて話しています。4人のうち、正しい発言をしている人を2人選んで、その名前を答えましょう。

さくら　お母さんから養分をもらうので、赤ちゃんは食べ物を食べないよ。

れん　赤ちゃんは、ほねはないけれど、きん肉があるから子宮の中で動くよ。

はると　羊水の中では、赤ちゃんは息をすったり、はいたりしていないんだよ。

あおい　生まれたときの体重は、受精卵と比べると、約10倍になっているよ。

（２）体重がぐんと増え始める受精後 20 週を過ぎたころの子どものようすを、次の**ア～エ**から１つ選んで、記号で答えましょう。

ア　心ぞうが動き始める。

イ　子宮の中で体を回転させて、活発に動く。

ウ　手や足の形ができて、体を動かし始める。

エ　子宮の中で回転できないくらい大きくなる。

（３）あかりさんは発表のあとで、次のように話しています。

あかり

この間、わたしの家ではハムスターの赤ちゃんが５ひき生まれました。一度に 10 ぴきも生まれることもあるそうです。そこで、本で調べたところ、子宮に６ぴきのハムスターの子どもが育っている右のような図を見つけました。

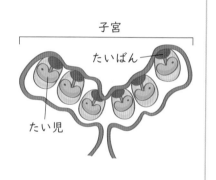

子宮
たいばん
たい児

　図から、ハムスターの子宮の中の子どもは、どのようにして何びきも一度に育つと考えられますか。次の**ア～エ**から１つ選んで、記号で答えましょう。

ア　ハムスターには子宮がいくつもある。

イ　１つのたいばんに、それぞれの子どもがへそのおでつながっている。

ウ　子どもの数だけたいばんができ、それぞれがへそのおで子どもとつながっている。

エ　子どもはたいばんではなく、羊水から養分を取り入れている。

理科 3

人のたんじょう

1 さくらさんとはるとさんは、メダカのたんじょうと人のたんじょうのちがいをまとめて、表をつくりました。

	メダカ	人
受精卵（じゅせいらん）の大きさ	直径約 1 mm メダカのたまごを約 10 倍にかく大した大きさ	直径約 0.1 mm 人の卵を約 10 倍にかく大した大きさ
受精卵からたんじょうまでの日数	約 11 日	約 270 日（約 38 週）
受精卵が育つところ	水草 	母親の子宮の中 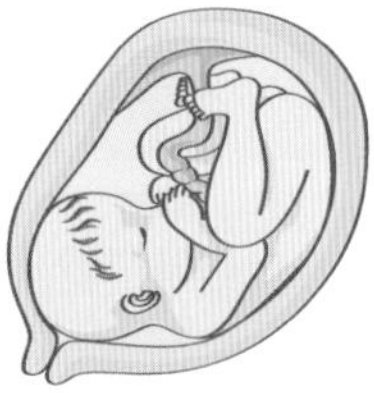
成長のための養分	たまごにふくまれている養分を取り入れる。	㋐
たんじょうするときの大きさ	約 0.4 cm	約 50 cm
たんじょうしたあとの育ち方	自分でえさをとって育つ。	母親から乳（ちち）をもらって育つ。

（1） 次は、2人が人とメダカのたんじょうについて話したことです。正しいものを、次の**ア**～**エ**から1つ選んで、記号で答えましょう。

ア 人もメダカも、受精卵から成長が始まるんだよね。

イ 人の受精には精子が必要だけど、メダカはたまごだけで受精するよ。

ウ 人の子どもは子宮の中で動くけど、メダカの子はたまごの中で動かないよ。

エ 人もメダカもたんじょうしたあと、数日は、はらの中の養分で育つんだよ。

（２）さくらさんは、表の受精卵の大きさのちがいについて、次のようにまとめました。□□□にあてはまることばを書きましょう。

人はメダカより体が大きいのに、人の受精卵がメダカに比べて小さいのは、人の受精卵には□□□がふくまれていないからです。

（３）表の㋐にあてはまる文を「たいばん」「へそのお」という２つのことばを使って書きましょう。

はると：表を見ると、メダカと人のちがいがよくわかるね。

さくら：表にまとめたこと以外にも、ちがうことがあるよ。たとえば、メダカと人では、産む子の数もちがうみたいだよ。メダカはたまごを１回に10～20個ずつ、１年に70回くらい産むって本に書いてあったよ。

はると：人は産む子の数が少なくても、メダカより大人になるまで育つ割合が大きいんだね。

（４）下線部の理由を、受精卵の育つ場所や生まれたあとの子どもの育て方に注目して書きましょう。

実のでき方

1 あゆむさんは、アサガオの花のつくりを観察しました。

アサガオ

（１）㋐、㋓のつくりを何といいますか。

㋐	㋓

（２）実になるのは、どこですか。次の**ア～エ**から１つ選んで、記号で答えましょう。

ア ㋑の先　　　　　**イ** ㋑のもと

ウ ㋒の先　　　　　**エ** ㋒のもと

ヒント

めしべはどれかな？

（３）㋑と㋒の先に粉のようなものがついていました。これは何ですか。

ヒント

㋑でつくられるものだよ。

2 みのりさんはヘチマの花を観察し、ノートにまとめました。

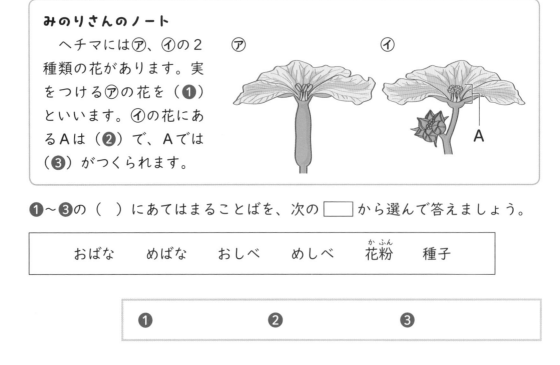

みのりさんのノート

　ヘチマには㋐、㋑の２種類の花があります。実をつける㋐の花を（❶）といいます。㋑の花にあるＡは（❷）で、Ａでは（❸）がつくられます。

㋐　　　㋑　　　Ａ

❶～❸の（ ）にあてはまることばを、次の □ から選んで答えましょう。

おばな	めばな	おしべ	めしべ	花粉	種子

❶	❷	❸

判断力	☆☆☆
思考力	☆☆☆
表現力(ひょうげんりょく)	☆☆☆

3 たけるさんは、けんび鏡を使って、アサガオとヘチマの花粉を観察しました。

（１）右の図は、たけるさんが観察した花粉です。アサガオの花粉は㋐、㋑のどちらですか。

㋐　㋑

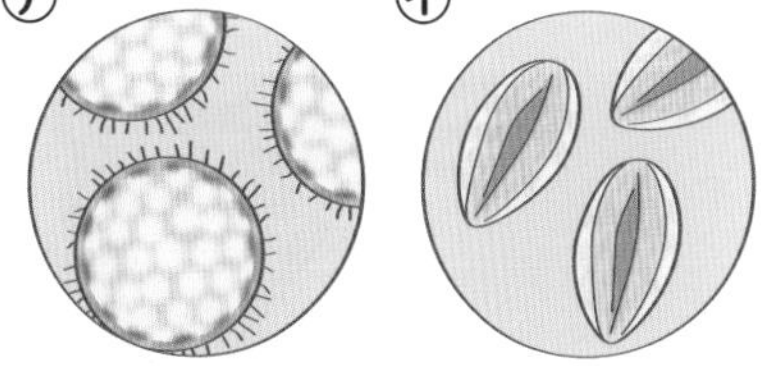

（２）接眼(せつがん)レンズの倍率(ばいりつ)を10倍、対物レンズの倍率を10倍にしたとき、けんび鏡の倍率は何倍ですか。

ヒント
けんび鏡の倍率
＝接眼レンズの倍率×対物レンズの倍率

倍

4 りおさんは、アサガオで花粉のはたらきを調べる実験を行いました。

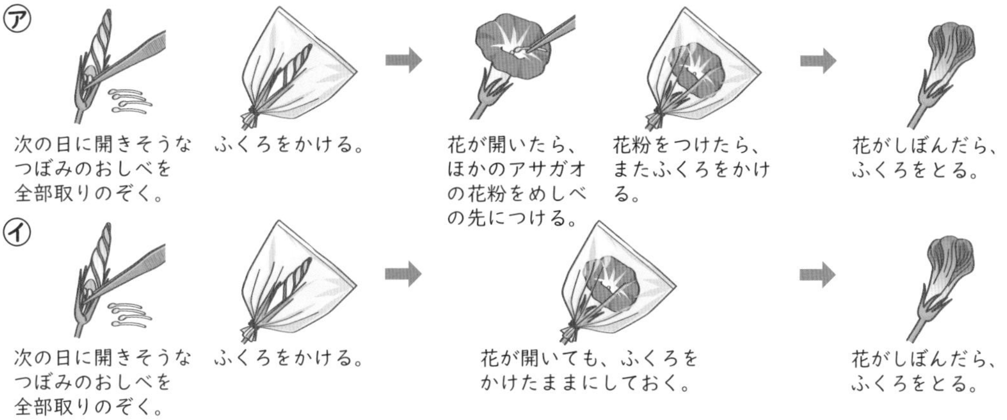
㋐
次の日に開きそうなつぼみのおしべを全部取りのぞく。
ふくろをかける。
花が開いたら、ほかのアサガオの花粉をめしべの先につける。
花粉をつけたら、またふくろをかける。
花がしぼんだら、ふくろをとる。
㋑
次の日に開きそうなつぼみのおしべを全部取りのぞく。
ふくろをかける。
花が開いても、ふくろをかけたままにしておく。
花がしぼんだら、ふくろをとる。

（１）つぼみや花にふくろをかけたのは、何が行われないようにするためですか。

（２）やがて、実をつけるのは㋐、㋑のどちらですか。また、実の中には何ができていますか。

記号　　　できているもの

実のでき方

1 あゆむさんとみのりさんは、本でトウモロコシとアブラナの花のつくりを調べ
ました。

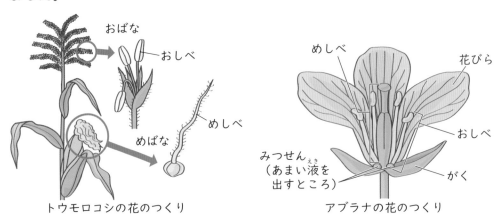

あゆむさんとみのりさんは、本でトウモロコシとアブラナの花のつくり

あゆむ：トウモロコシの実のまわりについているたくさんの毛のようなもの
　　　　が、トウモロコシのめばなのめしべというのには、びっくりしました。

先　生：ⓐ受粉が行われると、めしべのもとがふくらんで、トウモロコシの実
　　　　の１つぶになるんですよ。

みのり：トウモロコシの花は、おばなにもめばなにも花びらがなくて、アブ
　　　　ラナとは、花のつくりや色がずいぶんちがいますね。

先　生：それは、花粉の運ばれ方のちがいが関係しています。

みのり：アブラナの花粉は主にこん虫によって、トウモロコシの花粉は主に
　　　　風によって運ばれますね。

先　生：そのとおりです。アブラナの花には、トウモロコシの花には見られ
　　　　ない、ⓑこん虫をよびよせるつくりがありますよ。

（１）下線部ⓐの受粉についての説明として正しいものを、次の**ア～エ**から１
つ選んで、記号で答えましょう。

ア　めしべの先に、おしべのもとでつくられた花粉がつくこと。

イ　めしべの先に、おしべの先でつくられた花粉がつくこと。

ウ　おしべの先に、めしべのもとでつくられた花粉がつくこと。

エ　おしべの先に、めしべの先でつくられた花粉がつくこと。

（２）下線部ⓘについて、アブラナの花にある、こん虫をよびよせるつくりは
どれですか。次の**ア**～**オ**から２つ選んで、記号で答えましょう。

ア 大きいがく　　　　　　　**イ** ねばねばしためしべの先

ウ みつを出すみつせん　　　　**エ** たくさんあるおしべ

オ あざやかな色の花びら

みのり：こん虫によって運ばれる花粉と風によって運ばれる花粉では、花粉
　　　　　のようすがちがうのか比べてみたいです。

先　生：トウモロコシの花粉と、主にこん虫によって運ばれるコスモスの花
　　　　　粉をけんび鏡で観察しましょう。

（３）図のA、Bは、みのりさんがかいた、けんび鏡
で観察した花粉のスケッチです。コスモスの花粉はA、
Bのどちらですか。また、そう考えた理由を、次の**ア**
～**エ**から１つ選んで、記号で答えましょう。

ア とげがあって、こん虫の体につきやすいから。

イ なめらかで、こん虫が運びやすいから。

ウ とげがあって、こん虫に食べられやすいから。

エ なめらかで、こん虫に食べられやすいから。

A
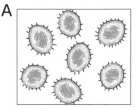

B
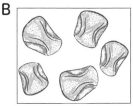

花粉　　　　　　　理由

（４）みのりさんは、Aの花粉をけんび鏡で観察しているときに、レボルバー
を回してけんび鏡の倍率を大きくしました。見える花粉の数はどうなりますか。
次の**ア**～**ウ**から１つ選んで、記号で答えましょう。

ア 多くなる。　　　**イ** 少なくなる。　　　**ウ** 変わらない。

実のでき方

1 たけるさんは、アサガオの花について、次のように考えています。

たける

> アサガオの花は、まだ虫も活動していない朝早くに開いてすぐにしぼんでしまうけど、ちゃんと受粉しているのかな?

　たけるさんは、まず、アサガオが実や種子をつくるには受粉が必要なことを確かめようと思い、次のような**実験1**を行いました。

実験1

【問題】アサガオが実や種子をつくるのに、受粉は必要か。

【方法】はち植えのアサガオから、次の日に開きそうなつぼみA、Bを選び、次のようにして、実ができるかどうかを確かめる。

	1日目		2日目	花がしぼんだあと
A	何もしない。	ふくろをかける。	ふくろをかけたままにする。	ふくろをはずす。
B	おしべを全部取りのぞく。	ふくろをかける。	ふくろをかけたままにする。	ふくろをはずす。

【結果】1週間後に、Aは実ができたが、Bは実ができなかったことから、アサガオが実をつくるためには受粉が必要だとわかった。

　しかし、先生から次のようなアドバイスを受けました。

> この実験では、Aにはおしべはあるけれど、受粉したかどうかはわからないので、受粉が必要かどうかを確かめることができません。つぼみを2つ選び、条件を同じにするために、1日目のそうさを同じにして、2日目に一方だけを受粉させましょう。

先　生

　そこで、たけるさんは、次の日に開きそうなアサガオのつぼみC、Dを用いて、**実験2**を計画し行ったところ、Cは実ができ、Dは実ができませんでした。

（１）先生のアドバイスをもとに、１日目、２日目のアサガオのつぼみC、Dをどのようにするかを考えて、次の表を完成させましょう。

実験2の計画

【**方法**】　次の表のようにしたアサガオのつぼみCとDで、実のでき方を比べる。

１日目	
２日目	
花がしぼんだあと	ふくろをはずし、実ができるかを確かめる。

　実験2から、アサガオが実をつくるためには受粉が必要だとわかりました。そこで、アサガオの花が開く前とあとのおしべとめしべの先のようすを観察しました。

【観察の結果】

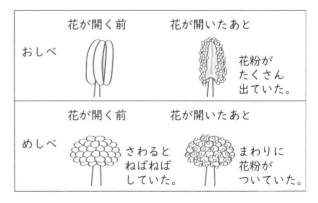

（２）【**観察の結果**】と**実験1**のAに実ができたことから、アサガオの花は、いつ、どのようにして受粉すると考えられますか。

天気の変化

1 かいとさんは、雲の量と天気の決め方について調べました。㋐〜㋒の □ にあてはまる雲の量や天気を書きましょう。

天気のうち、「晴れ」か「くもり」かは、雲の量によって決まります。空全体の広さを 10 として、雲の量が □㋐□ のときを晴れ、□㋑□ のときをくもりとしています。右の図のような空の天気は □㋒□ です。

㋐	㋑	㋒

2 さやかさんは、いろいろな雲について調べ、クイズを考えました。（１）〜（３）にあてはまる雲を、次の**ア〜エ**から１つずつ選んで、記号で答えましょう。

さやか

けん雲

積らん雲

積雲

らんそう雲

（１）この雲は、空の低いところにでき、空一面に広がる雲です。長い時間、広い地いきに弱い雨をふらせます。

（２）この雲は、夏によく見られる空高く広がる雲です。せまい地いきに、短時間に強い雨をふらせ、かみなりが鳴ることもあります。

> 🐾 **ヒント**
> 入道雲とよばれ、夕立をふらせる雲だよ。

（３）この雲は、すじ雲ともよばれ、上空の風が強い晴れた日に高い空にあらわれる雲です。

> 🐾 **ヒント**
> 今は晴れているけど、雲が多くなると何日か後に雨がふることもあるよ。

3 まいさんは、4月23日から26日の4日間の、気象衛星からの雲画像をもとに、雲の動きや天気について考えました。

（1）次は、まいさんの書いたまとめです。㋐、㋑の □ にあてはまる方位を、東・西・南・北から1つずつ選んで書きましょう。

雲は、およそ □㋐□ から □㋑□ の方向に動きました。天気は、雲が動くにつれて移り変わっていきます。

㋐	㋑

（2）このあと、東京の天気はどのようになると考えられますか。次の**ア〜ウ**から1つ選んで、記号で答えましょう。

ア 27日は雨かくもりだが、そのあとはしばらく晴れの日が続く。

イ しばらく晴れの日が続く。

ウ しばらく雨やくもりの日が続く。

4 そうたさんは、台風について調べました。
㋐〜㋒の □ にあてはまる方位を、東・西・南・北から1つずつ選んで書きましょう。

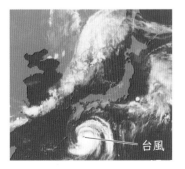
台風

台風は、□㋐□ の海上で発生します。はじめは □㋑□ に進み、しだいに北や □㋒□ の方へ動くことが多いです。

㋐	㋑	㋒

理科 5 天気の変化

1 かいとさんとそうたさんが、天気について会話をしています。

かいと：「夕焼けの次の日は晴れ」という言い伝えは、よく当たるよね。

そうた： それは、科学的に正しいからだよ。夕焼けが見られるときは、夕方、自分がいるところよりも（**❶**）の地いきではよく晴れているよね。天気は雲の動きとともに（**❷**）から（**❸**）へと変化するから、次の日は晴れるんだよ。

かいと： ただの迷信<ruby>迷信<rt>めいしん</rt></ruby>じゃないんだね。「山にかさ雲がかかると雨」という言い伝えもあるけど、これは、山にかさ雲ができるときは、上空の（**❹**）からだね。

かさ雲

そうた： 昔の人は、いろいろな現象<ruby>現象<rt>げんしょう</rt></ruby>によって、天気の予想をしたそうだけど、今では、インターネットなどでさまざまな気象情報が調べられるから、おおよその天気の予想はできるらしいよ。

かいと： ぼくたちもやってみようか。

（１）**❶**～**❸**の（　）にあてはまる方位を、東・西・南・北から１つずつ選んで書きましょう。

❶	❷	❸

（２）**❹**の（　）にあてはまることばを、次の**ア**〜**エ**から１つ選んで、記号で答えましょう。

ア 気温が高い

イ 気温が低い

ウ 水じょう気が多い

エ 水じょう気が少ない

かいとさんとそうたさんは、インターネットで集めた4月28日から3日間の午後3時の雲画像をもとに、各地の天気を予想することにしました。

4月28日午後3時   4月29日午後3時   4月30日午後3時

かいと：右の地図と合わせてみると、29日の午後3時にくもりか雨だったと考えられるのは（❺）と（❻）だね。

そうた：東京の3日間の午後3時の天気は（❼）と変わったね。

かいと：5月1日の大阪の朝の天気はきっと（❽）だね。

そうた：たった3枚の雲画像なのに、いろいろなことがわかるね。

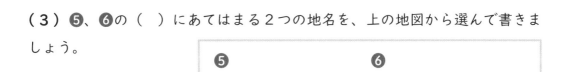

福岡　仙台（せんだい）　東京　大阪

（3）❺、❻の（ ）にあてはまる2つの地名を、上の地図から選んで書きましょう。

❺	❻

（4）❼の（ ）にあてはまる天気の変化を、次の**ア**〜**ウ**から1つ選び、記号で答えましょう。

ア 晴れ→くもりか雨→晴れ

イ 晴れ→晴れ→くもりか雨

ウ くもりか雨→晴れ→晴れ

（5）❽の（ ）にあてはまる天気を書きましょう。

天気の変化

1 まいさんと先生が、天気について会話しています。

　ま　い：線状こう水帯というのをニュースできいたのですが……。

　先　生：右の写真の雲Xは、知っていますね。

　ま　い：雲Xは、❶ {上下・水平} 方向に発達して、

　　　　　❷ {広い・せまい} 地いきに、❸ {数・数十}

　　　　　時間、強い雨をふらせる雲です。

　先　生：そのとおりです。

雲X

【線状こう水帯についての説明】

先　生

線状こう水帯は、雲Xが次々に発生して起こります。発生した雲Xが、列をつくってならぶため、強い雨がふる地いきが、帯のように長く広がります。

①次々に雲Xが発生する。
②雲Xが列をつくってならぶ。
③線状に強い雨がふる。

線状に強い雨がふる地いき

（１）雲Xの名前を書きましょう。

（２）❶〜❸の { } からあてはまる方を選んで書きましょう。

❶	❷	❸

先　生：右の図は、線状こう水帯が発生した2023年6月2日の雲画像の上に、雨量情報を加えたものです。

ま　い：大量の雨がふっている地いきが、線のようにのびていますね。Aの雲のうずは台風ですか。

先　生：そうです。台風も線状こう水帯のように、雲Xが集まってできたものです。

ま　い：6月に台風が日本に近づくのはめずらしいですね。

先　生：そうですね。右の図は、台風の月ごとの主な進路をまとめたものです。

ま　い：<u>台風は日本に近づくと、春のころの雲と同じような動きをしますね。</u>

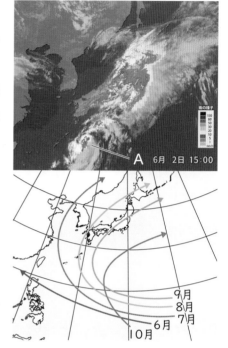

（3）まいさんは、線状こう水帯と台風のちがいについて、次のようにまとめました。□□□にあてはまることばを書きましょう。

> 線状こう水帯も台風も強い雨をふらせますが、雨がふるはんいと時間を比べると、台風の方が□□□雨がふります。

（4）下線部について、日本付近の台風の動きと春のころの雲の動きで、似ている点を書きましょう。

理科
6

流れる水のはたらき

1 しょうたさんは、理科の授業(じゅぎょう)で、土の山にみぞをつくって水を流し、流れる水のはたらきを調べました。

しょうたさんのノート1

　右の図の㋐と㋒を比(くら)べると、❶{㋐・㋒}の方が、流れがゆるやかだった。また、❷{㋐・㋒}の方が、土のけずられ方が大きかった。

　図の㋑の流れの曲がったところでは、❸{A・B}の方が、土のけずられ方が大きかった。

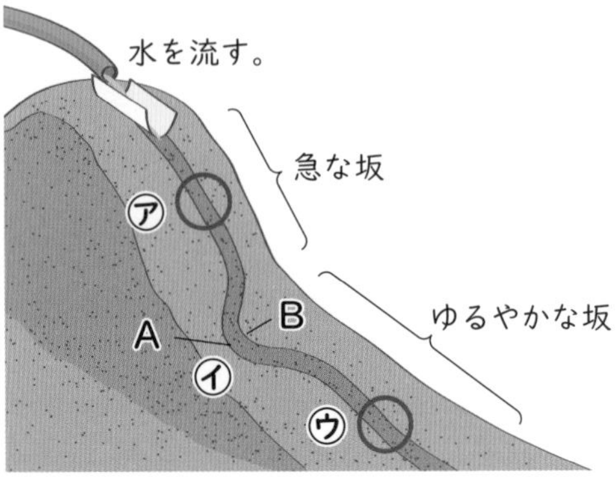

(1) ❶〜❸の{　}から、あてはまる方を選んで書きましょう。

❶	❷	❸

(2) 流す水の量を多くすると、土のけずられ方はどうなりますか。正しいものを、次の**ア**〜**ウ**から1つ選んで、記号で答えましょう。

ア　大きくなる。　**イ**　小さくなる。　**ウ**　変わらない。

しょうたさんのノート2

　流れる水が、地面をけずるはたらきを（❹）、土や石を運ぶはたらきを（❺）、流されてきた土や石を積もらせるはたらきを（❻）といいます。

(3) ❹〜❻の（　）にあてはまることばを書きましょう。

❹	❺	❻

ステップ 1

情報を読み取って判断する

判断力 ☆☆☆
思考力 ☆☆☆
表現力 ☆☆☆

2 みゆさんは、同じ川の３つの場所で、川のようすを比べました。

ア 山の中

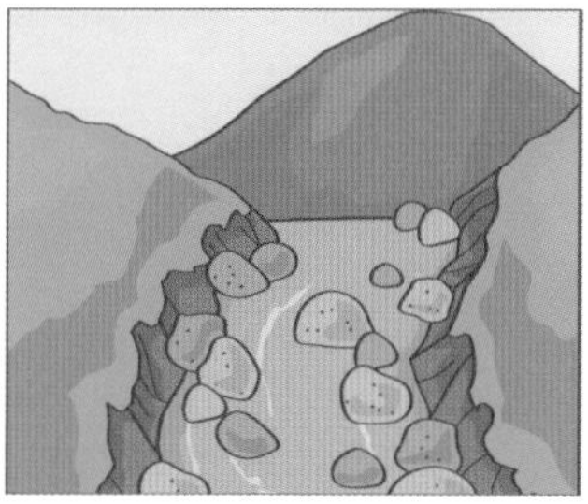

イ 平地へ出たところ

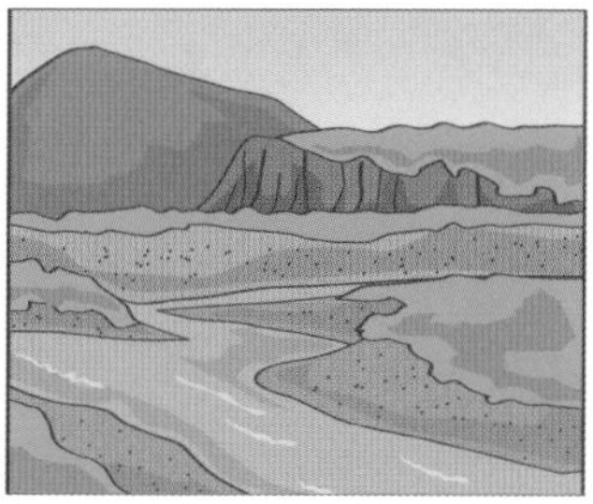

ウ 平地

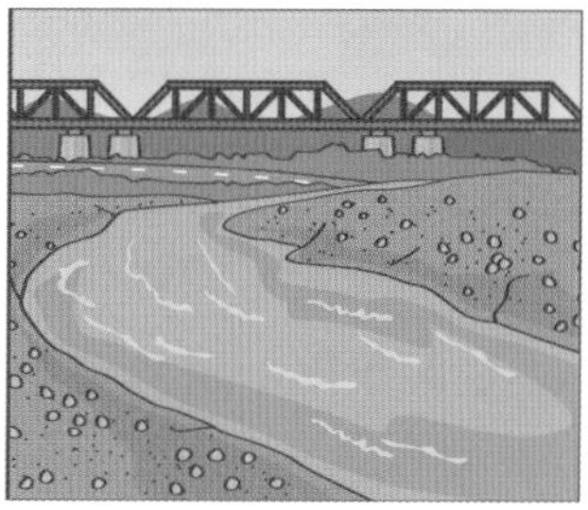

（１）川の流れが最も速いのはどこですか。**ア**～**ウ**の図から１つ選んで、記号で答えましょう。

（２）川原の石について、㋐、㋑の［　　］にあてはまることばを書きましょう。

川原の石は、下流にいくほど、形は［㋐］なり、大きさは［㋑］なります。

㋐　　　㋑

3 なおきさんは、川の流れの速さを調べました。

（１）図１の**ア**、**イ**、**ウ**、図２の**エ**、**オ**、**カ**のうち、最も水の流れが速いところを、１つずつ選んで、記号で答えましょう。

図1

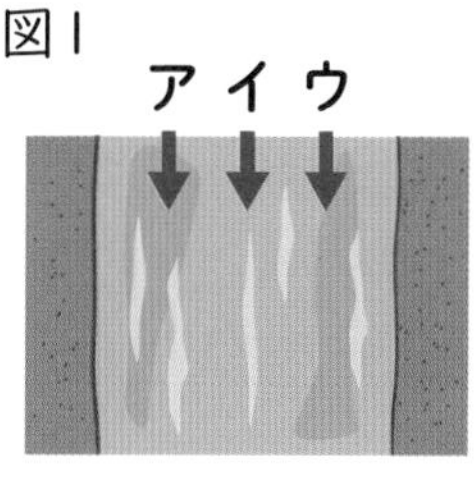

図2

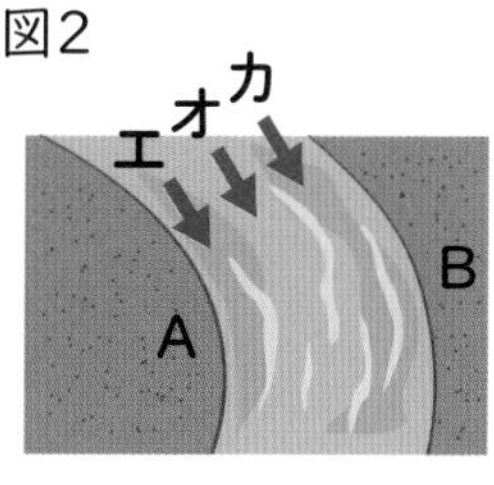

図１　　　図２

（２）図２で、がけになっているのは、A、Bのどちらの岸ですか。

流れる水のはたらき

1 しょうたさんはお父さんと、家の近くの川の観察に行きました。

お父さん： 川の流れがまっすぐなところでは、岸に近いところとまん中の、どちらの方の流れが速いかな。

しょうた： 流れる水のはたらきを考えれば、わかるよ。川のまん中が深くなっていることから（❶）ということ、両岸に小石が積もっていることから（❷）ということがわかるね。それにしても、川原の石は小さくて丸みのある形をしているね。なぜかな。

（１）❶、❷の（　）にあてはまることばを、次の**ア～カ**から１つずつ選んで、記号で答えましょう。

ア まん中の方が岸の近くよりも、しん食のはたらきが大きい

イ まん中の方が岸の近くよりも、運ぱんのはたらきが大きい

ウ まん中の方が岸の近くよりも、たい積のはたらきが大きい

エ 岸の近くの方がまん中よりも、しん食のはたらきが大きい

オ 岸の近くの方がまん中よりも、運ぱんのはたらきが大きい

カ 岸の近くの方がまん中よりも、たい積のはたらきが大きい

❶	❷

（２）（１）で答えた流れる水のはたらきから、岸に近いところとまん中では、どちらの方が流れが速いと考えられますか。

（3）下線部について、□□□にあてはまることばを、しん食・運ぱん・たい積から1つ選んで書きましょう。

　石は、川の上流から下流へ□□□されていくうちに、われたりけずられたりして、小さく丸い形になります。

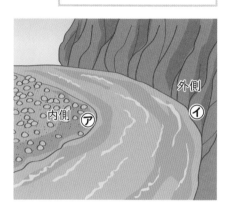

しょうた：川が曲がっているところでは、外側と内側では岸のようすがちがうね。これは、（❸）からだね。

お父さん：そうだね。じゃあ、ここの川の川底がどのようになっているか、図をかいてごらん。

（4）❸の（　）にあてはまることばを、次のア～エから1つ選んで、記号で答えましょう。

ア　外側よりも内側の方が、水の温度が低い

イ　内側よりも外側の方が、水の温度が低い

ウ　外側よりも内側の方が、水の流れが速い

エ　内側よりも外側の方が、水の流れが速い

（5）図の㋐、㋑を通る線で切った川底の断面図として正しいものを、次のア～エから1つ選んで、記号で答えましょう。

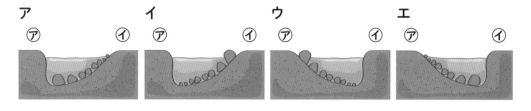

ア　　　　　　　イ　　　　　　　ウ　　　　　　　エ

流れる水のはたらき

1 みゆさんは、川について調べ学習を行い、発表しています。

　毎年のように強い雨がふり、川の水があふれるなどのひ害が出ています。今年は、⒜数十年に一度の大雨などが予想される場合に発表される警報が出された地いきがありました。そこで、日本の川の特ちょうを調べようと、国土交通省のホームページを見ると、下のグラフが見つかりました。

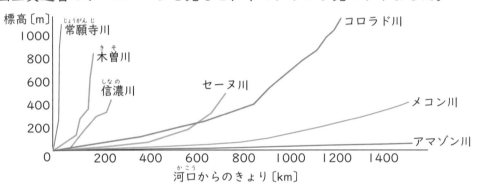

　これは、日本の川とヨーロッパなどの大陸の川について、河口からのきょりと標高の関係を表したものです。このグラフから、⒤日本の川は大陸の川に比べて、かたむきが急であることがわかり、日本の川は大陸の川に比べて流れが速いと考えられます。

　また、右のグラフから、日本の１年間にふる雨の量は、世界平均の約1.4倍あることがわかります。日本の雨は、⒰梅雨と台風の時期に集中してふるという特ちょうがあります。

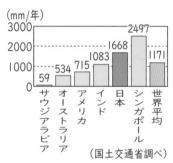

（１）下線部⒜の警報として正しいものを、次の**ア〜ウ**から１つ選んで、記号で答えましょう。

ア 大雨注意報　　**イ** 大雨警報　　**ウ** 大雨特別警報

（2）下線部ⓘについて、みゆさんが、グラフから、日本の川はかたむきが急であると考えた理由を書きましょう。

（3）下線部⑤について、日本で雨が多くふるのはいつですか。次の**ア〜オ**から２つ選んで、記号を書きましょう。

ア ３月・４月　　**イ** ４月・５月　　**ウ** ６月・７月

エ ８月・９月　　**オ** １１月・１２月

ある川では、大雨にそなえて、次のような対さくが行われています。

みゆ

右の図は、「遊水地」といって、ふだんは公園やグラウンド、水田などとして利用されています。大雨がふって川の水が増えたときに、ⓔ人の住んでいる場所に水があふれないようにする役わりがあります。

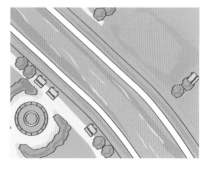

（4）下線部ⓔについて、大雨のとき、遊水地はどのようになりますか。20字程度で書きましょう。

もののとけ方

1 おさむさんは、100gの水に食塩30gをとかして、食塩水をつくりました。

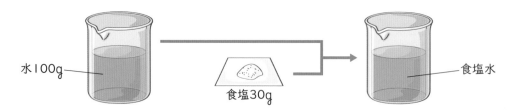

水100g　食塩30g　食塩水

（1）つくった食塩水の重さは何gですか。

 ヒント

食塩水の重さ＝水の重さ＋食塩の重さ

g

（2）おさむさんは、ものが水にとけることについて、次のようにまとめました。
㋐、㋑の　　　　にあてはまることばを書きましょう。

ものが水の中で均一に広がって、つぶが見えなくなり、　㋐　液になることを、
「ものが水にとける」といい、ものが水にとけた液を　㋑　といいます。

㋐	㋑

（3）食塩水を1てきスライドガラスにのせ、日光の当たるところに置いておくと、白いつぶが出てきました。このつぶは何ですか。

2 れいなさんは、メスシリンダーを使って、水の量をはかりました。

（1）目もりを読むときの目の位置を、図の㋐
〜㋒から1つ選んで、記号で答えましょう。

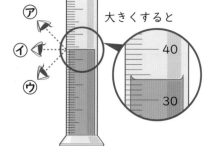

大きくすると

40

30

（2）メスシリンダーに入れた水の量は何mL
ですか。

mL

情報を読み取って判断する

判断力 ☆☆☆
思考力 ☆☆☆
表現力 ☆☆☆

3 ふうとさんは、20℃、40℃、60℃の水 50 mL に、食塩とミョウバンが計量スプーン何ばい分とけるかを調べました。

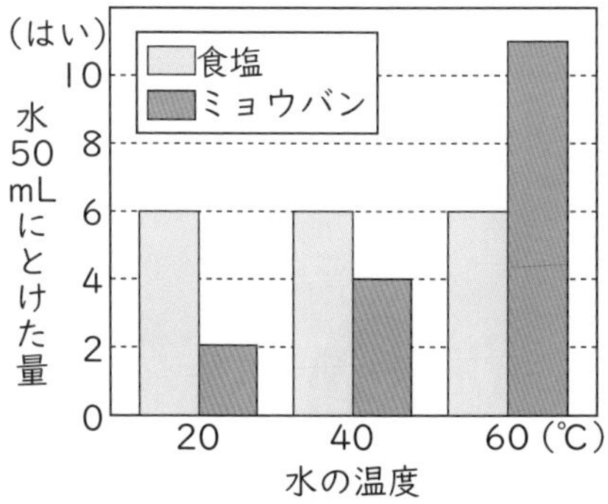

(１) 20℃の水 50 mL、60℃の水 50 mL には、それぞれ食塩とミョウバンのどちらが多くとけますか。

20℃

60℃

(２) ㋐ 20℃の水 50 mL、㋑ 40℃の水 50 mL に、それぞれ計量スプーン８ぱい分のミョウバンを入れてよくかき混ぜました。とけ残りが多いのは、㋐、㋑のどちらですか。記号で答えましょう。

ヒント
水の温度が高いほど、とけるミョウバンの量は多くなるよ。

4 みなみさんは、２つのビーカーに 60℃の水 50 mL を入れて、それぞれ食塩とミョウバンをとかせるだけとかしました。

(１) ２つのビーカーを 30℃まで冷やしたとき、つぶが多く出てきたのは、食塩とミョウバンのどちらですか。

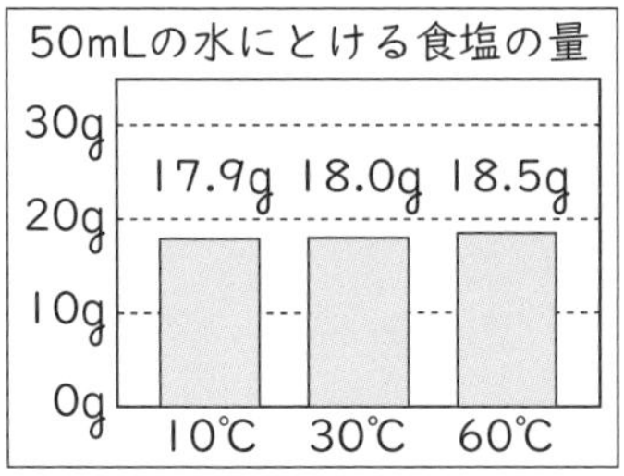

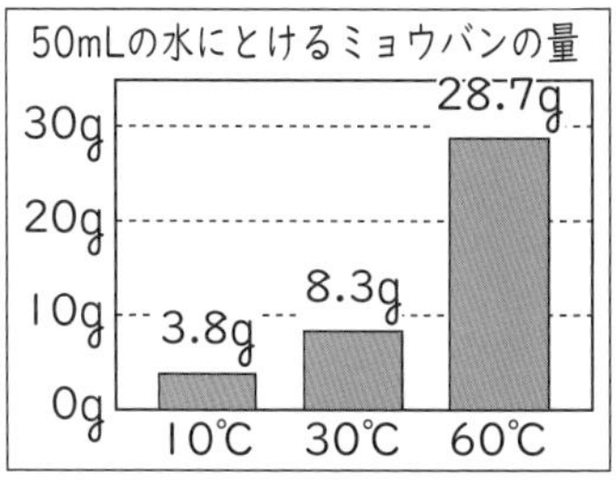

(２) 出てきたつぶを右の図のようにして、ろ紙でこして取り出しました。この方法を何といいますか。

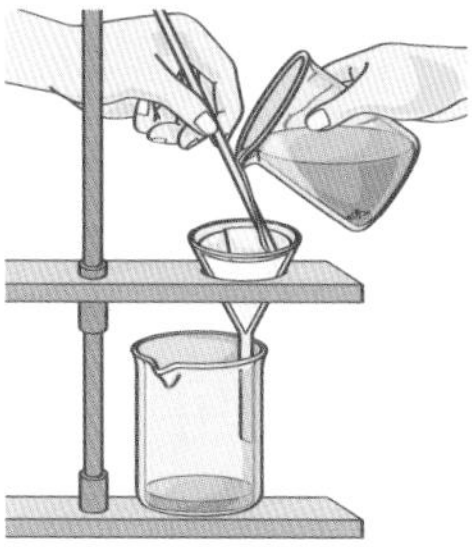

もののとけ方

1 ふうとさんは「塩の博物館」へ行き、昔から日本で行われてきた海水から塩をつくる方法を教えてもらいました。

博物館
の先生

　日本では昔から、ⓐ海水から塩をつくってきました。日本は四方を海に囲(かこ)まれているので、塩をつくるのはかんたんだと思われがちですが、そうではありません。

理由1　ⓑ海水1L に、塩は約 35 g しかふくまれていません。

理由2　雨の少ない国では、海水を 1 年くらい放っておくと塩になりますが、日本は雨やくもりの日が多いので、ⓒ海水を長い時間熱して、塩を取り出します。

（1） 下線部ⓐについて、海水には塩がとけています。「とけている」といえる理由として正しいものを、次の**ア～エ**から 1 つ選んで、記号で答えましょう。

ア　海水をコップに入れて置いておくと、底に塩がしずむから。

イ　海水はとうめいで、塩のつぶが見えないから。

ウ　海水の中に塩のつぶが見えるから。

エ　海水は白くにごっているから。

（2） 下線部ⓑについて、ふうとさんはスーパーで、1 ふくろ 700 g の塩を見ました。この 1 ふくろの塩をつくるのに、およそ何 L の海水が必要ですか。

L

（3） 下線部ⓒについて、塩の取り出し方を、次のようにまとめました。㋐、㋑の □□□ にあてはまることばを書きましょう。

　塩は、水の ㋐ が変わってもとける量がほとんど変わらないので、海水から塩を取り出すには、海水を熱して水を ㋑ させます。

㋐　　　　　　　　　　　　　㋑

ふうとさんのノート
【伝統的な塩のつくり方】

① 海水をくんできて、塩田とよばれるすなの上にまく。水がじょう発して、塩のつぶがすなにつく。

② ①のすなを、すのこや竹をしいた箱の中に入れ、海水をそそぐと、水にとけないごみがすなの中に残り、こい塩水が箱の下から出てくる。

③ ②で出てきたこい塩水を、大きなかまで熱して塩を取り出す。

①

②
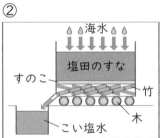

③

（4）②では、ろ過と同じ方法で、水にとけないごみと塩水を分けています。ろ過のしかたとして正しいものを、次の**ア**〜**エ**から1つ選んで、記号で答えましょう。

ア　**イ**　**ウ**　**エ**

（5）③で、海水をそのまま加熱するより、こい塩水にしてから加熱する方がよい理由を、次のようにまとめました。⊙の □ にあてはまることばを書きましょう。

同じ量の水をじょう発させたとき、こい塩水の方が、取り出せる塩の量が
⊙ からです。

もののとけ方

1 おさむさんとみなみさんが、もののとけ方について話し合っています。

おさむ：理科の実験で、水50 mL に食塩とミョウバンがどれだけとけるかを調べたとき、食塩を5 g ずつ加え

重さの合計	5 g	10 g	15 g	20 g
食塩	○	○	○	×
ミョウバン	○	×		

○…すべてとけた。×…とけ残った。

ていって、20 g ではとけ残ったから、15 g まではとける、としたけど、もっと正確にはかることはできないかな。

みなみ：そうだね。とけた食塩は15.1 g かもしれないし、19.9 g かもしれないね。とける量が少なくてはかりやすいミョウバンを使って調べてみよう。でも、どうやって調べればいいのかな。

そこで、2人は次の2つの案を考えました。

A案：水50 mL にミョウバン10 g を加えてよくかき混ぜ、とけ残ったミョウバンの重さをはかる。

B案：水50 mL にミョウバン10 g を加えてよくかき混ぜ、とけ残ったミョウバンをのぞいて、水よう液の重さをはかる。

先生と相談して、2人は次のような**実験1**を行いました。

実験1

① 20℃の水50 mL にミョウバン10 g を入れて、よくかき混ぜてとかす。

② とけ残りをふくめて①の水よう液をろ過して、ろ紙の上に残ったミョウバンをていねいに取り、よくかわかしてから重さをはかる。

③ ②の結果から、20℃の水50 mL にとけるミョウバンの重さを計算する。

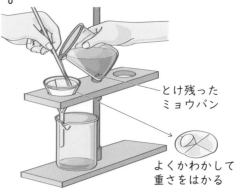

とけ残った
ミョウバン

よくかわかして
重さをはかる

情報を読み取って表現する

（1）実験1はA案、B案のどちらをもとに行われましたか。

2人はさらに、水の温度を40℃、60℃に変えて、次の実験2を行いました。

実験2

・40℃の水50mLにミョウバン15gを加えて、とけ残りの重さをはかる。

・60℃の水50mLにミョウバン30gを加えて、とけ残りの重さをはかる。

実験1の結果もあわせてまとめると、右の表のようになりました。

水50mLにとける
ミョウバンの量

水の温度	ミョウバンの重さ
20℃	5.7g
40℃	あ
60℃	25.2g

（2）40℃のときに、とけ残ったミョウバンの重さは3.1gでした。表のあにあてはまる重さを書きましょう。

g

みなみ： 本には、60℃の水50mLにミョウバンは28.7gとけると書いてあり、実験の結果とずいぶんちがいます。

先　生： みなみさんがろ過をするのに、10分ぐらいかかっていましたね。それで、ろ過をしている間に（　　）からだと考えられます。

（3）（　　）にあてはまることばを書きましょう。ただし、ろ過の間に水の量は変化しなかったものとします。

（4）実験の結果と会話の内容から、水の温度と、決まった量の水にとけるミョウバンの量の関係について、わかったことを書きましょう。

ふりこの動き

1 ゆうたさんは、糸におもりをつけて、ふりこをつくりました。

（１）ふりこの長さとして正しいものを、図の**ア**～**ウ**から１つ選んで、記号で答えましょう。

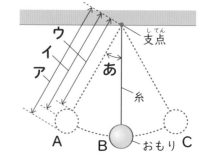

（２）ふりこの１往復を表しているのは、おもりのどの動きですか。正しいものを、次の**ア**～**ウ**から１つ選んで、記号で答えましょう。

ア A→B 　　　 **イ** A→B→C 　　　 **ウ** A→B→C→B→A

> **ヒント**
> 往復は、「行って、帰って」という意味だよ。

（３）ふりこのふれる角度**あ**を、何といいますか。

2 さくらさんは、ふりこが１往復する時間を調べるために、デジタルタイマーで、ふりこが10往復する時間を３回はかりました。

回数	１回目	２回目	３回目
10往復する時間	14.8秒	15.2秒	14.7秒

（１）ふりこが10往復する時間の平均を、小数第１位まで求めましょう。

> **ヒント**
> 平均の時間=合計の時間÷3回

　　　　　　　秒

（２）ふりこが１往復する時間の平均を、四捨五入して小数第１位まで求めましょう。

　　　　　　　秒

3 かんなさんは、A〜Cの3つのふりこを使って、ふりこのふれ方の決まりを調べました。

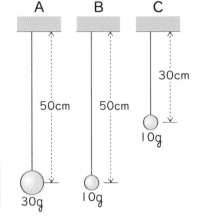

（1）Aのふれはばを 20°にしたときと 30°にしたときで、1往復する時間を比べました。結果を、次のア〜ウから1つ選んで、記号で答えましょう。

ア　20°のときの方が長い。

イ　30°のときの方が長い。

ウ　同じ時間になる。

（2）AとBのふれはばを 20°にして、1往復する時間を比べました。結果を、次のア〜ウから1つ選んで、記号で答えましょう。

ア　Aの方が長い。　　　イ　Bの方が長い。

ウ　同じ時間になる。

 ヒント

AとBでは何がちがうのかな?

（3）BとCのふれはばを 20°にして、1往復する時間を比べました。結果を、次のア〜ウから1つ選んで、記号で答えましょう。

ア　Bの方が長い。　　　イ　Cの方が長い。

ウ　同じ時間になる。

ヒント

BとCでは何がちがうのかな?

（4）かんなさんは、実験の結果からわかったことを、次のようにまとめました。
㋐、㋑の □ にあてはまることばを書きましょう。同じ記号の □ には、同じことばが入ります。

●ふりこが1往復する時間は、 ㋐ で決まります。

● ㋐ が同じなら、ふれはばや ㋑ を変えても、ふりこが1往復する時間は変わりません。

㋐	㋑

ふりこの動き

1 ゆうたさんとけんとさんが、先生と話しています。

ゆうた：この間、公園のブランコで、ふしぎな
　　　　ことを発見しました。

けんと：立ったり、すわったりして乗ったの
　　　　ですが、立って乗ったときの方が、１
　　　　往復する時間が短くなりました。

ゆうた：ちなみに、２人の体重は、ほぼ同じ
　　　　です。

先　生：では、その理由を、実験で調べてみたらどうでしょう。

けんと：すわったときの方が、ブランコにかかる重さが重くなるからではな
　　　　いかな。

ゆうた：立ったときの方が、ふれはばが大きいからだと思う。

　　２人は次のような**実験1**を行いました。

実験1

【目的】ブランコに立って乗ったときの方が、すわって乗ったときよりも、
　　　　１往復する時間が短くなる理由を調べる。

【方法】次のA～Cのふりこが１往復する時間をはかる。

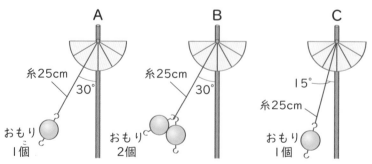

A　糸25cm　30°　おもり1個
B　糸25cm　30°　おもり2個
C　15°　糸25cm　おもり1個

　　　ア　の方が　イ　よりも１往復する時間が短ければ、けんとさんの予
想が正しいといえる。また、　ウ　の方が　エ　よりも１往復する時間
が短ければ、ゆうたさんの予想が正しいといえる。

（1）㋐〜㋓の ☐ にあてはまる記号は、それぞれA〜Cのどれですか。

㋐	㋑	㋒	㋓

　結果は、A、B、Cとも、1往復する時間は、約1.0秒になりました。

けんと：2人とも、予想がまちがっていたね。では、立って乗った方が、ブ
　　　　　ランコが1往復する時間が短くなる理由は何だろう。

先　生：ふりこを支えている点を支点といいますが、ふりこの長さは、ふり
　　　　　この支点からどこまでの長さですか。

ゆうた：おもりの中心までです。なるほど、わかったぞ。

　そこで2人は、次の**実験2**を行いました。

実験2

【**方法**】右のD、Eのふりこを、ふれはばを30°
　　　　にして、それぞれのふりこが1往復する
　　　　時間をはかる。

【**予想**】立って乗ったときのようすを表した
　　　　 ㋔ の方が、1往復する時間が短く
　　　　なると思う。

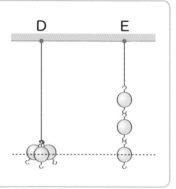

（2）㋔の ☐ にあてはまる記号は、D、Eのどちら
ですか。

（3）**実験2**は【**予想**】どおりの結果になり、2人は理由を、次のようにまと
めました。㋕の ☐ にあてはまることばを書きましょう。

　ブランコに立って乗ると、おもりの中心が支点に近くなり、 ㋕ が短くなるの
　で、1往復する時間が短くなります。

ふりこの動き

1 さくらさんは、おじいさんの家に、古いふりこ時計があるのに気づきました。

さくら：このふりこ時計、動いてるね。

おじいさん：古道具屋で買ってきたものを、修理(しゅうり)して
　　　　　　動くようにしたんだよ。

さくら：へえ。この間、学校でふりこの実験をしたよ。
　　　　ⓐおもりの数やふれはば、ふりこの長さを変
　　　　えて、ⓘ10往復(おうふく)する時間をはかって、それを
　　　　ⓤ3回くり返して10往復する時間の平均(へいきん)を出し、それからふりこが
　　　　1往復する時間を計算したんだ。大変だったよ。ところで、ふりこ
　　　　時計は、ふりこの動きを動力にして、時計を動かしているの？

おじいさん：いやいや、ゼンマイの動力によって歯車が回転するんだよ。

金属(きんぞく)のぼう
金属のおもり
ふりこ時計

（1）下線部ⓐについて、おもりを3個にしたと
きのおもりのつけ方として正しいものを、右の図
のア、イから1つ選んで、記号で答えましょう。

ア　　　　　イ

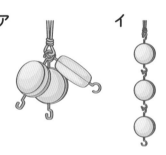

（2）ふりこの実験で、下線部ⓘ、ⓤのようにした理由を、次のア～エから1
つずつ選んで、記号で答えましょう。

ア　ふりこの動く速さは常(つね)に変化しているから。

イ　ふりこが1往復する時間は短くて、はかりにくいから。

ウ　同じ人がはかれば、はかり方はいつも同じになるから。

エ　はかり方のわずかなちがいで、結果が変わるから。

ⓘ　　　　　　ⓤ

情報を読み取って表現する

おじいさん：ふりこ時計のふりこには、ふりこに連動して動くツメがついているよ。図のように、ゼンマイの動力によって回転し続ける歯車の歯に、2つのツメを引っか

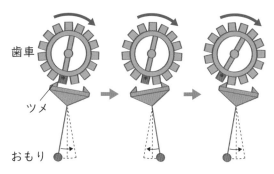

歯車

ツメ

おもり

けて、ふりこの動きによって、歯車が一定の速さで回転するようにしているんだ。図の歯車では、え ふりこが1往復するたびに、ツメは1つとなりの歯に移動して、歯車が一定の速さで回転するんだよ。

さくら：ふりこの（❶）が同じなら、1往復する（❷）は同じだから、それを利用しているんだね。ふりこ時計は、電気を使わずに動き続けるから、もっと使われてもいいのにね。

おじいさん：でも、ふりこのぼうが金属だから、お 時計の進み方が夏はおそく、冬は速くなってしまうという欠点があるんだよ。

（3）下線部えについて、図の歯車には歯が15個ついています。ふりこが1往復する時間が1秒だとすると、歯車は1分間に何回転しますか。

回転

（4）❶、❷の（　）にあてはまることばを書きましょう。

❶	❷

（5）下線部おについて、夏に気温が高くなると時計の進み方がおそくなる理由を書きましょう。

理科 9

電磁石の性質

1 わかなさんは、電磁石をつくって、その性質を調べました。

（１）導線（エナメル線）を何回もまいたものを何といいますか。

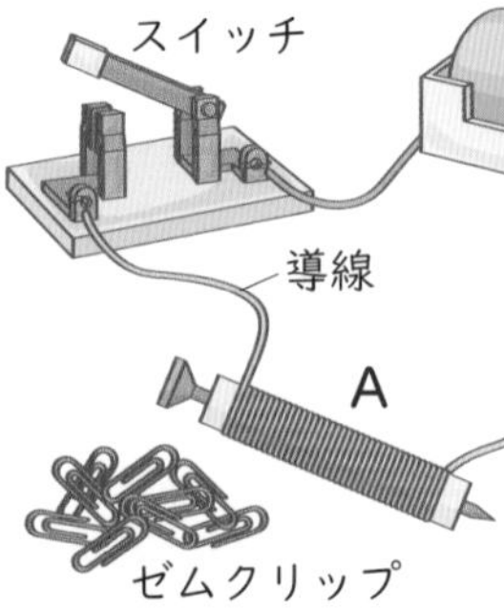

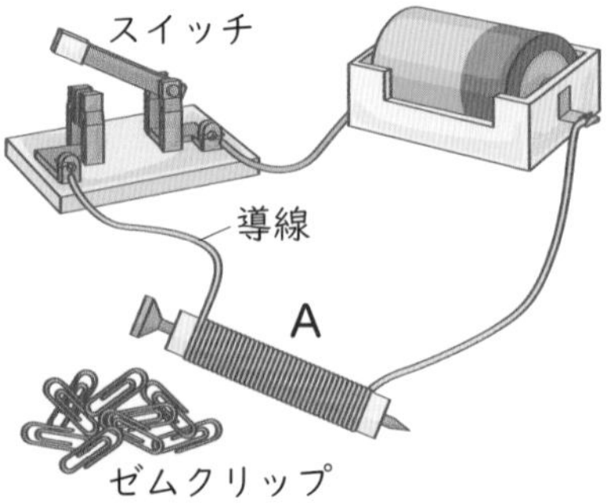

（２）図のような回路をつくってスイッチを入れると、Aにゼムクリップがつきました。スイッチを切ると、ゼムクリップはどうなりますか。正しいものを、次の**ア**～**ウ**から１つ選んで、記号で答えましょう。

ヒント
電磁石の特ちょうを思い出そう。

ア　しばらくついたままだが、やがて全部落ちる。
イ　すぐに全部落ちる。　**ウ**　ついたままになる。

2 すばるさんは、方位磁針を使って、電磁石の極を調べました。回路のスイッチを入れると、方位磁針の針が動き、図のAのようになりました。

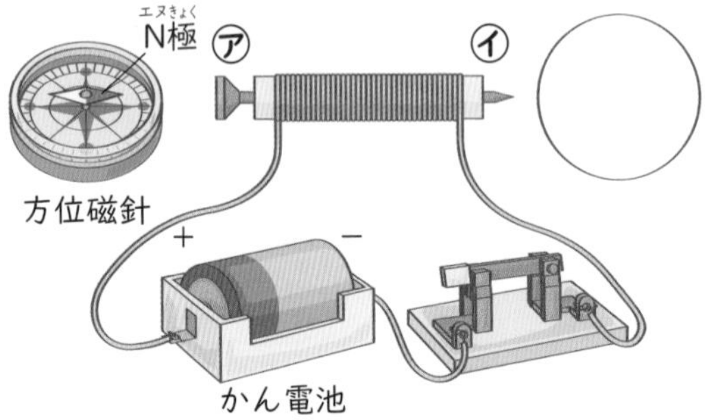

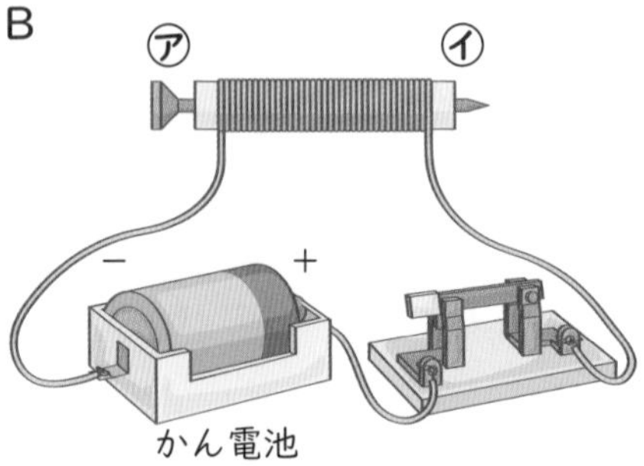

（１）図のAで、電磁石の㋐は何極ですか。

（２）図のAの○の位置に置いた方位磁針の針をかき、N極を赤色でぬりましょう。

（３）図のBのように、かん電池の向きを逆にしました。電磁石の㋐は何極になりますか。

ヒント
電流の向きが逆になるね。

ステップ 1 ＞ 情報(じょうほう)を読み取って判断(はんだん)する

判断力 ☆☆☆
思考力 ☆☆☆
表現力(ひょうげんりょく) ☆☆☆

3 だいちさんは、電流計を使って電流の大きさをはかりました。

（１）電流計の使い方について、㋐、㋑の [　　] にあてはまる記号やことばを書きましょう。

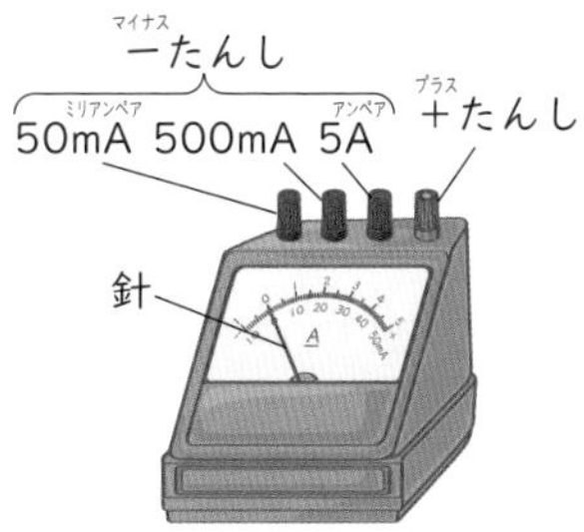

かん電池の＋極側の導線を、電流計の[㋐]たんしにつなぎます。－たんしは、最初に[㋑]のたんしを使い、針のふれが小さいときは別のたんしに変えます。

㋐　　　　㋑

（２）右の図の、電流の大きさを読み取りましょう。

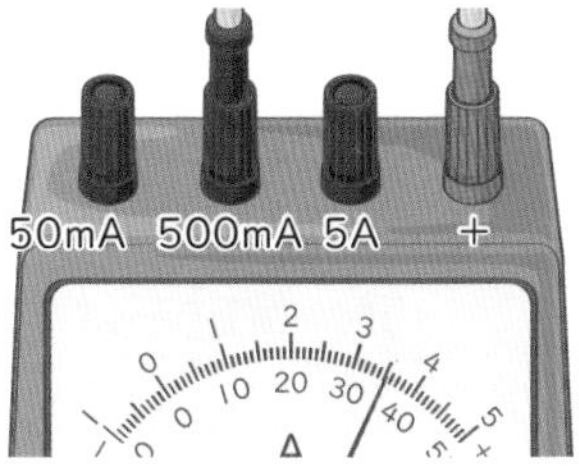

4 あやかさんは、次の㋐～㋓で、導線の長さを同じにして、電磁石の強さを比(くら)べました。

㋐ 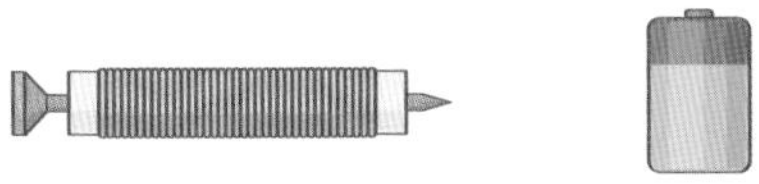 50回まき　かん電池１個(こ)	㋑ 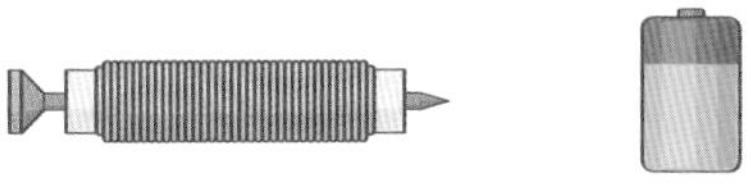 100回まき　かん電池１個
㋒ 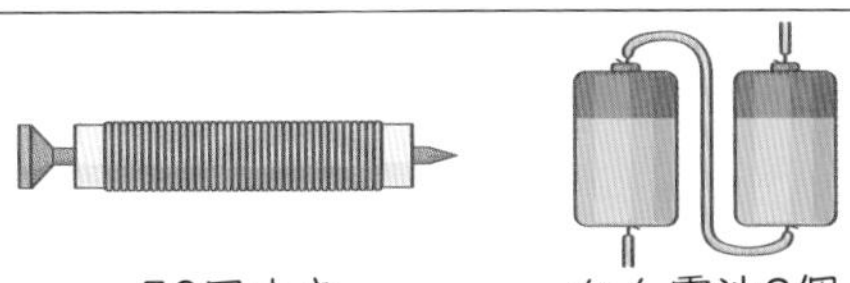 50回まき　かん電池２個	㋓ 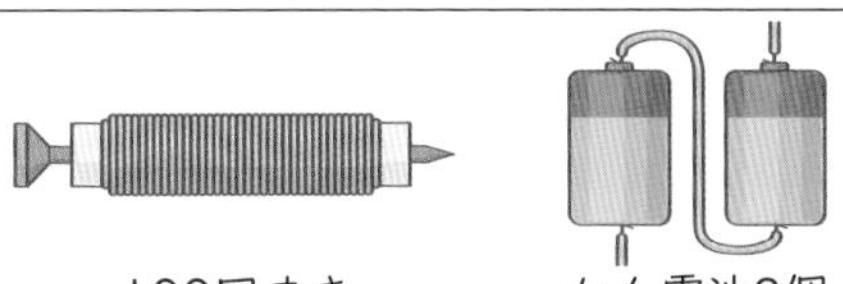 100回まき　かん電池２個

（１）コイルのまき数と電磁石の強さの関係を調べるときは、㋐とどれを比べますか。

ヒント
まき数以外は、変えないよ。

（２）電流の大きさと電磁石の強さの関係を調べるときは、㋑とどれを比べますか。

ヒント
まき数は、同じにするよ。

電磁石の性質

1 わかなさんは、電磁石を使って、次のような空きかん拾い機をつくりました。

わかな： 鉄の空きかんだけを分け
て拾えて便利だと思った
んだけど、空きかんが重
くてうまく拾えない。

すばる： 電磁石を強くすることは
できないのかな。

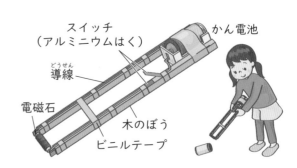

（１）空きかん拾い機を、磁石ではなく電磁石でつくった理由を、次の**ア〜ウ**
から１つ選んで、記号で答えましょう。

ア 電磁石は、鉄の空きかんだけを引きつけることができるから。

イ 電磁石は、N極とS極を入れかえることができるから。

ウ 電磁石は、電流が流れたときだけ磁石になるから。

２人は、電磁石を強くする方法について、先生に相談しました。

先　生： 図のように、導線に電流を流すと、鉄粉がつ
きます。このことから、電流が流れている導
線は、コイルにしなくても磁石のはたらきを
していることがわかります。

これをヒントに、電磁石を強くする方法を考えてみましょう。

わかな： コイル（❶）と、１まきごとの磁石の力が強くなりますね。

すばる： コイル（❷）と、１まきごとの磁石の力が多く重なって、コイル全体
の磁石の力が強くなります。

（２）❶、❷の（　）にあてはまることばを、次の**ア〜エ**から１つずつ選んで、
記号で答えましょう。

ア に流れる電流を大きくする　　**イ** をまく導線を短くする

ウ のすき間をあけてまく　　**エ** のまき数を多くする

情報を読み取って考える

2人は自分たちの予想を、次の**実験**で確かめることにしました。

実験

【方法】 図のように、コイルのまき数とかん電池の数を変えて、A、Bは
導線の長さを2m、C、Dは導線の長さを4mとする。A～Dの
電磁石に引きつけられたゼムクリップの数を3回調べて、3回の
合計を比べる。

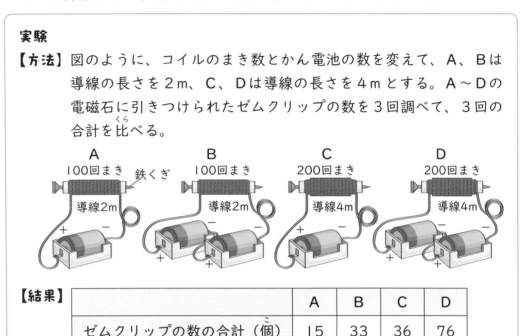

A
100回まき 鉄くぎ
導線2m
+ −

B
100回まき
導線2m
− −
+ +

C
200回まき
導線4m
+

D
200回まき
導線4m
− −
+ +

【結果】

	A	B	C	D
ゼムクリップの数の合計（個）	15	33	36	76

すばる：（❸）の2組の結果から、コイルのまき数が同じなら、流れる電流が
大きい方が、電磁石が強いといえますね。

先　生： はい、そうですね。

わかな： AとCの結果から、電流の大きさが同じなら、コイルのまき数が多
い方が、電磁石が強いといえますね。

先　生： いいえ。この実験から、コイルのまき数と電磁石の強さの関係はわ
かりません。どこを直したらいいか、考えてみましょう。

わかな： あっ、そうでした。A～Dの（❹）を同じにして、条件をそろえなけ
ればいけませんでした。

（3）❸の（　）にあてはまる記号の組み合わせを、2つ書きましょう。

と　　　　　、　　　　と

（4）❹の（　）にあてはまることばを書きましょう。

電磁石の性質

1 だいちさんは電磁石を利用したおもちゃをつくって、妹のみきさんに見せています。

だいち：このおもちゃは、スイッチを入れて電磁石に電流を流すと、チョウがひらひら飛ぶよ。

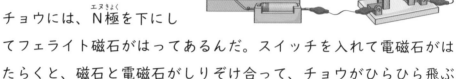

み　き：どうして動くの？

だいち：チョウには、N極を下にしてフェライト磁石がはってあるんだ。スイッチを入れて電磁石がはたらくと、磁石と電磁石がしりぞけ合って、チョウがひらひら飛ぶんだよ。

み　き：へえ、おもしろそうだね。スイッチを入れてみて。

だいち：あれっ、<u>チョウが電磁石の花にくっついたまま、動かないぞ。</u>

（1）下線部のとき、図の電磁石のAは何極になっていますか。

（2）チョウを動かすにはどうしますか。最もかんたんな方法を書きましょう。

中学生のお兄さんが帰ってきました。

お兄さん：そのおもちゃを、ちょっと変えると、ベルがつくれるよ。

だいち：えっ、どうするの。教えて。

お兄さん：追加で部品を用意しよう。

追加で用意する部品

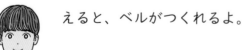

曲げている

金属板（鉄）

金属のふたが付いているジャムのびん

ステップ 3 > # 情報を読み取って表現する

判断力 ☆☆☆
思考力 ☆☆☆
表現力 ☆☆☆

お兄さんは、ノートにつくり方の図やベルの音が鳴り続けるしくみを書いて、教えてくれました。

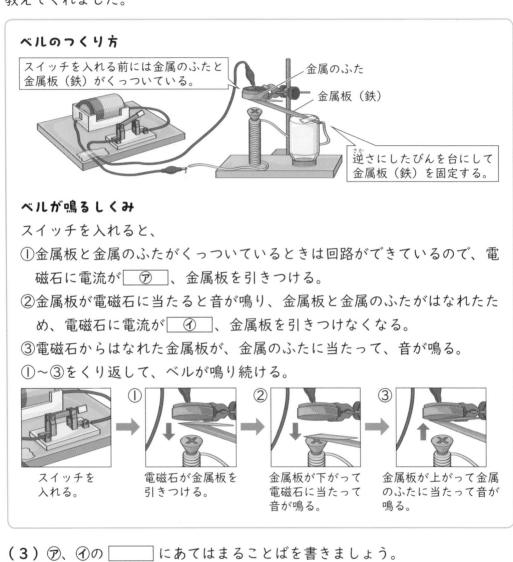

ベルのつくり方

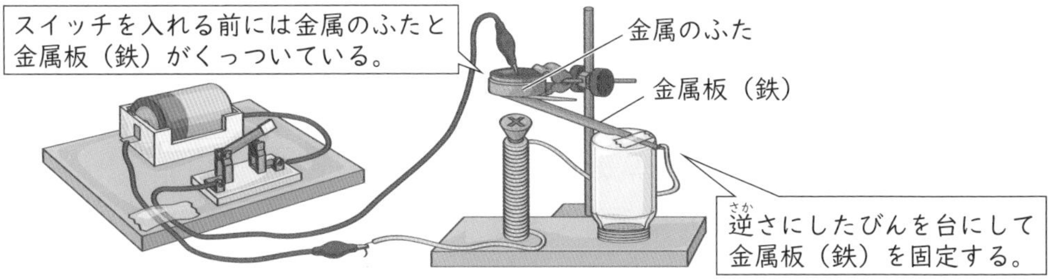
スイッチを入れる前には金属のふたと金属板（鉄）がくっついている。
金属のふた
金属板（鉄）
逆さにしたびんを台にして金属板（鉄）を固定する。

ベルが鳴るしくみ

スイッチを入れると、

①金属板と金属のふたがくっついているときは回路ができているので、電磁石に電流が［㋐］、金属板を引きつける。

②金属板が電磁石に当たると音が鳴り、金属板と金属のふたがはなれたため、電磁石に電流が［㋑］、金属板を引きつけなくなる。

③電磁石からはなれた金属板が、金属のふたに当たって、音が鳴る。

①～③をくり返して、ベルが鳴り続ける。

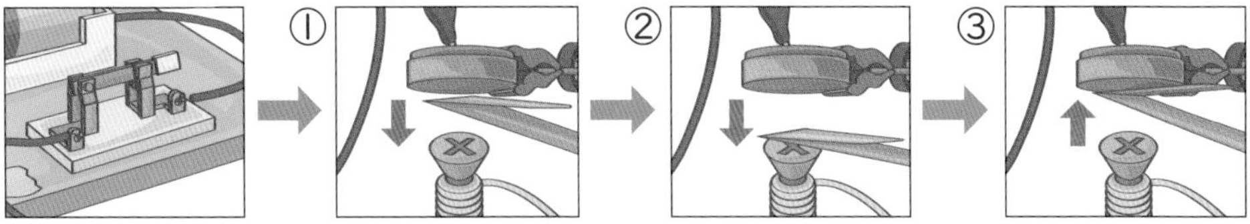
①
②
③

スイッチを入れる。 → ① 電磁石が金属板を引きつける。 → ② 金属板が下がって電磁石に当たって音が鳴る。 → ③ 金属板が上がって金属のふたに当たって音が鳴る。

（３）㋐、㋑の［　　］にあてはまることばを書きましょう。

㋐　　　　　㋑

（４）このベルは、電磁石のどのような性質を利用していますか。

理科　まとめ問題（1）

1　まきさんは、日記を書いています。

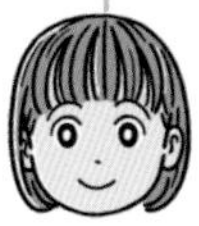

まき

4月28日
　明日からの連休を利用して、山梨県に住むいとこの家に行きます。天気予報の雲画像を見ると、山梨県の天気は、今（午後9時）は雨かくもりだけれど、明日からは、しばらく晴れの日が続きそうです。ちょう電導リニアの見学センターに行くのが楽しみです。

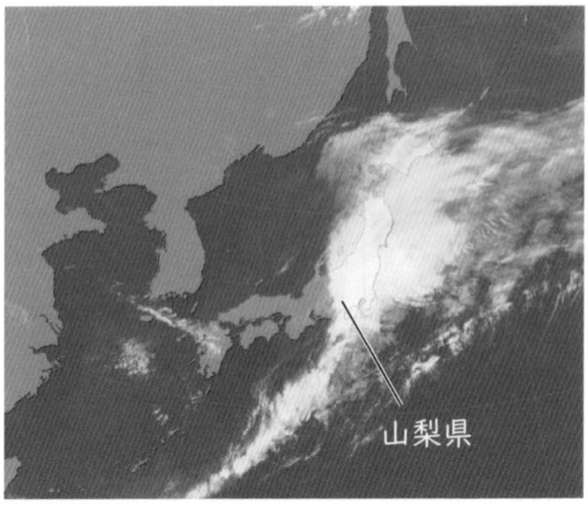

4月28日午後9時の雲画像

（1） まきさんが住んでいる場所は、4月28日午後9時には晴れていました。まきさんが住んでいる場所として考えられるのはどこですか。次の**ア**～**エ**から1つ選んで、記号で答えましょう。　［10点］

ア　青森県　**イ**　東京都　**ウ**　新潟県　**エ**　京都府

（2） まきさんが下線部のように考えた理由を、次のように説明しました。㋐、㋓の［　　］にあてはまることばを書き、㋑、㋒の｛　｝から正しい方を選びましょう。　［1問　10点］

天気は雲の動きに合わせて、およそ［　㋐　］変化します。山梨県にかかっている雲は、今後、㋑｛　東　・　西　｝へ移動すると考えられます。また、山梨県の㋒｛　東　・　西　｝側は［　㋓　］ので、明日には晴れて、そのあとはしばらく晴れるだろうと考えられます。

㋐　　　　㋑　　　　㋒

㋓

　まきさんは、ちょう電導リニアの見学センターを見学して、わかったことをまとめました。

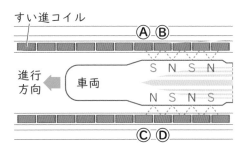

　山梨県には、リニア中央新幹線で使われる、電磁石を利用したちょう電導リニア（リニアモーターカーの一つ）の実験場があります。

すい進コイル

Ⓐ Ⓑ

進行方向　車両　S N S N
　　　　　　　　N S N S

Ⓒ Ⓓ

　ちょう電導リニアは、両側のかべにならべてつけられたすい進コイルに電流を流して、N極とS極を切りかえると、すい進コイルと車両の電磁石との間に、引き合う力と反発する力が交ごにはたらいて、車両が進みます。

（3）図の進行方向の向きに車両が進むとき、図のⒶ～Ⓓのコイルは、それぞれ何極になっていますか。　　　　　　　　　　　　　　［1問　5点］

Ⓐ	Ⓑ	Ⓒ	Ⓓ

（4）コイルのN極とS極を切りかえる方法を書きましょう。　　［10点］

（5）ちょう電導リニアの速さを調節する方法として考えられることを書きましょう。　　　　　　　　　　　　　　　　　　　　　　　　［20点］

理科

まとめ問題（2）

1 あらたさんのクラスでは、ぎもんに思ったことを調べて発表しています。

あらたさんはテレビで、魚のなかまのタツノオトシゴのおすが、親と同じ形をした子を何びきも、おなかからふき出すようにして産んでいるのを見ました。同じ魚のなかまなのに、メダカとはずいぶんちがうので、タツノオトシゴのたんじょうについて調べました。

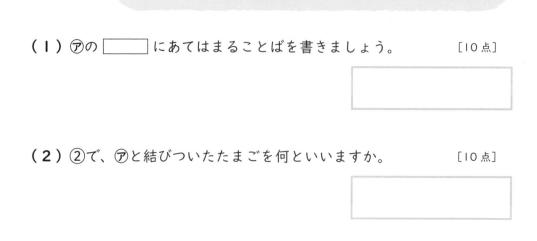

タツノオトシゴのたんじょう

① めすが、おすのはらにある「育児のう」というふくろの中にたまごを産む。

② 育児のうの中で、たまごと［ ㋐ ］が結びつく。

③ 子はたまごの中の養分を使って育ち、たまごから出てくる。

④ たまごから出てきた子は、しばらく育児のうの中で、おすから養分をもらって育つ。

⑤ 育った子が育児のうから出てくる。

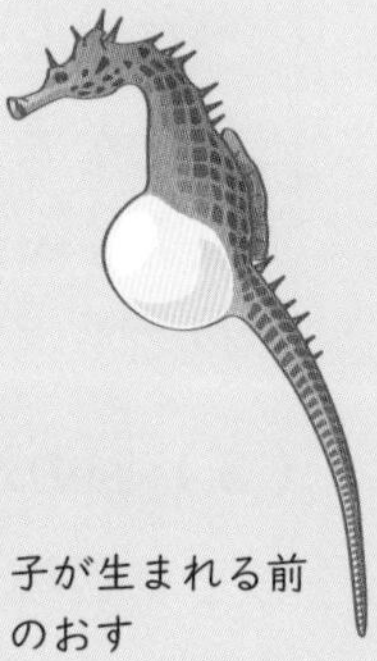

子が生まれる前のおす

タツノオトシゴの子の生まれ方には、メダカと似（に）ているところも、ちがっているところもあることがわかりました。

（1）㋐の［　　］にあてはまることばを書きましょう。［10点］

［　　　　］

（2）②で、㋐と結びついたたまごを何といいますか。［10点］

［　　　　］

（3） タツノオトシゴの子が育児のうの中で親から養分をもらいながら育つのと同じように、人も母親の体内で育ちます。タツノオトシゴの育児のうに相当するものは何ですか。 ［10点］

（4） タツノオトシゴの子の生まれ方で、メダカと似ているところ、メダカとちがっているところを、それぞれ書きましょう。 ［1問　20点］

●メダカと似ているところ

●メダカとちがっているところ

（5） タツノオトシゴの子が育児のうの中でたまごからかえって、ある程度育ってから外に出てくるというたんじょうの方法には、どのような利点があると考えられますか。 ［30点］

世界の中の国土

1 だいちさんとみづきさんは、世界のすがた、日本のはんいと領土(りょうど)を調べて、2つの地図にまとめました。

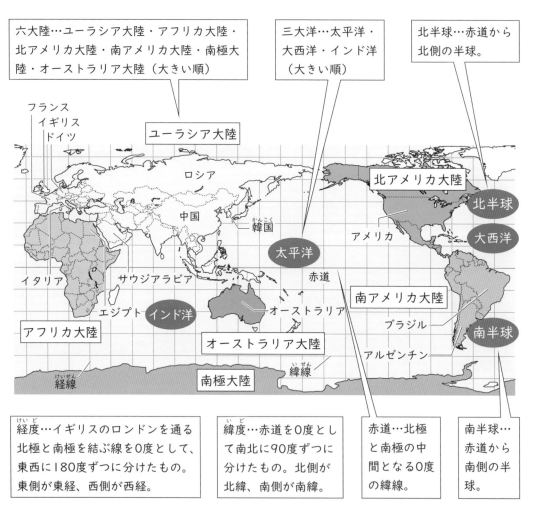

六大陸…ユーラシア大陸・アフリカ大陸・北アメリカ大陸・南アメリカ大陸・南極大陸・オーストラリア大陸（大きい順）

三大洋…太平洋・大西洋・インド洋（大きい順）

北半球…赤道から北側の半球。

フランス
イギリス
ドイツ

ユーラシア大陸

ロシア

北アメリカ大陸

北半球

中国

韓国(かんこく)

アメリカ

大西洋

太平洋

イタリア

サウジアラビア

赤道

南アメリカ大陸

エジプト　インド洋

オーストラリア

ブラジル

南半球

アフリカ大陸

オーストラリア大陸

アルゼンチン

経線(けいせん)

緯線(いせん)

南極大陸

経度(けいど)…イギリスのロンドンを通る北極と南極を結ぶ線を0度として、東西に180度ずつに分けたもの。東側が東経、西側が西経。

緯度(いど)…赤道を0度として南北に90度ずつに分けたもの。北側が北緯、南側が南緯。

赤道…北極と南極の中間となる0度の緯線。

南半球…赤道から南側の半球。

（1）六大陸の中で最も大きい大陸はどれですか。次の**ア〜エ**から1つ選んで、記号で答えましょう。

ア　アフリカ大陸　　　**イ**　オーストラリア大陸

ウ　北アメリカ大陸　　**エ**　ユーラシア大陸

（2）太平洋、大西洋、インド洋を合わせて何といいますか。

💡ヒント

3つの大きな海洋という意味だよ。

（3）日本と同じ緯度にある国を、地図中から2つ選んで、国名を書きましょう。

（4）日本と同じ経度にある国を、地図中から2つ選んで、国名を書きましょう。

竹島…日本固有の領土ですが、韓国が不法に占領しています。

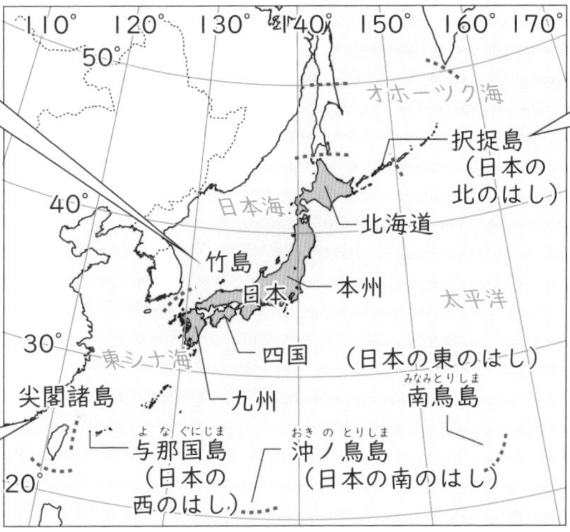

北方領土…択捉島、国後島、色丹島、歯舞群島は日本固有の領土ですが、ロシアが不法に占領しています。

尖閣諸島…日本固有の領土ですが、中国も自国の領土であると主張しています。

択捉島
（日本の北のはし）

オホーツク海

北海道

日本海

竹島

日本　本州

四国　（日本の東のはし）

太平洋

九州

尖閣諸島

与那国島
（日本の西のはし）

沖ノ鳥島
（日本の南のはし）

南鳥島

東シナ海

110°　120°　130°　140°　150°　160°　170°
50°
40°
30°
20°

（5）領土をめぐる問題について、次のようにまとめました。㋐〜㋒の□□□にあてはまることばを書きましょう。

日本の北のはしにある択捉島は□㋐□とよばれる日本固有の領土の一部ですが、現在はロシアが不法に占領しています。竹島や尖閣諸島も日本固有の領土ですが、竹島は□㋑□が不法に占領しています。また、尖閣諸島は□㋒□が自国の領土であると主張しています。

| ㋐ | ㋑ | ㋒ |

世界の中の国土

1 ゆいさんは、地球儀（ち きゅう ぎ）を見ながら世界の主な国々について調べています。

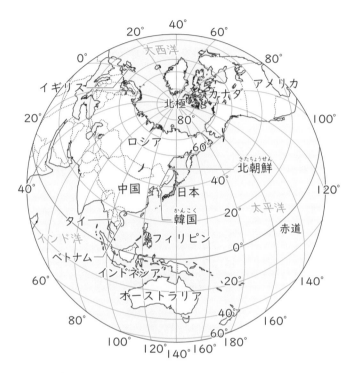

ゆ　い：先生、地球儀にはいくつもの線が引かれています。

先　生：そうですね。北極と南極を結んだ線が（❶）で、イギリスのロンドン
　　　　を通る線を0度として、東と西に（❷）度ずつに分けています。

ゆ　い：そうすると、赤道を中心に、北と南に（❸）度ずつ分けている線が（❹）
　　　　ですね。

先　生：地球上の位置は、（❶）と（❹）で正確（せいかく）に表すことができますよ。

ゆ　い：この地球儀を見ると、日本は、東経（とうけい）140度の（❶）と、北緯（ほくい）40度
　　　　の（❹）が通っていて、（❺）半球にあることがわかります。

（1）❶～❺の（　）にあてはまることばや数を書きましょう。同じ番号の（　）
には、同じことばが入ります。

❶	❷	❸	❹	❺

ステップ 2 ＞ **情報を読み取って考える**

判断力 ☆☆☆
思考力 ☆☆☆
表現力 ☆☆☆

（2）ゆいさんは、右の２種類の地図Ⅰ、Ⅱを見つけ、次のようにまとめました。㋐～㋒の｛　｝からあてはまるほうを選んで書きましょう。

[Ⅰ]

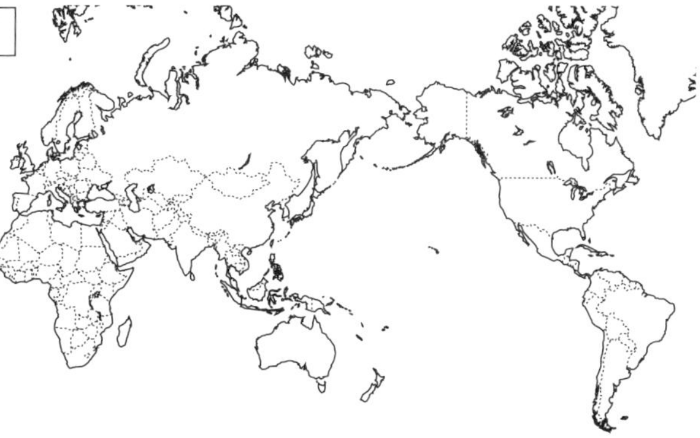

[Ⅱ]

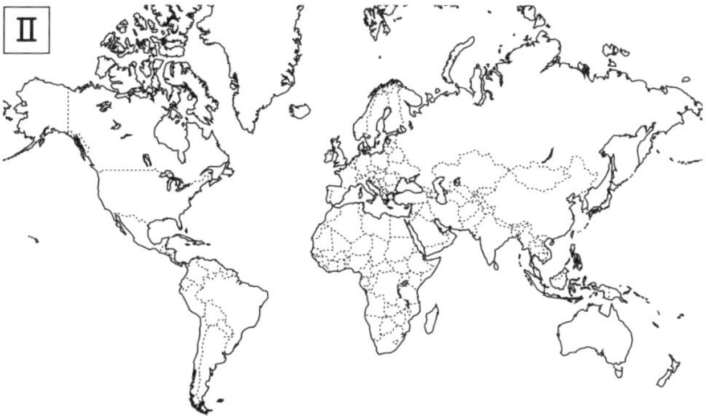

カナダとイギリスは、Ⅰの地図では㋐｛遠く・近く｝にあるように見えますが、Ⅱの地図では㋑｛遠く・近く｝にあるように見えます。
また、地球儀を見ると、カナダとロシアは㋒｛北極・南極｝をはさんで近くにあることがわかります。

㋐　　㋑　　㋒

（3）地球儀と地図Ⅰ、Ⅱから読み取れることとして**まちがっているもの**を、次の**ア～エ**から１つ選んで、記号で答えましょう。

ア　地図Ⅰの日本から見ると、イギリスは西のはしに位置している。

イ　地図Ⅱのイギリスから見ると、日本は東のはしに位置している。

ウ　アフリカ大陸と南アメリカ大陸は、大西洋をはさんで向き合っている。

エ　オーストラリア大陸は、太平洋、インド洋、大西洋にまわりを囲まれている。

世界の中の国土

1 そうたさんは、日本の国土の特色について調べ、次の**資料1～3**を見つけて、
先生と話しています。

【資料1】

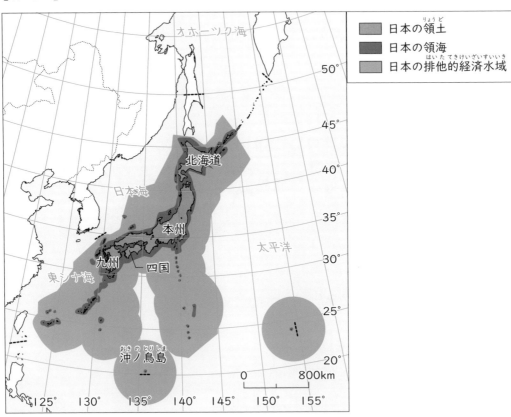

【資料2】沖ノ鳥島

【資料3】

国名	領土の面積	排他的経済水域の面積
日本	38万km²	447万km²
中国	960万km²	96万km²
アメリカ	983万km²	762万km²

（海上保安庁ほか）

そうた：日本は４つの大きな島と、そのほかの多くの島から成り立っていて、最も大きな島は（❶）です。

先　生：そうですね。日本は（❷）大陸の東に位置して、大陸と日本列島の間には（❸）、東には（❹）とよばれる海が広がっていますよ。

そうた：資料１は、日本の排他的経済水域を表していますね。

先　生：領土の沿岸から（❺）海里までのはんいで、領海をのぞいた海のことです。その国だけが、天然資源の開発などをみとめられています。

（１）❶～❺の（　）にあてはまることばや数を書きましょう。

❶	❷

❸	❹	❺

（２）資料２のように、沖ノ鳥島では、護岸工事が行われています。護岸工事が行われた理由を、「排他的経済水域」ということばを使って、かんたんに書きましょう。

（３）資料３から、中国・アメリカと比べた日本の排他的経済水域の特ちょうを、次のようにまとめました。㋐～㋒の □□□□ にあてはまることばを書きましょう。

日本の排他的経済水域は　㋐　の面積に比べて広いことが読み取れます。これは、日本がまわりを　㋑　こと、また、陸地からはなれた　㋒　ためです。

㋐	㋑	㋒

67

日本の地形と人々のくらし

1 ゆいさんとりゅうさんは、日本の地形の様子を調べて、次の地図にまとめました。

日本の国土の約4分の3を山地がしめている。

日本の川は世界の川に比べて流れが急で短い。

山脈　山が連続して長く連なっている山地。

山地　山が集まっている地形。

高地　山がはば広く連なっている山地。

平野　平地（平らな土地）のうち、海に面しているもの。

盆地　平地のうち、まわりを山に囲まれているもの。

台地　平地のうち、まわりよりも高く、平らなもの。

石狩川

奥羽山脈

日本の中心を山脈がせぼねのように連なっている。

日本で最も長い川。

信濃川

中国山地

利根川

関東平野

日本で面積が最も広い平野。

琵琶湖…日本で最も大きい湖。

四国山地

九州山地

日本の屋根（日本アルプス）

飛騨山脈を北アルプス、木曽山脈を中央アルプス、赤石山脈を南アルプスともよぶ。

ゆい　日本は、平地よりも山地のほうが多いよ。山が列のように長く連なっているところを（❶）といって、本州の中央にある（❷）などが有名だね。

りゅう　平地には、平野、平野よりいちだんと高い（❸）、まわりを山に囲まれた（❹）などがあるよ。日本の平野の中で面積が最も広いのが（❺）で、（❺）には、（❻）という大きな川も流れているね。

（１）日本の国土のうち、山地がしめるわりあいを、次の**ア**〜**エ**から１つ選んで、記号で答えましょう。

ア ４分の３　　**イ** ３分の２

ウ ２分の１　　**エ** ３分の１

（２）❶〜❻の（　）にあてはまることばを書きましょう。同じ番号の（　）には、同じことばが入ります。

❶	❷		❸

	❹	❺	❻

（３）りゅうさんは、日本と世界の川のちがいを調べるため、右のグラフを見つけ、グラフから読み取れることを、次のようにまとめました。㋐〜㋒の◻︎にあてはまることばを書きましょう。

日本と世界の川

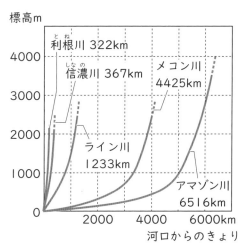

💡 **ヒント**
河口（かこう）からのきょりが長いほど、流れはゆるやかになるんだよ。

日本の川は世界の川に比べて、◻︎㋐◻︎からのきょりが◻︎㋑◻︎いため、流れが◻︎㋒◻︎であると考えられます。

㋐	㋑	㋒

日本の地形と人々のくらし

1 かんなさんは、高い土地のくらしを調べて、次の**資料**を見つけました。

【資料】季節ごとのキャベツの産地

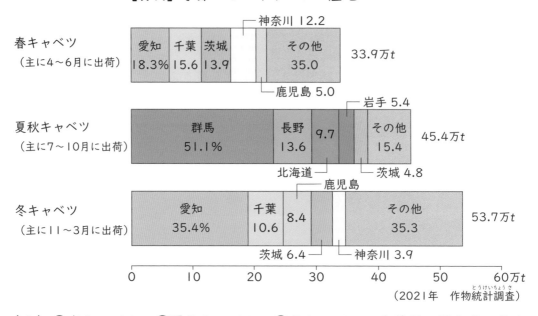

（2021年　作物統計調査）

（1）①春キャベツ、**②**夏秋キャベツ、**③**冬キャベツの出荷量が最も多い県を
それぞれ書きましょう。

❶	❷	❸

（2） かんなさんは**資料**から、キャベツの出荷について、次のようにまとめま
した。㋐〜㋑の ☐ にあてはまることばを書きましょう。

春キャベツと冬キャベツの出荷量が多い5県は、すべて ☐㋐ 県であること
がわかります。夏秋キャベツの出荷量が多い県は、春キャベツや冬キャベツ
の出荷量が多い県に比べて、標高が ☐㋑ 土地が多い県です。
その理由として、暑さに弱いキャベツは、夏の気温が ☐㋒ 地域がさいばい
に適しているからだと考えられます。

㋐	㋑	㋒

（3） 次の①、②が、この**資料**から読み取れることとして正しいなら○を、まちがっているなら×を書きましょう。

① [　] 春キャベツの出荷量が多い５つの県は、すべて本州に位置している。

② [　] 夏秋キャベツの出荷量の半分以上を、群馬県がしめている。

2 そうたさんは、海津市の土地の様子について調べ、右の**資料**を見つけて、次のようにまとめました。

> 岐阜県の南に位置して、愛知県・三重県とも接している海津市は、まわりを[　㋐　]、長良川、揖斐川といった3つの大きな川に囲まれています。そのため、こう水がよく起こり、人々は、昔からなやまされてきました。そこで、家や田畑を守るために、川の両側に[　㋑　]をつくるなどして、こう水からくらしを守る努力を続けてきました。このような[　㋑　]で守られた土地を輪中とよんでいます。

【資料】 海津市の土地の様子

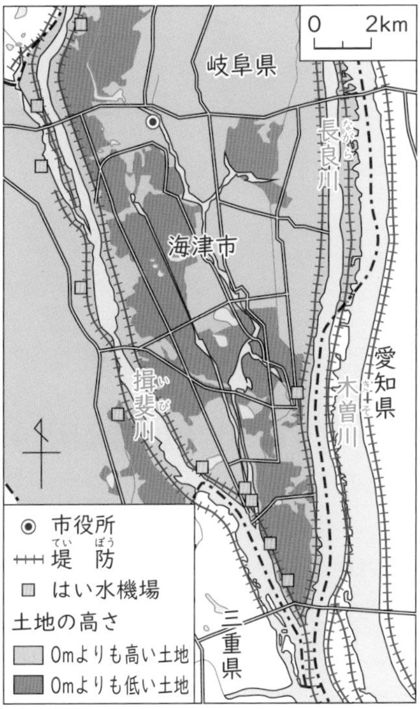
0　2km
岐阜県
長良川
海津市
愛知県
木曽川
揖斐川
三重県
市役所
堤防
はい水機場
土地の高さ
0mよりも高い土地
0mよりも低い土地

（1） ㋐、㋑の[　　]にあてはまることばを書きましょう。同じ記号の[　　]には、同じことばが入ります。

㋐ ＿＿＿＿　㋑ ＿＿＿＿

（2） 海津市のこう水が多い理由を、海津市の土地の高さを参考にして、10～20字程度で書きましょう。

＿＿＿＿＿＿＿＿

1 だいちさんは、群馬県嬬恋村（つまごい）のキャベツづくりについて調べ、次の資料（しりょう）1〜3を見つけて、下のようにまとめました。

【資料1】 嬬恋村の土地利用

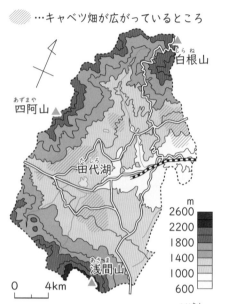

//／…キャベツ畑が広がっているところ

白根山（しらね）
四阿山（あずまや）
田代湖（たしろ）
浅間山（あさま）

0　4km

```
m
2600
2200
1800
1400
1000
600
```

【資料2】 東京と嬬恋村の月別平均気温（へいきん）

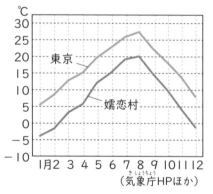

°C
（気象庁HPほか）（きしょうちょう）

【資料3】 嬬恋村のキャベツカレンダー

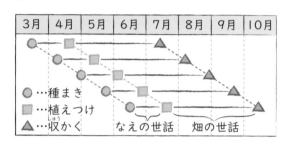

3月	4月	5月	6月	7月	8月	9月	10月

●…種まき
■…植えつけ
▲…収かく（しゅう）
なえの世話　畑の世話

資料1より、嬬恋村は ⑦ m以上の高原にある村で、キャベツ畑は主に ⑦ mから ① mまでの場所に広がっています。資料2から、高い土地にある嬬恋村の8月の気温は、東京に比べて（くら）およそ ⑦ °C低いことがわかります。嬬恋村のキャベツはこの気温を利用して、ほかの産地と出荷時期をずらすことで、高い ① で売ることができます。また、資料3のように、種まき、植えつけを ② ことで、出荷する時期を ③ するくふうをしています。

（1）⑦〜③の □□□ にあてはまる数やことばを書きましょう。同じ記号の □□□ には、同じ数が入ります。

⑦	①	⑦	①

②		③

判断力 ☆☆☆
思考力 ☆☆☆
表現力 ☆☆☆

（２） 嬬恋村では、右のグラフのように作付面積が年々拡大しています。作付面積が拡大している理由を、低温輸送車を使う利点から考えて、20 ～ 30 字程度で書きましょう。

ヒント
低温輸送車なら、収かくされた野菜を、新せんな状態のまま運べるね。

嬬恋村のキャベツの作付面積の変化

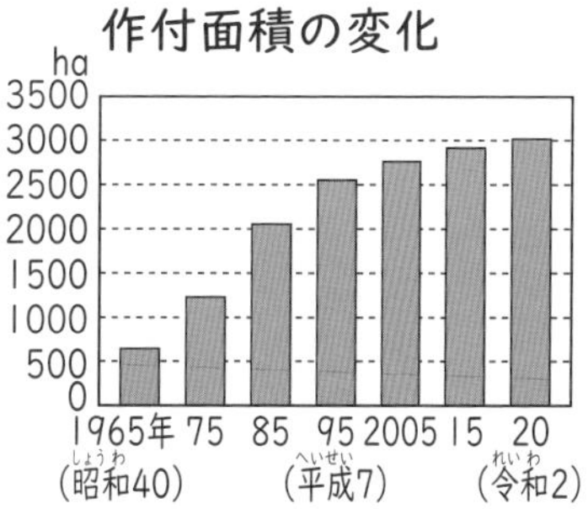

（嬬恋村HPほか）

2 みづきさんは、岐阜県海津市の農業について調べ、次の**資料１**、**２**を見つけました。

【資料１】海津市の主な農産物の作付面積

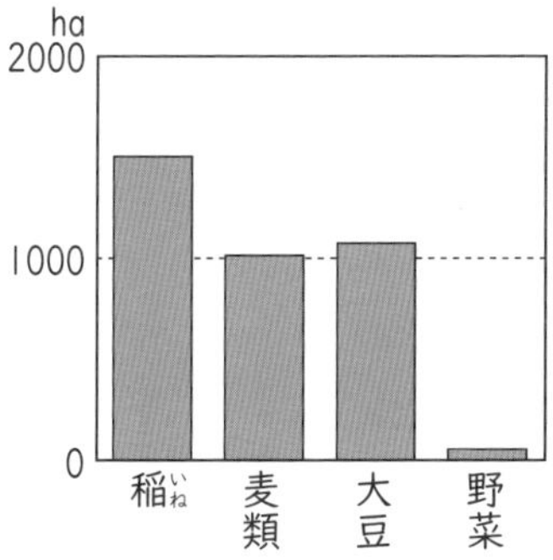

（2021年　海津市HP）

【資料２】海津市の農業の様子

水が豊かなことから、**資料１**からもわかるように、農業は特に［㋐］づくりが中心になっています。水田と水田の間の水路がうめ立てられたことで、［㋑］を使った農業ができるようになりました。また、いらない水をくみ出して川に流すはい水機場がつくられました。トマトやキュウリ、イチゴなど、ビニールハウスなどの施設でつくられる野菜のさいばいも、さかんになっています。

（１） ㋐、㋑の［　　］にあてはまることばを書きましょう。

㋐　　㋑

（２） はい水機場によって、水がたまらなくなったことから、海津市の農業はどのように変わったと考えられますか。20 ～ 30 字程度で書きましょう。

日本の気候と人々のくらし

1 あかりさんとれんさんは、日本の気候区分を調べて、次の地図にまとめました。

夏の気温は太平洋側と同じくらいだが、冬には雪がたくさんふる。

北海道は、冬が長く寒さがきびしい。降水量は、ほかの地域より少ない。

夏と冬の気温差が大きい。一年を通して降水量（こうすいりょう）が少ない。

日本海側の気候

北海道の気候

中央高地の気候

瀬戸内海（せとないかい）の気候

南西諸島（しょとう）の気候

気温が高く、雨の多い地域。冬もほかと比（くら）べるとあたたかい。

太平洋側の気候と似（に）ているが、降水量がやや少ない。

太平洋側の気候

気温の高いあたたかい地域。夏や秋によく雨がふる。

（1）気候区分を調べていたあかりさんは、右の気温と降水量のグラフ（雨温図）を見つけました。どの気候区分の雨温図ですか。次の**ア**〜**ウ**から1つ選んで、記号で答えましょう。

ア 中央高地の気候

イ 太平洋側の気候

ウ 日本海側の気候

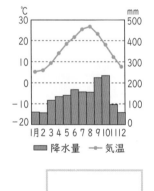

ヒント

6月から10月の降水量が多いね。

（2）北海道をのぞく日本の6月から7月には、雨が多くふります。この雨が多くふる時期を何といいますか。

（３）あかりさんとれんさんは、日本の気候に大きくえいきょうする２つの風について調べています。❶〜❼の（　）にあてはまることばを書きましょう。同じ番号の（　）には、同じことばが入ります。

れ　ん：日本では、夏と冬で風向きが大きく変わるね。

あかり：それは季節風だね。夏は（❶）からふいてきて、冬は（❷）から冷たい風がふいてくるよ。

れ　ん：夏から秋にかけて、太平洋上で発生する強い風もあるよ。

あかり：（❸）のことね。たくさんの（❹）をともなうことが多いから、大きな被害が出ることがあるよ。（❺）県は（❸）が多く来る地域だよね。

れ　ん：（❺）県は、１年を通して気温が（❻）く、冬でも15℃より気温が（❼）ことは、ほとんどないみたいだよ。

❶	❷	❸	❹

❺	❻	❼

（４）れんさんは、地図中の日本海側の気候の「冬には雪がたくさんふる」理由を、右の絵を参考にして、次のようにまとめました。㋐〜㋓の[　]にあてはまることばを、絵の中から選んで書きましょう。

日本海側の気候の地域では、冬に[　㋐　]からふく風が[　㋑　]をわたるときに、水分をふくんだ[　㋒　]風になります。そして、[　㋓　]にぶつかって、日本海側に多くの雪をふらせます。

㋐	㋑	㋒	㋓

社会 3

日本の気候と人々のくらし

1 げんきさんとさくらさんは、沖縄県の家のくふうについて調べ、次の**資料1**、**2**を見つけて、下のようにまとめました。

【資料1】 沖縄の伝統的な家

しっくいでとめたかわら
ふくぎ
(防風林)
シーサー
(守り神)
[い]
[あ]
[う]

【資料2】 コンクリートづくりの家

資料1の気温が高い沖縄県の伝統的な家は、[㋐]通しをよくするため、戸口が広くつくられています。また、ほかの地方に比べて[㋑]が多く近づくため、家のまわりには、石がきや、ふくぎという木で[㋒]がつくられ、かわらもしっくいでしっかりととめて、家を守っています。

資料2のコンクリートづくりの家の上には、貯水タンクが置かれています。これは、沖縄県は雨が多いのですが、大きな川が少なく、雨水がすぐ海に流れてしまうため、[㋓]になることに備えたものです。

(1) ㋐～㋓の[　　]にあてはまることばを書きましょう。

㋐　　　㋑　　　㋒　　　㋓

(2) ㋑と㋓に備えたくふうを、**資料1**の[あ]～[う]から1つずつ選んで、記号で答えましょう。

㋑　　　㋓

2　げんきさんとさくらさんは、北海道の家のくふうについて調べ、次の**資料1**、**2**を見つけました。

【資料1】

急な角度のついた屋根
玄関フード
たくさんの断熱材
二重まど
雪をとかす温水パイプ
不凍せん
大きな灯油タンク

【資料2】

げんき：**資料1**の玄関フードや二重まどは、家の中の（❶）空気をにがさないようにしたり、外の（❷）空気が家の中に入らないようにしたりするためのくふうだね。

さくら：温水パイプは、道路に積もった雪を（❸）ようにするためのくふうかな。不凍せんは、寒さで水道管が（❹）ようにするためのくふうだね。

（1）❶～❹の（　）にあてはまることばを書きましょう。

❶	❷

❸	❹

（2）**資料2**のような家は、雪が下に落ちないように、屋根にくふうが見られます。そのくふうを**資料1**の屋根と比べて、10～20字程度で書きましょう。

🔍ヒント

屋根にヒーターを入れて雪をとかしている家もあるけど、**資料2**の屋根は形にくふうがあるね。

日本の気候と人々のくらし

1 まきさんとはるとさんは、沖縄県と北海道の農業について調べ、次の資料1〜
4を見つけました。

【資料1】 沖縄県の主な
農産物の作付面積

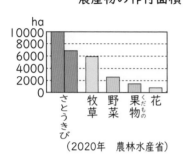

（2020年　農林水産省）

【資料2】 沖縄県で多く生産されている農産物

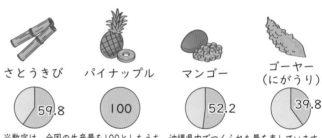

※数字は、全国の生産量を100としたうち、沖縄県内でつくられた量を表しています。
（2021年 ※ゴーヤーのみ2020年　「データでみる県勢2023」）

【資料3】 北海道の主な
農産物の作付面積

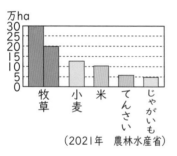

（2021年　農林水産省）

【資料4】 北海道で多く生産されている農産物

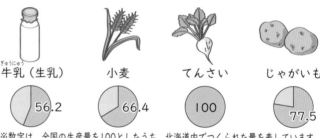

※数字は、全国の生産量を100としたうち、北海道内でつくられた量を表しています。
（2021年　「データでみる県勢2023」）

（1） 次の①〜④が、**資料1〜4**から読み取れることとして正しいなら○を、
まちがっているなら×を書きましょう。

①　□　沖縄県も北海道も、農産物の中で、牧草の作付面積が最も大きい。

②　□　日本で生産されるパイナップルのすべてが、沖縄県で生産されている。

③　□　日本で生産されるじゃがいものすべてが、北海道で生産されている。

④　□　北海道では、牛乳が多く生産されている。

＞ 情報をもとに考えたことを表現する

判断力 ☆☆☆
思考力 ☆☆☆
表現力 ☆☆☆

（２）まきさんは、沖縄県と北海道の農産物について、次のようにまとめました。㋐、㋑の［　　］にあてはまることばを書きましょう。

> 農産物は、それぞれの土地の気候に合わせてさいばいされています。沖縄県で多く生産されているさとうきびは、日照りに強く、［㋐］しめった気候が適しています。北海道で多く生産されている小麦は、［㋑］やかんそうに強い作物です。

㋐　　　　㋑

（３）まきさんは、沖縄県でつくられる小ぎくについて、右のグラフを見つけました。冬に東京都の市場に出荷された小ぎくのほとんどが、沖縄県産である理由を、「だんぼう費」ということばを使って、20字程度で書きましょう。

東京都の市場に出荷された小ぎくの数

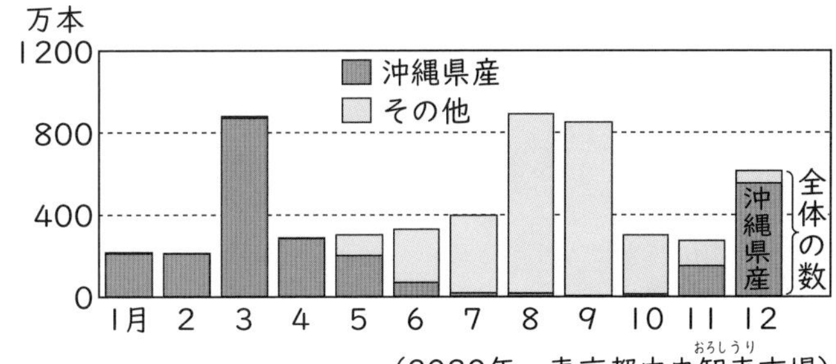

万本
1200
800
400
0
沖縄県産
その他
1月
2
3
4
5
6
7
8
9
10
11
12
沖縄県産
全体の数

（2020年　東京都中央卸売市場）

（４）はるとさんは、十勝平野で行われている、１つの畑で年ごとにちがった作物を植える輪作について、右の表を見つけました。輪作を行う理由を、「病気」ということばを使って、20字程度で書きましょう。

輪作のやり方

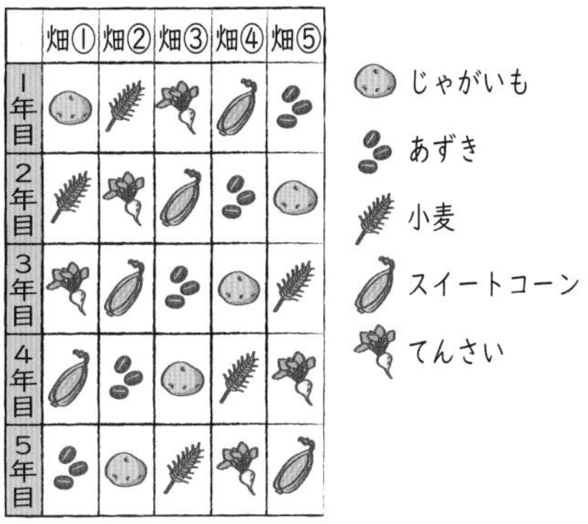

畑①
畑②
畑③
畑④
畑⑤
1年目
2年目
3年目
4年目
5年目
じゃがいも
あずき
小麦
スイートコーン
てんさい

主な食料の産地と米づくり

1 ゆいさんとりゅうさんは、主な食料の産地を調べて、次の地図にまとめました。

●主な食料の生産地

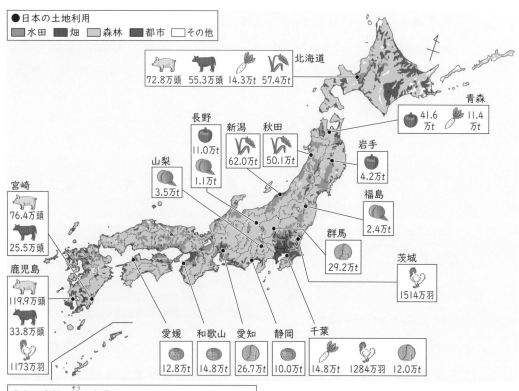

●日本の土地利用
水田　畑　森林　都市　その他

北海道
72.8万頭　55.3万頭　14.3万t　57.4万t

青森
41.6万t　11.4万t

長野
11.0万t
1.1万t

新潟
62.0万t

秋田
50.1万t

山梨
3.5万t

岩手
4.2万t

福島
2.4万t

宮崎
76.4万頭
25.5万頭

群馬
29.2万t

鹿児島
119.9万頭
33.8万頭
1173万羽

茨城
1514万羽

愛媛　和歌山　愛知　静岡　千葉
12.8万t　14.8万t　26.7万t　10.0万t　14.8万t　1284万羽　12.0万t

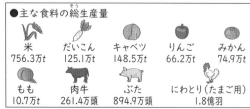

●主な食料の総生産量

米　　だいこん　キャベツ　りんご　みかん
756.3t　125.1万t　148.5万t　66.2万t　74.9万t

もも　　肉牛　　ぶた　　にわとり（たまご用）
10.7万t　261.4万頭　894.9万頭　1.8億羽

●上位5都道府県

米…新潟県、北海道、秋田県、山形県、宮城県

だいこん…千葉県、北海道、青森県、鹿児島県、神奈川県

キャベツ…群馬県、愛知県、千葉県、茨城県、長野県

りんご…青森県、長野県、岩手県、山形県、福島県

みかん…和歌山県、愛媛県、静岡県、熊本県、長崎県

もも…山梨県、福島県、長野県、山形県、和歌山県

肉牛…北海道、鹿児島県、宮崎県、熊本県、岩手県

ぶた…鹿児島県、宮崎県、北海道、群馬県、千葉県

にわとり（たまご）…茨城県、千葉県、鹿児島県、広島県、愛知県

（2021年 「データでみる県勢 2023」）

ゆ　い：米の生産が多いのは、北海道や東北地方、中部地方にある県で、中部地方の（**❶**）と東北地方の秋田県、山形県は日本海側の県だね。

りゅう：気候と関係があるのかな。

ゆ　い：そういえば、りんごの生産が多い青森県、長野県、岩手県は、どれも
　　　　気候が（❷）ところだね。

りゅう：反対に、みかんの生産が多い和歌山県、愛媛県、静岡県は、気候が（❸）
　　　　ところだよ。

ゆ　い：だいこんとキャベツは、気候とはあまり関係がないのかな。

りゅう：群馬県嬬恋村のキャベツづくりは、ほかの産地より気温が（❹）こと
　　　　を利用していたね。

ゆ　い：肉牛とぶたは、北海道、（❺）、宮崎県の生産量が多いね。

りゅう：にわとりは、鹿児島県以外の、茨城県、千葉県、広島県、愛知県は、
　　　　大きな都市やその近くの県だよね。

（１）日本の土地利用で最も多いものを書きましょう。

（２）❶～❺の（　）にあてはまることばを書きましょう。

❶	❷	❸

❹	❺

（３）右の円グラフにあてはまる農産物を、次の**ア**
～**エ**から１つ選んで、記号で答えましょう。

ア 米　　　**イ** みかん
ウ りんご　**エ** 肉牛

🌱**ヒント**

すべての県があたたかいところに
あるよ。

都道府県別のある農産物
の生産量のわりあい

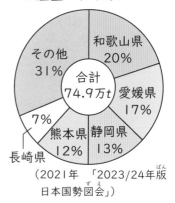

（2021年　「2023/24年版
日本国勢図会」）

主な食料の産地と米づくり

1 かんなさんは、米づくりのさかんな地域について調べ、次の資料1～5を見つけて、先生と話しています。

【資料1】米の消費量と生産量の変化

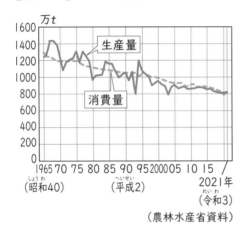

（農林水産省資料）

【資料2】米の作付面積の変化

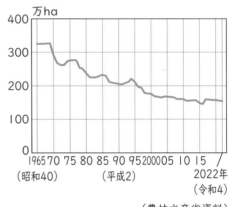

（農林水産省資料）

【資料3】米づくりの労働時間の変化

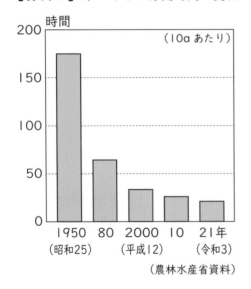

（農林水産省資料）

【資料4】農業で働く人の数の変化

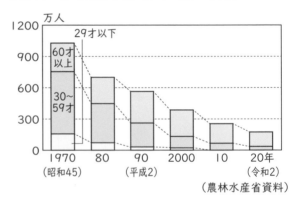

（農林水産省資料）

【資料5】農薬を散布する様子

先　生：米は日本人にとって大切な主食ですが、1960年代から米が余るようになりました。

かんな：資料1を見ると、1965年に比べて、2021年の生産量と（❶）は、どちらも400万t以上も減っていますね。

先　生：そこで国は、米の（❷）面積を減らして、ほかの作物をつくることをすすめたのです。

かんな：そうですね。資料2を見ると、1965年に比べて2022年は、半分以下になっています。

先　生：それでも、農家の人は米づくりを続けるために、さまざまなくふうをしています。

かんな：資料3を見ると、米づくりにかかる労働時間は、2021年には1950年の約（❸）分の1となっています。

先　生：資料3のように労働時間が減ったのは、田植えや稲かりに（❹）を使うことで、効率的に仕事ができるようになったためです。

かんな：そうなんですね。でも、資料4を見ると、農業で働く人もずいぶん減ってしまっています。それに、農業で働く人のほとんどが、（❺）才以上なのは心配です。

（１）❶〜❺の（　）にあてはまることばや数を書きましょう。

❶	❷	❸

❹	❺

（２）資料4から読み取れるように、農業で働く人も減っています。そのために行っているくふうを、資料5の写真を参考にして、30字程度で書きましょう。

主な食料の産地と米づくり

1 東京都に住んでいるこうたさんは、山形県へ旅行に行っていたお姉さんと話しています。

こうた：山形県のおみやげ、ありがとう。クラブに持っていくね。この将棋の駒って、山形県の伝統的工芸品なんだよね。そういえば、伝統的工芸品って何？

お姉さん：その地域で昔から続いている技術と材料でつくられて、日常生活の中で使われてきたもののうち、国に特別にみとめられた工芸品のことを、伝統的工芸品というんだよ。

こうた：そうなんだ。ほかにはどんなものがあるのかな。

お姉さん：次の**資料1**を見ると、東北地方にはいろいろな伝統的工芸品があることがわかるね。

【資料1】 東北地方の主な伝統的工芸品

こうた：本当だ。でも、なぜ東北地方では、このような伝統的工芸品がつくられてきたのかな。

お姉さん：次の**資料2**を見ると、その理由が考えられそうだよ。

【資料2】

	都県庁所在地で最も雪が多く積もったときの高さ（cm）（2022年）	田畑の面積（ha）（2021年）
東京都	10	6,410
青森県	149	149,600
山形県	88	115,800
秋田県	56	146,400

（データでみる県勢2023ほか）

こ う た：ぼくたちの住んでいる東京都と、異なる点があるね。東北地方で伝統的工芸品が昔からつくられてきたのは、冬は（　）からではないかな。

お姉さん：そうだね。農家の人たちは、これ以外にもさまざまなくふうをしているよ。例えば、米づくりでは、品種改良がさかんに行われているんだ。

こ う た：あっ、そういえば、おみやげに、お米も買ってきてたよね。

（1）（　）にあてはまることばを、20字程度で書きましょう。

（解答欄）

（2）右の**資料3**を参考にして、下線部の目的として**あてはまらないもの**を、次の**ア**〜**エ**から1つ選んで、記号で答えましょう。

ア　おいしい米をつくる。
イ　気候に合った米をつくる。
ウ　育てやすい米をつくる。
エ　安く売れる米をつくる。

（解答欄）

【資料3】つや姫がつくられるまで

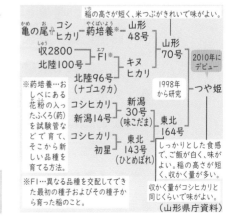

※薬培養…おしべにある花粉の入ったふくろ(葯)を試験管などで育て、そこから新しい品種を育てる方法。

※F1…異なる品種を交配してできた最初の種子およびその種子から育った稲のこと。

（山形県庁資料）

日本の水産業とこれからの食料生産

1 ゆいさんとりゅうさんは、日本の水産業ついて調べ、次の地図にまとめました。

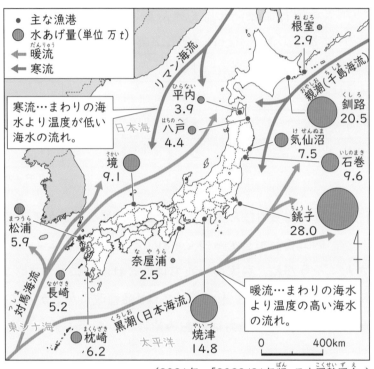

・主な漁港
● 水あげ量(単位 万t)
← 暖流
← 寒流

寒流…まわりの海水より温度が低い海水の流れ。

暖流…まわりの海水より温度の高い海水の流れ。

根室 2.9
釧路 20.5
親潮(千島海流)
平内 3.9
八戸 4.4
気仙沼 7.5
石巻 9.6
境 9.1
銚子 28.0
松浦 5.9
奈屋浦 2.5
長崎 5.2
黒潮(日本海流)
焼津 14.8
枕崎 6.2
太平洋
対馬海流
東シナ海
日本海
リマン海流
0　　400km

（2021年　「2023/24年版 日本国勢図会」）

ゆ　い：魚が多くとれるのは、どのあたりなのかな。

りゅう：魚のえさとなる（**1**）が多いところだと思うよ。

ゆ　い：海の深さが200mくらいまでの（**2**）とよばれるところね。

りゅう：それに、暖流と（**3**）がぶつかる潮目もよい漁場だよね。

ゆ　い：暖流には、日本列島にそって太平洋を北に流れる（**4**）と、日本海を
北に流れる（**5**）があるよ。

りゅう：寒流には、日本海を南に流れるリマン海流と、太平洋を南に流れる（**6**）
があるね。

（１）水あげ量が最も多い漁港を、地図中から選
んで書きましょう。

（2）❶～❻の（ ）にあてはまることばを書きましょう。

❶	❷	❸

❹	❺	❻

（3）ゆいさんは、右の円グラフから、次のようにまとめました。㋐～㋒の □□□ にあてはまることばを書きましょう。

都道府県別の漁業生産額のわりあい

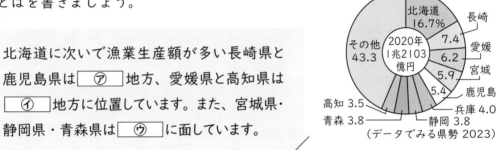

北海道に次いで漁業生産額が多い長崎県と鹿児島県は □㋐□ 地方、愛媛県と高知県は □㋑□ 地方に位置しています。また、宮城県・静岡県・青森県は □㋒□ に面しています。

（データでみる県勢 2023）

㋐	㋑	㋒

2 りゅうさんは、右のグラフから、次のようにまとめました。㋐～㋒の □□□ にあてはまることばを書きましょう。

日本の食料自給率

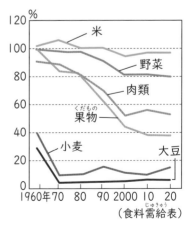

食料自給率とは、食料消費量のうち、□㋐□ で生産された食料のわりあいです。日本の食料の中で、特に食料自給率が低いものは、□㋑□ と □㋒□ です。

（食料需給表）

㋐	㋑	㋒

日本の水産業とこれからの食料生産

1 だいちさんとみづきさんは、日本の水産業について調べ、次の資料1、2を見つけました。

【資料1】

まぐろなど

290
いわし、さばなど

19
かつお、まぐろなど

2
まぐろなど

まぐろなど

まぐろなど

まぐろ、かつおなど

まぐろ、かれいなど

まぐろなど

大西洋

インド洋　太平洋

■ 日本の排他的経済水域　■ 世界の排他的経済水域
● 漁業区別にみた日本の漁かく量（単位は万 t）と主な水産物

（2016年 国際連合食糧農業機関）

【資料2】漁業種類別の漁かく量の変化

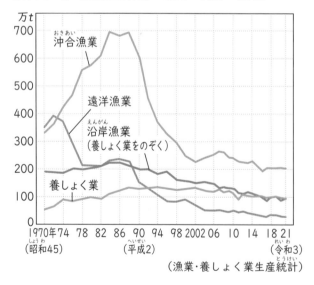

万t

沖合漁業

遠洋漁業

沿岸漁業
（養しょく業をのぞく）

養しょく業

1970年 74　78　82　86　90　94　98 2002 06　10　14　18 21
（昭和45）　　　　　　（平成2）　　　　　　　　　　（令和3）

（漁業・養しょく業生産統計）

だいち：資料1の ■ や ■ は、自国の沿岸から（①）海里以内の水域を表していて、この（②）では、ほかの国の漁船が漁をするときは、魚の種類やその量が制限されているんだよ。

情報を読み取って考える

みづき：資料2を見ると、遠くの海で漁を長期間行う（❸）漁業の漁かく量が、減り続けているけど、なぜかな。

だいち：（❷）が設定され始めた1977年より後に、大きく減っているみたい。

みづき：ほかの国の（❷）で、それまでよりもたくさんの魚をとることがむずかしくなったからかな。

だいち：資料1を見ると、日本の近海で多くとれる魚はいわしと（❹）みたい。

みづき：沖合漁業や沿岸漁業が減ってきたのは、漁場の環境の悪化や魚のとりすぎによって、魚が（❺）ことや、外国から安い魚を（❻）するようになったことが関係しているみたいだよ。

だいち：だから、魚をつくり育てる（❼）がさかんに行われるようになったんだね。

（1）❶〜❼の（　）にあてはまる数やことばを書きましょう。同じ番号の（　）には、同じことばが入ります。

❶	❷	❸

❹	❺	❻	❼

（2）次の①〜④が、資料2から読み取れることとして正しいなら〇を、まちがっているなら×を書きましょう。

① ☐ 1970年は、遠洋漁業の漁かく量が最も多い。

② ☐ 2021年の沿岸漁業の漁かく量は、全体の半分以上となっている。

③ ☐ 2021年の沿岸漁業と養しょく業の漁かく量は、ほぼ同じである。

④ ☐ 2021年の沖合漁業の漁かく量は、1984年の3分の1以下である。

日本の水産業とこれからの食料生産

1 かんなさんとそうたさんは、これからの食料生産について調べ、次の資料1～5を見つけました。

【資料1】 主な国の食料自給率

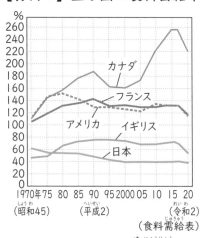

（食料需給表）

【資料2】 日本の食料自給率の変化

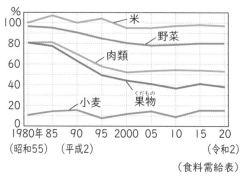

（食料需給表）

【資料3】 食料品の輸入量の変化

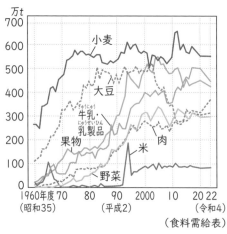

（食料需給表）

【資料5】 国産と外国産の食料のねだん

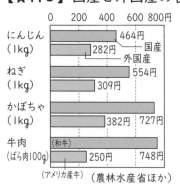

（アメリカ産牛）（農林水産省ほか）

【資料4】 日本人の食生活の変化

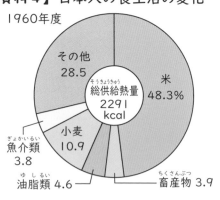

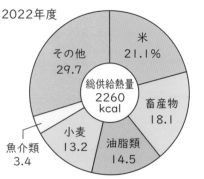

※グラフは1人1日あたりの食べ物のわりあいを示しています。

（食料需給表）

かんな：資料1を見ると、約50年間で食料自給率が100%以下のままの国は、日本と（❶）だけなのね。

そうた：そうだね。2020年の日本は、（❷）%くらいしかないよね。

かんな：資料2を見ると、2020年の食料自給率は、1980年に比べて低くなっているものが多いね。特に、1980年には自給率が約80%だった肉類と（❸）が低くなっているよ。理由は何だろう。

そうた：輸入量が増えたからではないかな。**資料3**を見ると、肉類や（❸）の輸入量が増えているね。牛乳・乳製品も増えているよ。

かんな：輸入量が増えた理由も知りたいな。**資料4**を見ると、（❹）と油脂類のわりあいが大きく増えているよね。

そうた：逆に米は減っているね。日本人の（❺）が洋風になってきたのかな。

かんな：資料5は、食料品の輸入量が増えたことに関係がありそうだね。

（１）❶～❺の（　）にあてはまることばや数を書きましょう。同じ番号の（　）には、同じことばが入ります。

❶	❷

❸	❹	❺

（２）**資料5**から考えることができる、外国から多くの食料を輸入するようになった理由を、20字程度で書きましょう。

（３）米の消費量から考えることができる、日本の食料全体の自給率が下がっている原因を、下のことばに続けて、20字以内で書きましょう。

　米の自給率は高いが、

社会
6 日本の工業生産と自動車工業

1 あおいさんとひまりさんは、日本の工業について、次のようにまとめました。

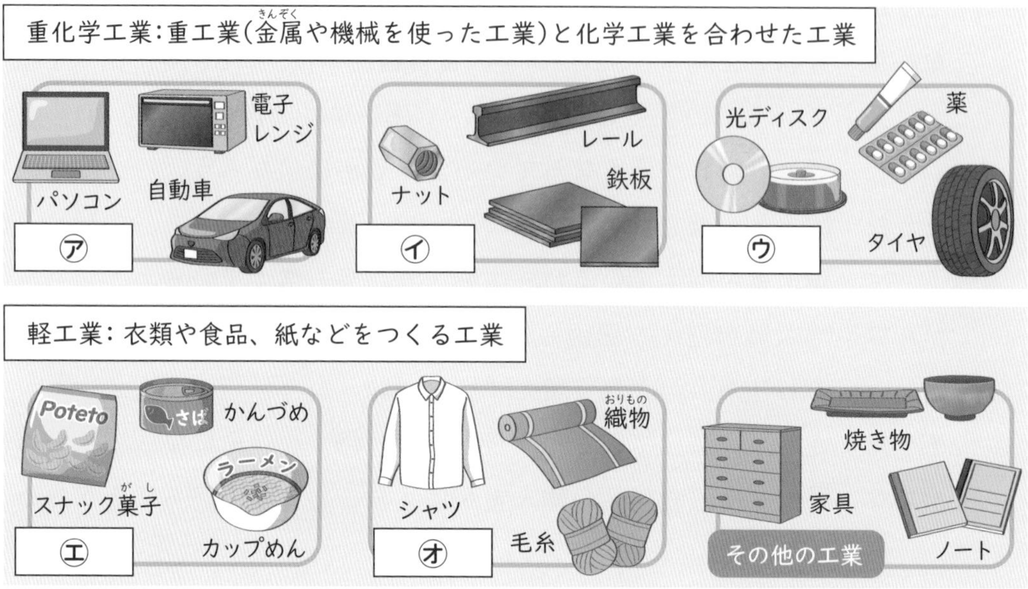
重化学工業：重工業（金属や機械を使った工業）と化学工業を合わせた工業
パソコン
電子レンジ
自動車
㋐
ナット
レール
鉄板
㋑
光ディスク
薬
タイヤ
㋒
軽工業：衣類や食品、紙などをつくる工業
Poteto
さば
かんづめ
ラーメン
スナック菓子
カップめん
㋓
シャツ
織物
毛糸
㋔
焼き物
家具
ノート
その他の工業

（1） ㋐～㋔の［　　］にあてはまる工業の種類を、下の［　　］からそれぞれ選んで書きましょう。

㋐	㋑	㋒
	㋓	㋔

食料品工業　　機械工業　　せんい工業　　化学工業　　金属工業

（2） 次の①、②の説明にあてはまることばを書きましょう。

① 製品が重い金属工業と機械工業を合わせた工業。

② 重化学工業以外のもので、製品が軽いものが多い工業。

2 あおいさんとひまりさんは、工業のさかんなところについて調べ、次の地図を見つけました。

（１）地図中に ━━━ で示した、工業が特にさかんな地域を何といいますか。

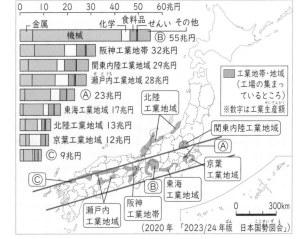

（２）早くから工業が発達した、地図中の④〜©の工業地帯・地域名を書きましょう。

④		⑧

	©

（３）次の①〜③の説明にあてはまる工業地帯・地域を、地図中から選んで、工業地帯・地域名を書きましょう。

① 工業生産額が日本で最も多く、特に工業生産額にしめる機械工業のわりあいが高い。

② 大阪を中心に広がっている。ほかの工業地帯に比べて、工業生産額にしめる機械工業のわりあいは低い。

③ 東京湾の東側に広がっている。ほかの工業地帯に比べて、工業生産額にしめる化学工業のわりあいが高く、機械工業のしめるわりあいが低い。

日本の工業生産と自動車工業

1 あおいさんとひまりさんは、工業のさかんなところについて調べ、次の地図を見つけました。

（１）太平洋ベルトで工業が発展した理由について、地図を見ながら話しています。

❶〜❸の（　）にあてはまることばを書きましょう。

あおい：海に面しているので、（❶）や燃料の輸入、製品の輸出に便利だね。

ひまり：それに、日本の主な大都市がふくまれているから、その場所で（❷）人を集めやすいと思うよ。

あおい：（❸）をつくるための広い平地や海をうめ立てた土地があったのも、理由の一つだね。

工業のさかんなところ

❶	❷	❸

（２）右の写真は、内陸部につくられた工業地域です。このような、原材料の輸入や製品の輸出にあまり適していない内陸部に、工業地域がつくられるようになったのはなぜですか。㋐、㋑の　　　にあてはまることばを書きましょう。

　㋐　などを中心とする交通もうが整えられたことで、原材料や工業製品を　㋑　なったため。

㋐	㋑

2 あおいさんとひまりさんは、日本の工業の変化について調べ、右の資料1、2を見つけました。❶〜❺の（　）にあてはまることばを書きましょう。同じ番号の（　）には、同じことばが入ります。

【資料1】工業種類別の工業生産額のわりあいの変化

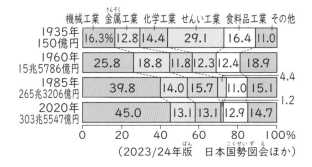

（2023/24年版　日本国勢図会ほか）

【資料2】大工場と中小工場のわりあい

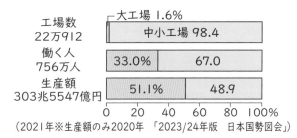

（2021年※生産額のみ2020年　「2023/24年版　日本国勢図会」）

ヒント

日本の近代工業は、糸や織物をつくる工業から発展したんだよ。

あおい：資料1を見ると、1935年の日本の工業生産額にしめるわりあいが最も高かったのは（❶）工業で、工業生産額の約30％をしめているよ。

ひまり：（❶）工業と食料品工業・その他の工業を合わせた（❷）工業の生産額は、機械工業・金属工業と化学工業を合わせた（❸）工業よりも多いね。

あおい：でも、2020年には、（❹）工業のわりあいが最も高くなっているね。工業の中心は、（❸）工業に移ったと考えられるね。

ひまり：資料2で工場について調べると、全体の1.6％しかない（❺）工場が、生産額では半分以上をしめているのね。

日本の工業生産と自動車工業

1 ゆうきさんとみきさんは、自動車工場への社会科見学の予習をしています。事前にもらったパンフレットに、次の資料1〜4がありました。

【資料1】

①プレス
プレス機で、うすい鉄板を曲げたり、型を打ちぬいたりする。屋根やゆか、ドアなどをつくる。

②ようせつ
ロボットを使って、屋根やゆか、ドアなどをつなぎ合わせて、車体を仕上げる。

③とそう
買う人の注文に合わせてさまざまな色にぬる。さびないよう何回もとそうする。

④組み立て（組み立てライン）
コンベヤー上を移動する車体に、エンジンやシートなどの部品を順番に取りつける。

⑤検査
ブレーキのききぐあいやライトがつくかなど、さまざまな検査をする。

●ロボット
人のかわりに作業を自動で行う機械。くり返し作業や、きけんな作業をするところで使われている。

▲ロボットによるようせつ

【資料2】

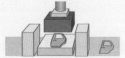
自動車工場

サイドミラー　シート　ハンドル
第一次関連工場

第二次関連工場

第三次関連工場

【資料3】 日本のある自動車会社の海外工場の分布

イギリス　カナダ
トルコ　アメリカ
パキスタン　中国　台湾　メキシコ
インド　タイ　フィリピン
0°　マレーシア　ベトナム　ブラジル
ナイジェリア　インドネシア
アルゼンチン

※四輪車の製造工場のみ　（2017年）

【資料4】 日本の自動車会社の国内生産台数と輸出台数、海外生産台数の変化

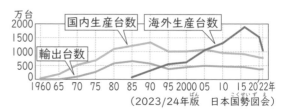

万台
2000 国内生産台数　海外生産台数
1500
1000 輸出台数
500
0
1960 65 70 75 80 85 90 95 2000 05 10 15 2022年
（2023/24年版　日本国勢図会）

ゆうき：**資料1**を見ると、ドアやゆかなどは、（**❶**）という機械を使ってつくるんだね。

み　き：ようせつするときは、ロボットが使われているよ。金属を熱でとかしてつなぐような（**❷**）からだね。

ゆうき：（**❸**）では、シートなどの部品が取りつけられるんだね。このシートをつくっているところは見学できるのかな。

み　き：それはむずかしいと思うよ。**資料2**を見ると、シートなどの部品は、（**❹**）でつくられているのがわかるね。

ゆうき：本当だ。あれ、海外にも自動車工場があるんだね。**資料4**を見ると、特に2000年から2016年の間に、海外の工場の生産台数が大きく（**❺**）ことがわかるよ。

み　き：日本からの輸出台数よりも多いね。なぜだろう。

（1）**❶**〜**❺**の（　）にあてはまることばを書きましょう。

❶	❷

❸	❹	❺

（2）下線部について調べていたみきさんは、**資料5**を見つけました。日本からの輸出ではなく、海外の工場で生産することは、どのような利点があると考えられますか。「輸送費」ということばを使って、20字程度で書きましょう。

【資料5】車をつくるのにかかる費用

せん伝費
製造・組み立て費
はん売費
人件費
輸送費
材料費
研究開発費

日本の貿易とこれからの工業生産

1 すずさんとたくやさんは、日本の主な輸入品と輸出品について調べ、次の2つのグラフを見つけました。❶〜❹の（ ）にあてはまることばを書きましょう。同じ番号の（ ）には、同じことばが入ります。

・日本の主な輸入品

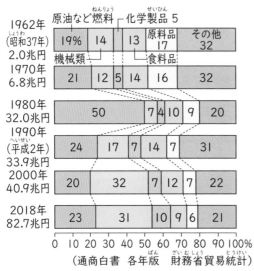

・日本の主な輸出品

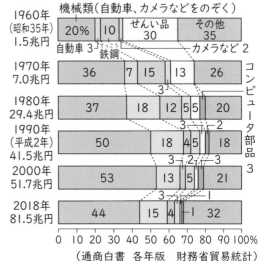

1960年の輸出品で、わりあいが最も高かったのは（❶）で、輸入品の中の（❷）をもとにつくったんだよね。でも、2018年になると、輸入品・輸出品のどちらも、（❸）のわりあいが最も高くなるよ。

日本の工業が、（❶）などの軽工業中心から、（❸）や、2018年の輸出品で2番目にわりあいが高い（❹）を生産する重化学工業中心へと変わったからだね。

❶	❷

❸	❹

2 たくやさんは、日本の輸出品と輸出相手先、日本の輸入品と輸入相手先について調べ、次の資料1、2を見つけました。

（1）日本が自動車を最も多く輸出している国を書きましょう。

【資料1】主な輸出品の輸出相手先

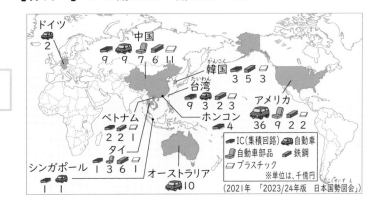

（2）日本がプラスチックを最も多く輸出している国を書きましょう。

（3）日本が原油を最も多く輸入している国を書きましょう。

【資料2】主な輸入品の輸入相手先

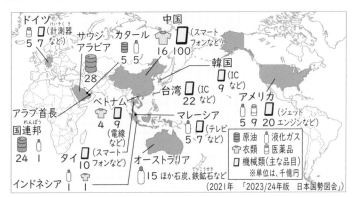

（4）日本がICなどの機械類を最も多く輸入している地域を、次のア〜ウから1つ選んで、記号で答えましょう。

ア　アジア　　イ　ヨーロッパ　　ウ　北アメリカ

1　ゆきさんととうまさんは、日本の貿易について調べ、次の**資料1**を見つけました。

【資料1】日本の主な貿易相手先

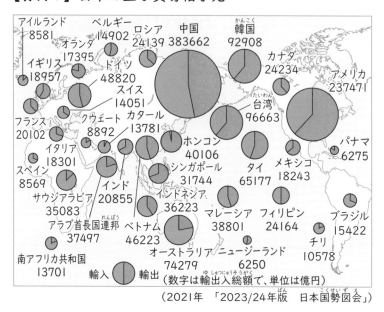

（2021年　「2023/24年版　日本国勢図会」）

ゆ　き：資料1を見ると、日本の貿易相手先のうち、輸出額が最も多いのは（❶）で、2番目は（❷）だね。

とうま：輸入額も同じ順番だね。でも、（❶）は（❸）額が（❹）額よりも多いけれど、（❷）は（❸）額よりも（❹）額のほうが多くなっているね。

ゆ　き：日本の貿易相手は、どの地域が中心かな。

とうま：（❺）だよね。貿易額が多い（❶）、韓国、台湾はみんな（❺）に位置しているよ。

（1）❶〜❺の（　）にあてはまることばを書きましょう。同じ番号の（　）には、同じことばが入ります。

❶	❷

❸	❹	❺

（2）ゆきさんととうまさんは、日本の貿易額についてもくわしく調べてみようと思い、右の**資料2**を見つけました。次の①〜③が、**資料2**から読み取れることとして正しいなら○を、まちがっているなら×を書きましょう。

【資料2】日本の輸出入額の変化

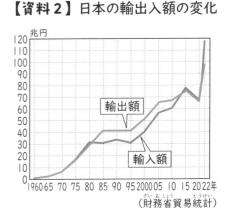

（財務省貿易統計）

①　□　1960年から2022年にかけて、輸出額・輸入額はどちらも上がり続けている。

②　□　1960年から2022年にかけて、すべての年で輸入額より輸出額のほうが多い。

③　□　1960年から2022年にかけて、輸出額と輸入額はどちらも90兆円以上多くなっている。

（3）輸出国と輸入国の間で、「貿易まさつ」とよばれる争いが起こることがあります。ゆきさんは、1980年代ごろに、日本とアメリカの間で「貿易まさつ」が起こったことを知りました。このような争いが起こる理由について、次のようにまとめました。㋐、㋑の□□□にあてはまることばを書きましょう。

同じ工業製品の場合、製品を安くつくることができるA国は、自分の国の製品をできるだけ　㋐　することで、国内の産業をさかんにしたいと思うが、A国に比べて製品の価格が高いB国にとっては、A国産の安い製品がたくさん入ってくると、　㋑　がおとろえてしまうので、輸入する量を少なくしようとするため。

㋐	㋑

日本の貿易とこれからの工業生産

1 さくらさんの班では、これからの日本の工業生産について、資料1～5を見ながら話し合っています。

【資料1】 主な資源の自給率

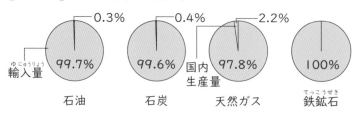

（2021年 「日本のすがた2023」）

【資料2】 工場数と働く人の数

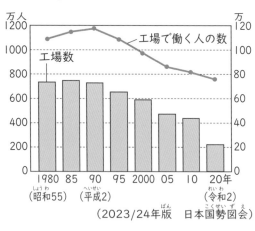

（2023/24年版 日本国勢図会）

【資料3】 国内の主な電化製品の生産台数

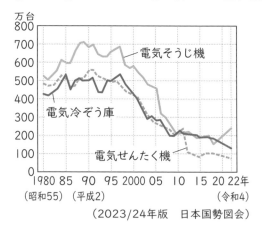

（2023/24年版 日本国勢図会）

【資料4】 海外にある日本の会社数

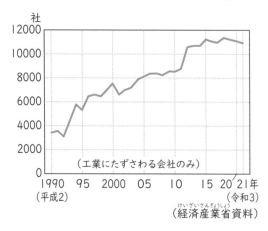

（経済産業省資料）

【資料5】 アジアの主な都市の賃金

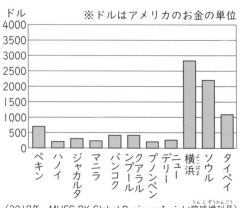

（2019年 MUFG BK Global Business Insight臨時増刊号）

さくら：これからの日本の工業生産について問題だと思うのは、燃料や原料の多くを輸入にたよっていることかな。**資料1**を見ると、日本の工業にとって大切な（**❶**）・石炭・天然ガスなどは、ほとんど輸入されたものを使っていて、特に鉄鋼業の原料となる鉄鉱石は、（**❷**）％を輸入にたよっているよね。

たくま：ぼくは**資料2**を見て、（**❸**）ことが問題だと思ったよ。このままでは、日本の工業はおとろえてしまうのではないかな。実際に**資料3**を見ると、国内の電化製品の生産台数は（**❹**）いることがわかるよ。

はやと：国内の電化製品の生産台数が（**❹**）いることは、ほかにも理由があると思うよ。**資料4**を見ると、海外にある日本の会社が（**❺**）いるよね。この理由は何だろう。

さくら：**資料5**が参考になると思うよ。みんなで理由を考えてみよう。

（１）❶〜❺の（　）にあてはまることばや数を書きましょう。同じ番号の（　）には、同じことばが入ります。

❶		❷

❸	

❹		❺

（２）下線部の理由について、**資料5**を参考に、「費用」ということばを使って、30字程度で書きましょう。

情報を生かすわたしたち

1 いちかさんとひろとさんは、情報について調べ、次のようにまとめました。

得る方法	新聞	ざっし	ラジオ	テレビ	インターネット
手段	文字、写真、絵	❶	❷	❸	❹
特ちょう	・文字、写真、絵などで情報を伝える。 ・持ち運びができ、読み返せる。 ・最近のできごとをすぐに伝える。	・文字、写真、絵などで情報を伝える。 ・持ち運びができ、読み返せる。	・音声だけで情報を伝える。 ・車を運転したり、家事をしたりしていても情報を手に入れられる。	・映像と音声で情報を伝える。 ・年れいに関係なく、お年寄りから子どもまで楽しめる。	・世界中の情報を文字や映像で伝える。 ・パソコンやスマートフォンですぐに見たり、発信できる。

（１）新聞にならって、❶～❹にあてはまるものを、次の**ア**～**エ**から１つずつ選んで、記号で答えましょう。同じ記号をくり返し使ってもかまいません。

ア 音声　　　　　　**イ** 映像

ウ 文字、写真、絵　**エ** 映像、音声、文字、写真、絵

❶	❷	❸	❹

（２）次の①、②のときの情報を得る方法を、上からすべて選んで書きましょう。

① 特定のニュースについて切り取って、ノートに保ぞんしたい。

② 今、世界で起こっているできごとを、文字や映像で見てみたい。

判断力 ☆☆☆
思考力 ☆☆☆
表現力 ☆☆☆

2 いちかさんとひろとさんは、地上デジタル放送について話しています。

いちか：１つだけでなく、いくつもの（❶）を一度に見ることができるのね。

ひろと：音だけでなく、（❷）を同時に出せるサービスは、高れい者や障がいがある人にとって役立つね。

どこでも見ることができる。
高れい者や障がいのある人にとってやさしいサービスが受けられる。
ニュース
今週の天気
月 火 水 木 金 土 日
住んでいる地域のニュースや天気予報を選んで見ることができる。
複数の番組を一度に見ることができる。

いちか：家のテレビだけでなく（❸）でも見ることができるから、電車に乗っていても情報を得られるよ。

ひろと：住んでいる地域のニュースや（❹）予報を選んで見ることもできるね。

ヒント
持ち運びできる機器は?

（１）❶～❹の（　）にあてはまることばを書きましょう。

❶	❷
❸	❹

（２）右の資料はニュースがつくられるまでの流れです。㋐～㋒の［　　］にあてはまることばを、次の［　　］から選んで書きましょう。

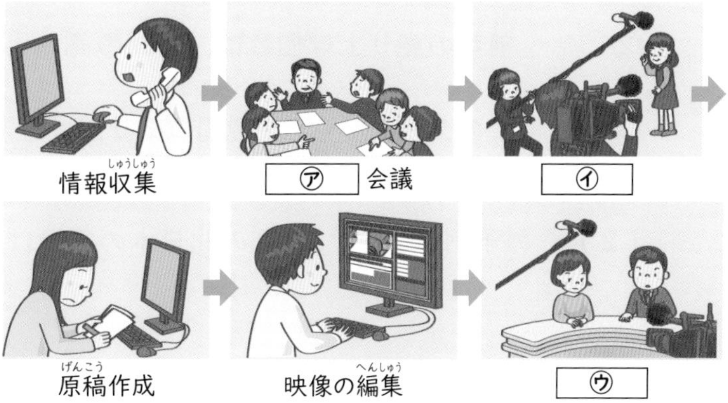
情報収集
［㋐］会議
［㋑］
原稿作成
映像の編集
［㋒］

取材　編集
放送

㋐	㋑	㋒

情報を生かすわたしたち

1 さつきさんとゆうきさんは、気象情報を生かしたサービスについて調べ、次の資料1を見つけました。

【資料1】気象売り上げ予測（全国）

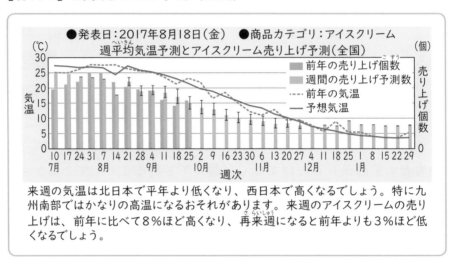

来週の気温は北日本で平年より低くなり、西日本で高くなるでしょう。特に九州南部ではかなりの高温になるおそれがあります。来週のアイスクリームの売り上げは、前年に比べて8％ほど高くなり、再来週になると前年よりも3％ほど低くなるでしょう。

（1）次の①～③が、資料1から読み取れることとして正しいなら○を、まちがっているなら×を書きましょう。

① ☐ グラフの左のたて軸は気温を、右のたて軸は売り上げ個数を表している。

② ☐ 前年の売り上げ個数は、週間の売り上げ予測数よりすべて少ない。

③ ☐ このグラフからは、週間の売り上げ予測数を読み取ることはできない。

（2）この予測によると、来週の北日本の気温は、平年に比べてどうなりますか。

（3）この予測によると、来週、アイスクリームの売り上げが特に高くなるのは、どの地域だと考えられますか。

情報を読み取って考える

さつきさんとゆうきさんは、次の**資料2**、**3**も見つけました。

【資料2】 アイスクリームが
　　　　　とどくまで

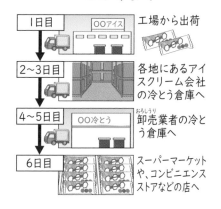

1日目　工場から出荷

2〜3日目　各地にあるアイスクリーム会社の冷とう倉庫へ

4〜5日目　卸売業者の冷とう倉庫へ

6日目　スーパーマーケットや、コンビニエンスストアなどの店へ

【資料3】 アイスクリームをつくる会社で
　　　　　こまっていたこと

（**4**）アイスクリームが、スーパーマーケットやコンビニエンスストアにとどくのは、工場から出荷してから何日目ですか。

（**5**）**資料2**、**3**から読み取れることを、次の**ア〜ウ**から１つ選んで、記号で答えましょう。

ア　気温が高い日は、全国でアイスクリームが売れる。

イ　アイスクリームは、卸売業者を通して店へ運ばれる。

ウ　在庫が０になると、すぐに生産量を増やす。

（**6**）ゆうきさんは、気象情報がアイスクリームをつくる会社に必要である理由について、次のように考えました。　　　にあてはまることばを書きましょう。

気温が高くなって、店のアイスクリームが急に売り切れてしまっても、　　　ため、あらかじめ売り上げがのびそうな日を予測する必要があるから。

情報を生かすわたしたち

1 ゆきさんは、インターネットについて調べ、次の**資料1～4**を見つけて、先生と話しています。

【資料1】 情報通信機器を持っている家庭のわりあいの変化

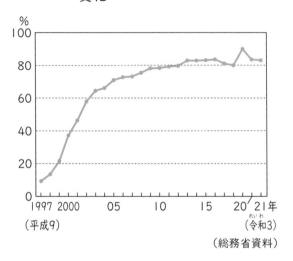

携帯電話・PHS
パソコン
スマートフォン
タブレット型コンピュータ

2000 05 10 15 2018年
（平成12） （平成30）
（総務省資料）

【資料2】 インターネット利用率の変化

1997 2000 05 10 15 20 21年
（平成9） （令和3）
（総務省資料）

【資料3】 インターネットを利用した犯罪の件数の変化

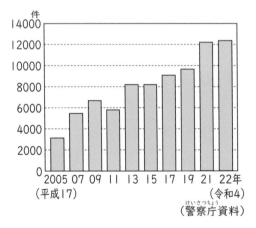

2005 07 09 11 13 15 17 19 21 22年
（平成17） （令和4）
（警察庁資料）

【資料4】 インターネットの利用で起こる問題の例

学校の行事の様子や、テストのことなどを、SNSに写真とともにのせていました。すると、ある日の学校からの帰り道で、知らない人に声をかけられて、名前をよばれました。こわかったので、すぐに近くの交番にかけこみましたが、次の日に、SNSのメッセージに、走ってにげる自分の写真がとどきました。また声をかけられたらどうしよう、と不安です。

ゆ　き：**資料1**を見ると、情報通信機器を持つ家庭のわりあいが大きく変化したのは、2010年ごろからだといえそうです。

先　生：そうですね。それまで80%以上の家庭が持っていた（❶）が減りだし、それにかわって、（❷）のわりあいが急増していますよ。

ゆ　き：ほかの情報通信機器に比べて、（❸）は増えたり減ったりはしているけれど、2005年からは大きく変わっていません。

先　生：（❷）に比べて、画面が（❹）点が便利ですね。

ゆ　き：**資料2**と**資料3**を見ると、インターネットの利用率が（❺）につれて、（❻）ということがわかります。

先　生：インターネットは便利だけれど、利用するときに<u>注意しなければならないこと</u>がたくさんあります。

（１）❶～❻の（　）にあてはまることばを書きましょう。同じ番号の（　）には、同じことばが入ります。

❶	❷	❸

❹		❺

❻	

（２）下線部について、**資料4**のようなことを防ぐには、どうすればよいですか。「個人情報」ということばを使って、30字程度で書きましょう。

自然災害と環境

1 ひなたさんとみなとさんは災害についてくわしく知るため、**資料1、2**を見つけました。

【資料1】 世界の自然災害の被害額のそれぞれの地域のわりあい

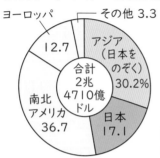

ヨーロッパ
その他 3.3
12.7
アジア（日本をのぞく）30.2%
合計 2兆4710億ドル
南北アメリカ 36.7
日本 17.1

※ドルはアメリカのお金の単位
（1984年～2013年の合計　内閣府ほか）

【資料2】 日本で発生した大きな自然災害

	1920年	1940年	1960年	1980年	2000年	2020年
地震津波	関東大震災（1923年）	福井地震（1948年）		阪神・淡路大震災（1995年）	東日本大震災（2011年）	
台風大雨		伊勢湾台風（1959年）			平成30年7月豪雨（2018年）	
その他	十勝岳の噴火（1926年）　なだれ		大雪	雲仙岳の噴火（1991年）	大雪　御嶽山の噴火（2014年）	

（理科年表ほか）

ひなた：資料1を見ると、日本は自然災害が多い国だとわかるね。

みなと：本当だ。ほかの地域と比べて、日本だけで（**❶**）％もしめているよ。

ひなた：資料2を見ると、100年の間に、大きな地震が何度も起こっているよね。地震といっしょに、（**❷**）も何度か起こっているよ。

みなと：（**❸**）や大雨の災害は、たくさん起こっているんだね。

ひなた：日本で地震や火山の噴火が多いのは、どうしてなのかな。

（1）❶～❸の（　）にあてはまる数やことばを書きましょう。

❶	❷	❸

ステップ 1 > # 情報を読み取る

判断力 ☆☆☆
思考力 ☆☆☆
表現力 ☆☆☆

（２）**資料３**は、日本で地震が多く起こる理由にあげられている複数の岩ばんを表しています。**資料３**の＿＿＿にあてはまるこの岩ばんを何といいますか。

ヒント
ぶつかったりずれたりすると
地震が起こるよ。

［　　　　　　］

【資料３】

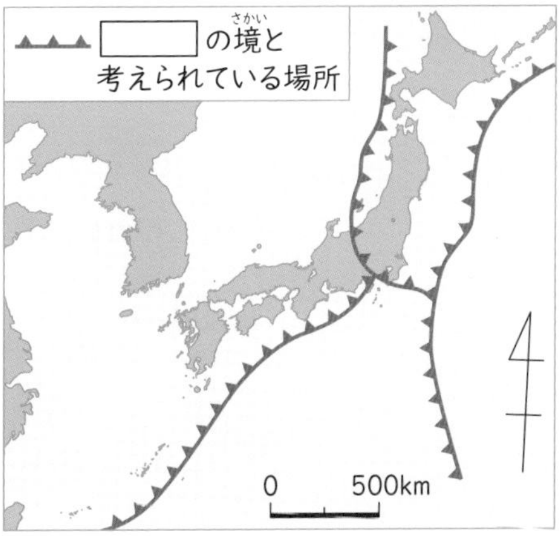

（３）ひなたさんは災害への対応や取り組みについて、**資料４**を見つけて、次のようにまとめました。㋐～㋒の＿＿＿にあてはまることばを書きましょう。同じ記号の＿＿＿には、同じことばが入ります。

【資料４】

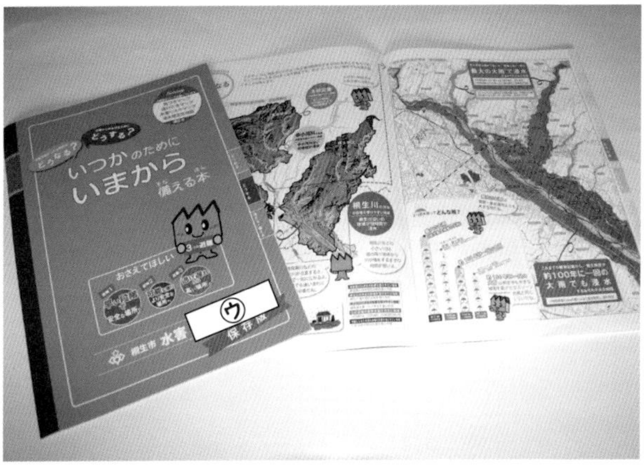

資料4には、こう水や地震といった［㋐］災害が起きたときに予測される被害のはんいやきけんな場所、［㋑］場所・［㋑］経路などが示されています。市町村などの自治体が作成し、住民に配布しているこのような地図を［㋒］といいます。

㋐　　　　　㋑　　　　　㋒

自然災害と環境

1 かえでさんとさとしさんは、日本の土地利用について調べ、次の**資料1～3**を見つけました。

【資料1】

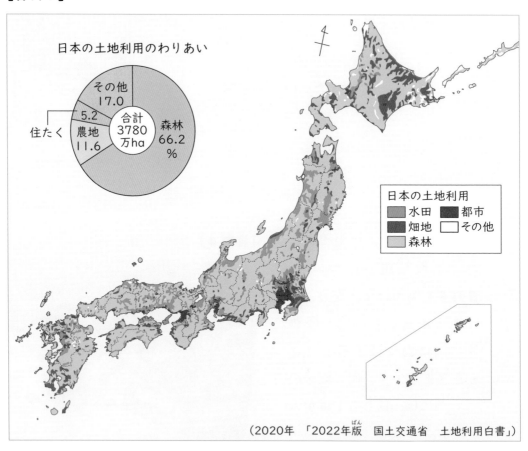

日本の土地利用のわりあい

その他 17.0
5.2
住たく
農地 11.6
合計 3780 万ha
森林 66.2 ％

日本の土地利用
水田
畑地
森林
都市
その他

（2020年 「2022年版 国土交通省 土地利用白書」）

【資料2】国内の木材の使用量の変化

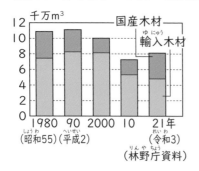

千万m³
国産木材
輸入木材

1980（昭和55） 90（平成2） 2000 10（令和3） 21年（令和3）

（林野庁資料）

【資料3】林業で働く人の変化

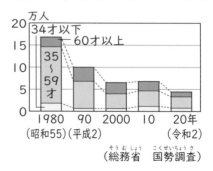

万人
34才以下
60才以上
35～59才

1980（昭和55） 90（平成2） 2000 10 20年（令和2）

（総務省 国勢調査）

さとし：水田は大きな川にそって多く見られるけど、なぜなのかな。

かえで：米づくりには、（❶）だからだと思うよ。

さとし：そうだったね。ところで、**資料1**を見ると、森林は日本の国土の約
（❷）分の2をしめているんだね。

かえで：でも、**資料2**を見ると、日本には多くの森林があるのに、どうして外
国から木材を輸入しているのかな。

さとし：国産に比べて外国産の木材のねだんが（❸）ということが、理由の一
つにありそうだね。**資料3**からもわかるように、日本の林業は、ほか
にも問題があるんだよね。

かえで：日本は森林の面積が多いから、この先が心配だね。

（１）❶〜❸の（　）にあてはまることばや数を書きましょう。

❶	❷	❸

（２）次の①〜③が、**資料1**から読み取れることとして正しいなら〇を、まち
がっているなら×を書きましょう。

①　☐　水田は山地に多く見られる。

②　☐　本州の中央部は特に森林が多い。

③　☐　日本の森林の面積は、農地の約7倍以上ある。

（３）下線部について、**資料3**から考えられる林業の問題とは何ですか。働く
人の年れいに注目して、30字程度で書きましょう。

自然災害と環境

1 みさきさんとゆうとさんは、日本で起こった公害について調べ、次の**資料1、2**を見つけました。

【資料1】公害にかかわる苦情・ちん情とその原因

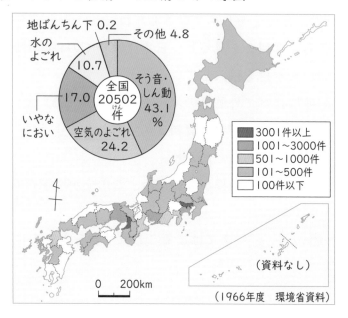

地ばんちん下 0.2
その他 4.8
水のよごれ 10.7
全国 20502 件
そう音・しん動 43.1 %
17.0
いやなにおい
空気のよごれ 24.2

3001件以上
1001～3000件
501～1000件
101～500件
100件以下

（資料なし）

0　200km

（1966年度　環境省資料）

【資料2】四大公害病

病名と時期	場所	原因	病気の様子
水俣病（1953 年ごろ～）	熊本県・鹿児島県	化学工場から出された有機水銀	手足がしびれ、目や耳が不自由になったり、死ぬこともある。
イタイイタイ病（1922 年～）	富山県	鉱山から出たカドミウム	骨がもろくなり、はげしい痛みに苦しむ。
四日市ぜんそく（1960 年ごろ～）	三重県	石油化学工場から出されたけむり	息苦しくて、のどが痛み、はげしいぜんそくの発作が起こる。
新潟水俣病（1964 年ごろ～）	新潟県	化学工場から出された有機水銀	水俣病と同じ。

● 海や川のよごれ
■ 空気のよごれ

新潟水俣病（阿賀野川下流）
イタイイタイ病（神通川下流）
水俣病（八代海沿岸）
四日市ぜんそく（四日市市）

情報をもとに考えたことを表現する

みさき：資料1を見ると、1966年度には、全国で（❶）件の公害に対する苦情・
ちん情があったのね。

ゆうと：特に多いのが（❷）だね。

みさき：苦情・ちん情が501件以上の都府県は、（❸）がさかんという特ちょ
うがある地域だと考えられるね。

ゆうと：公害に対して、国はどのような取り組みをしたのか調べてみよう。

（１）❶〜❸の（　）にあてはまる数やことばを書きましょう。

❶	❷	❸

（２）**資料2**の四大公害病の原因を、**資料1**中
の円グラフからそれぞれ選んで書きましょう。

① 水俣病

② イタイイタイ病

③ 四日市ぜんそく

④ 新潟水俣病

年	国の主な取り組み
1958	工場はい水規制法ができる。
1967	公害対さく基本法ができる。
1970	水質おだく防止法ができる。
1971	環境庁ができる。
1993	環境基本法ができる。
2001	環境庁が環境省になる。

（３）下線部について、国が行った取り組みを調べたゆうとさんは、上の年表
をつくりました。年表を参考にして、国はどのような取り組みをしてきたのか、
30字程度でまとめましょう。

まとめ問題（1）

1 今日の夕食はかなたさんのリクエストで、焼肉となりました。これから買い物に行くかなたさんとお母さんは、国産牛と輸入牛の食べ比べをしようと思い、牛肉について調べ、**資料1～4**を見つけました。

【資料1】国産牛肉と輸入牛肉の価格の変化

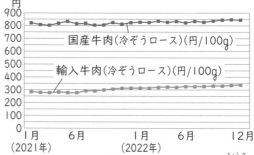

（農林水産省　食品価格動向調査）

【資料2】日本とアメリカの肉牛を飼う農家のちがい

・日本の肉牛より、アメリカの肉牛のほうが早く出荷されるので、えさ代が安くすむ。

・日本は屋根のある牛舎で飼育しているが、アメリカではほとんど屋根のない牧場で飼育しているため、施設にかかる費用が少なくてすむ。

・世界最大の農業国であるアメリカでは飼料を安く手に入れられるが、日本では飼料のほとんどを輸入にたよっている。

・農家の一戸あたりの肉牛の飼育頭数が、アメリカは日本の約3倍である。

【資料3】日本産牛肉の輸出量と輸出額の変化

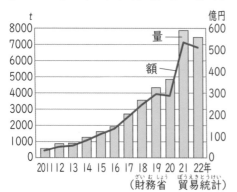

（財務省　貿易統計）

【資料4】日本産牛肉の輸出先

ホンコン 18.3%
台湾 16.7
アメリカ 14.4
カンボジア 12.2
シンガポール 8.0
タイ 7.7
その他 22.7

（2022年 ※輸出重量でのわりあい「財務省　貿易統計」）

かなた：資料1を見ると、国産牛と輸入牛では、ねだんに大きな差があるね。例えば、2022年12月のねだんは、国産牛のほうが、約（**❶**）倍高くなっているよ。**資料2**を見ると、日本と外国では、牛の育て方に大きなちがいがあるみたいだし、それが原因かな。

お母さん：そうだね。ほかの農産物も、アメリカでは、日本と比べて広い耕地（こうち）で大型（おおがた）機械が使えるから、少ない（**❷**）で安くたくさん生産できるみたい。それに、輸入食品のねだんには（**❸**）などがふくまれているから、現地（げんち）ではもっと安いはずだよ。

かなた：このままだと、国産牛は減（へ）ってしまうのかな。

お母さん：心配よね。でも、**資料3**と**資料4**からわかるように、日本の牛肉のおいしさが知られるようになって、経済（けいざい）が急速に発展（はってん）している（**❹**）の国を中心に、輸出が（**❺**）しているよ。

かなた：本当だね。でも、食品の輸入が増（ふ）えることで日本全体の（**❻**）が低下しているのが大きな問題だよね。何かできることはある？

お母さん：例えば、すぐにできることとして、（**❼**）ということがあるよ。

かなた：じゃあ、今日野菜を買うときは、どこでつくられたかに注目しよう。生産者の顔が見える野菜は安心だしね。

（1）❶〜❻の（　）にあてはまる数やことばを書きましょう。

[1問　10点]

❶	❷	❸

❹	❺	❻

（2）❼の（　）にあてはまることばを、20字程度（ていど）で書きましょう。 [20点]

（3）下線部の理由を、「輸入食品」ということばを使って、30字程度で書きましょう。

[20点]

まとめ問題（2）

1 つむぎさんとお父さんは、地球環境についての**資料1～3**を見ながら話しています。

つ む ぎ：今年の夏は去年よりも暑いね。

お父さん：地球（❶）が関係あるといわれているね。

つ む ぎ：**資料1**を見ると、1890年から2020年の間に、世界の平均気温が（❷）℃以上も高くなっていることがわかるよ。

お父さん：地球の気温が上がると、どんなことが起こると思う？

つ む ぎ：**資料2**を見ると、（❸）が上がることで、島がなくなってしまうおそれがあるみたい。
なぜ、地球（❶）が起こるのかな。

【資料1】世界の平均気温の変化

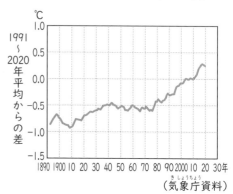

（気象庁資料）

【資料2】地球の気温が上がると起きること

さばく化が進む　海面が上がる　氷河がとける

【資料3】世界の（❹）はい出量の予測

百万 t

30%　47%　51%　61%　発展途上国

70%　53%　49%　39%　先進国

（環境省資料）

お父さん：いろいろな原因があげられているけれど、一番の原因は（❹）を中心とする温室効果ガスにあるといわれているよ。

つ む ぎ：（❹）がこんなに増えたのは、なぜなの？

お父さん：（❹）は主に、（❺）や石油といった燃料を使うことで発生する

よ。世界中で金属工業や化学工業などが発展して、産業の（❻）化が進むことで、燃料をたくさん使うようになり、（❹）のはい出量が増加したんだ。

つ む ぎ：資料3を見てもわかるように、（❹）のはい出量を減らすためには、世界中の国が協力しなければならないんだね。

お父さん：そのための会議が開かれているけれど、<u>なかなか意見がまとまらないんだよ。</u>

（１）❶〜❻の（ ）にあてはまることばや数を書きましょう。同じ番号の（ ）には、同じことばが入ります。　　　　　　　［１問　10点］

❶　　　　　　　　　❷　　　　　　　　　❸

❹　　　　　　　　　❺　　　　　　　　　❻

（２）下線部について、資料4を見つけました。温室効果ガスを減らすための先進国、発展途上国の考えを、資料3と資料4をもとに、それぞれ20字程度で書きましょう。　　［１問　20点］

【資料4】

> 温室効果ガスのはい出量を増加させてきた先進国に責任があり、はい出量を減らす義務は、先進国がまず負うべきであると、発展途上国からの根強い主張がある。

・先進国の考え

これから先、（❹）の多くは発展途上国がはい出するため、

・発展途上国の考え

これまで、（❹）を多くはい出してきたのは先進国であり、発展途上国はこれから工業化を進めて経済発展をしていくので、

公文式教室では、
随時入会を受けつけています。

KUMONは、一人ひとりの力に合わせた教材で、
日本を含めた世界60を超える国と地域に「学び」を届けています。
自学自習の学習法で「自分でできた!」の自信を育みます。

公文式独自の教材と、経験豊かな指導者の適切な指導で、お子さまの学力・能力をさらに伸ばします。

お近くの教室や公文式についてのお問い合わせは

0120-372-100
ミン ナ ニ ヒャクテン

受付時間 9:30～17:30　月～金（祝日除く）

教室に通えない場合、通信で学習することができます。

公文式通信学習　検索

通信学習についての詳細は　**0120-393-373**

受付時間 10:00～17:00　月～金（水・祝日除く）

お近くの教室を検索てきます

くもんいくもん　検索

公文式教室の先生になることについてのお問い合わせは

0120-834-414

くもんの先生　検索

KUM◯N　公文教育研究会

公文教育研究会ホームページアドレス
https://www.kumon.ne.jp/

思考カトレーニング「考えて解く」力がつく　理科・社会　小学5年生

2024年2月　第1版第1刷発行

カバー・本文イラスト　あわい
装丁・デザイン　武田厚志（SOUVENIR DESIGN INC.）
本文イラスト　アールジービー株式会社
編集協力　株式会社カルチャー・プロ

発行人　志村直人
発行所　株式会社くもん出版
　　　　〒141-8488
　　　　東京都品川区東五反田2-10-2 東五反田スクエア11F
代　表　03-6836-0301
営　業　03-6836-0305
編　集　03-6836-0317

印刷・製本　株式会社精興社

©2024KUMON PUBLISHING Co.,Ltd.Printed in Japan
ISBN：978-4-7743-3549-0

くもん出版ホームページアドレス https://www.kumonshuppan.com/

思考力トレーニング

「考えて解く」力がつく

理科・社会

小学 5 年生

答えと考え方
理 科

社会の「答えと考え方」は、33ページから始まります。

○使い方

・答え合わせをして、まちがえた問題は「答えと考え方」をよく読んで、もう一度取り組みましょう。

・問題文に引いてある線の部分は、問題を解くときの考え方のヒントになるところです。また、ポイントもしっかり読んでおきましょう。

・例は答えの例です。ことばや文を書いて答える問題は、問題文の指示にしたがって似た内容が書けていれば正解です。

・〔　〕は、ほかの答え方です。

理科 1

植物の発芽と成長

1 しんごさんは、右の図の㋐～㋔のように条件を変えて、インゲンマメの種子が発芽するかどうかを調べました。

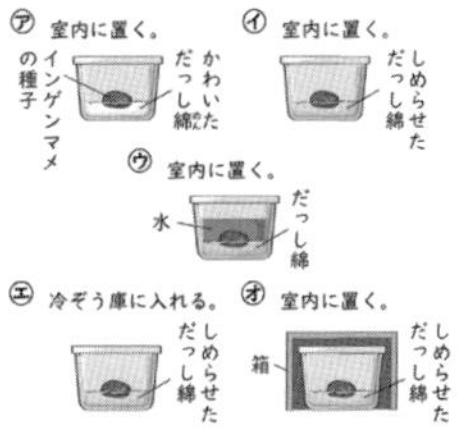

㋐ 室内に置く。
インゲンマメの種子
かわいただっし綿
㋑ 室内に置く。
しめらせただっし綿
㋒ 室内に置く。
水
だっし綿
㋓ 冷ぞう庫に入れる。
しめらせただっし綿
㋔ 室内に置く。
箱
しめらせただっし綿

(1) 種子が空気にふれていないものを、図の㋐～㋔から1つ選んで、記号で答えましょう。

㋒

(2) 発芽に適当な温度が必要かどうかは、どれとどれの結果を比べるとわかりますか。図の㋐～㋔から選んで、記号で答えましょう。

ヒント 温度の条件だけがちがうものを選ぼう。

㋓ と ㋔

(3) 発芽に光が必要かどうかは、どれとどれの結果を比べるとわかりますか。図の㋐～㋔から選んで、記号で答えましょう。

ヒント 明るいか、暗いかだけがちがうものを選ぼう。

㋑ と ㋔

(4) 図の㋐と㋑の結果を比べると、発芽に何が必要かがわかりますか。

水

(5) 結果は、㋑と㋔の種子が発芽しました。この実験からわかる、インゲンマメの種子が芽を出すために必要なものを、次のア～オから3つ選んで、記号で答えましょう。

ア 水　イ 肥料　ウ 適当な温度　エ 空気　オ 光

ヒント 実験で調べていないものもあるよ。

ア、ウ、エ

4

ステップ 1 情報を読み取って判断する

判断力 ☆☆☆
思考力 ☆☆☆
表現力 ☆☆☆

2 さつきさんは、右の図のような①発芽する前のインゲンマメの種子の切り口と、②発芽してしばらくたった子葉の切り口に、ヨウ素液をつけたところ、①は青むらさき色に変わりましたが、②のヨウ素液の色はほとんど変わりませんでした。

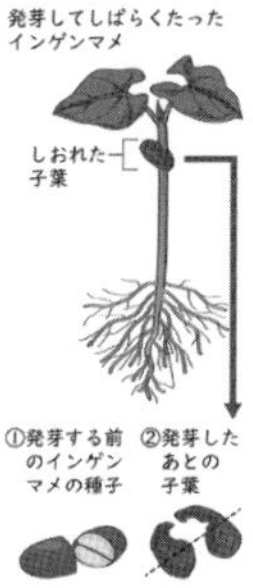

発芽してしばらくたったインゲンマメ
しおれた子葉
①発芽する前のインゲンマメの種子
②発芽したあとの子葉

(1) ①の結果から、インゲンマメの種子には何がふくまれていることがわかりますか。

でんぷん

(2) 実験結果について、□にあてはまることばを書きましょう。

①と②の実験の結果から、インゲンマメが発芽するときに、種子の□の中の養分が使われたことがわかりました。

ヒント ヨウ素液の色の変化のしかたで、養分の量のちがいがわかるね。

子葉

3 こうたさんは、右の図の㋐～㋒のようにして、植物の育ち方を比べました。

㋐ 日光
水だけ
㋑ 日光
箱
肥料を入れた水
㋒ 日光
肥料を入れた水

10日後に、次の❶～❸のようになるものを、図の㋐～㋒から1つずつ選んで、記号で答えましょう。

❶ 葉は黄色っぽく、数が少ない。くきは長いが、細い。
❷ 葉は小さく、数が少ない。くきは短く、細い。
❸ 葉はこい緑色で大きく、数が多い。くきはよくのびて太い。

❶ ㋑　❷ ㋐　❸ ㋒

5

1 (1) ㋒は、種子が水につかっていて、空気にふれていません。

(2) ㋓の冷ぞう庫の中は低温で、光が入らずに暗いので、室温で、箱をかぶせて光が入らないようにした㋔と比べます。㋑と㋓を比べた場合、光と温度の2つの条件がちがっているので、適当な温度が必要かどうかは、わかりません。

ポイント **適当な温度が必要かどうかを調べたいときは、温度だけを変え、そのほかの条件は同じにするよ。**

(3) 光が当たっているか、当たっていないかだけがちがう、㋑と㋔を比べます。

(4) ㋐と㋑のちがいは、だっし綿がかわいているか、しめっているかだけなので、発芽に水が必要かどうかがわかります。

(5) 肥料は、この実験では使っていないので、必要かどうかはわかりません。

実験の結果は、次の表のようになります。

条件	ある	ない
水	㋑（○）	㋐（×）
適当な温度	㋔（○）	㋓（×）
空気	㋑（○）	㋒（×）
光	㋑（○）	㋔（○）

○…発芽した　×…発芽しなかった

結果から、発芽には、水、適当な温度、空気が必要で、この3つの条件があれば光はなくても発芽することがわかります。

2 (1) ヨウ素液はでんぷんがあると、青むらさき色に変わります。

(2) 発芽したあとの子葉は、ヨウ素液はほとんど変化せず、でんぷんがほとんどなくなっていることがわかります。

3 植物がじょうぶに成長するには、日光や肥料が必要です。

ポイント **植物の成長には、水・適当な温度・空気のほかに、日光や肥料が必要だね。**

理科 1

植物の発芽と成長

[1] エダマメが大好きなみさきさんは、自分でエダマメの種子をまいて育てようと思い、近所の農家の林さんにエダマメの種子のまき方を教わっています。

林さん：エダマメというのは、ダイズの若い緑色のマメのことなんだ。だから、まくのはダイズの種子だよ。㋐1月や2月では、芽が出ないから、まく時期は、4月の中ごろから5月の中ごろがいいよ。土をよく耕して、㋑ふわふわにしてから、種子をまくんだ。発芽させるには、(❶) ようにすることが大事だよ。

(1) 右の図は、ダイズの種子です。発芽に必要な養分がふくまれている部分を、図の㋐、㋑から1つ選んで、記号で答えましょう。

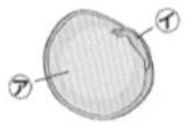

㋐

(2) 下線部㋐について、1月や2月では、芽が出ない理由を、次のア〜エから1つ選んで、記号で答えましょう。

ア　空気がかんそうしているから。　イ　風が強いから。
ウ　晴れの日が多いから。　エ　気温が低いから。

エ

(3) みさきさんは、下線部㋑の土をふわふわにする理由を、次のようにまとめました。□にあてはまることばを書きましょう。

【土をよく耕してふわふわにする理由】
・芽が地上に出やすくなるため。
・土に□を多くふくませるため。

空気

6

ステップ 2 ＞ 情報を読み取って考える

判断力 ☆☆☆
思考力 ☆☆☆
表現力 ☆☆☆

(4) ❶の（　）にあてはまることばを、次のア〜エから1つ選んで、記号で答えましょう。

ア　土がかんそうしない　イ　肥料をあたえる
ウ　土をもり上げる　エ　風があたる

ア

みさきさんがダイズの種子をまくと、たくさんの芽が出て、15 cm くらいに育ちました。その写真を、先生や友達に見せています。

みさき：こんなに、たくさん育ちました。
しんご：すごい！　たくさんのなえがみっ集しているけれど、これではそれぞれのなえに、光がじゅうぶん当たらないよ。元気に育つかな。
みさき：そういえば、理科の実験で、光を当てずにインゲンマメを育てたときには、葉が黄色くなりました。
しんご：もやしは、工場で光を当てずに育てるから白くなるっていうテレビ番組を見たことがあるよ。
先　生：長ねぎの白い部分も、土をかぶせて光が当たらないようにして育てるから、白くなるんですよ。

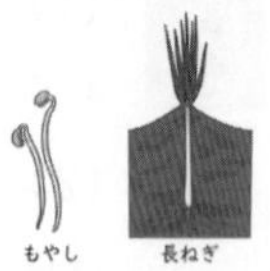

みさき：ということは、植物は光が当たらないと、(❷) という性質をもっているといえそうですね。
先　生：よく気がつきましたね。そのとおりです。

(5) ❷の（　）にあてはまる植物の性質を、次のア〜エから1つ選んで、記号で答えましょう。

ア　くきが太くなる　イ　くきが細くなる
ウ　緑色がうすくなる　エ　緑色がこくなる

ウ

7

---

[1] (1) インゲンマメやダイズなどのマメのなかまの種子では、子葉に発芽のための養分がふくまれています。

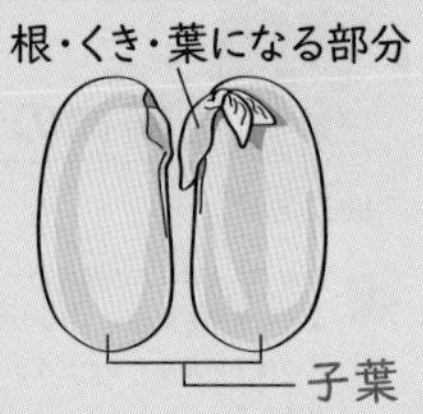

ポイント **マメのなかまの種子は、子葉に発芽のための養分をたくわえているよ。**

(2) 種子の形で冬をこす植物は多くありますが、種子は、発芽に適した温度にならないと発芽しません。冬に晴れた日が多い地方でも、春になって、気温が高くならないと発芽しません。

(3) よく耕して、土をやわらかくすると、芽が地上に出やすくなります。また、土のつぶどうしの間に空間ができ、空気を多くふくむようになるので、種子が発芽に必要な空気とふれあうようになります。

(4) 発芽するためには、水が必要です。種子をまいたら、土がかんそうしないように、ときどき水をあげます。

ポイント **種子の発芽には、水・適当な温度・空気が必要だね。水・適当な温度・空気のどれか1つでも足りないと、種子は発芽しないよ。**

(5) 植物に光を当てないとどうなったかという3人の会話をまとめると、次のようになります。

みさき：インゲンマメの葉が黄色くなった。
しんご：もやしは光を当てずに育てるから、白くなる。
先　生：長ねぎは、光が当たらないようにして育てるから、白くなる。

これらより、植物に光が当たらないようにして育てると、緑色がうすくなって、黄色くなったり、白くなったりすることがわかります。

理科 1　植物の発芽と成長

1 理科クラブのりょうさんとけんたさんが、種子の発芽や養分について話しています。

りょう： インゲンマメの種子は、右の図の子葉に、発芽のための養分をたくわえていると勉強したよね。

けんた： 右の図のような実験で、ヨウ素液の色の変化から、発芽したあとの子葉では、でんぷんが減っていることを確かめたよ。

りょう： でも、実際に、子葉の中の養分が発芽に使われたかどうかはわからないね。

けんた： うーん。じゃあ、子葉を半分に切った種子と、そのままの種子で成長のようすを比べてみよう。そうすれば、結果のちがいで、子葉の養分が発芽に使われたか、使われなかったかが確かめられるよ。

【問題】 子葉を半分に切ったら、芽の成長はどうなるか。

【予想】 子葉を半分に切ると、発芽のための養分が少なくなるので、そのままの種子に比べて、成長しないと思う。

【実験】
①次のA〜Cの種子を用意する。
A：そのままの種子
B：図のように半分に切った種子のあの部分
C：図のように半分に切った種子のいの部分
②しめらせただっし綿を入れたカップを3個用意し、A〜Cの種子を3個ずつ入れる。
③だっし綿がかわかないようにして、10日後にくきののびをはかって、平均を調べる。

8

ステップ3 情報を読み取って表現する

判断力 ☆☆☆
思考力 ☆☆☆
表現力 ☆☆☆

実験の【結果】は、次のようになりました。

【結果】

	A そのままの種子	B 半分に切った種子（あ）	C 半分に切った種子（い）
10日後のくきののびの平均	16 cm	4 cm	発芽しなかった

（1）下線部について、ヨウ素液は、でんぷんによって、何色に変化しますか。
青むらさき色

（2）下線部について、でんぷんが少ないと、ヨウ素液の色の変化は、どうなりますか。
あまり変わらない。

（3）【結果】で、BがAよりもくきののびが小さかった理由を、「子葉」「発芽のための養分」という2つのことばを使って書きましょう。
例 Bの子葉はAの子葉の半分で、発芽のための養分が少なかったから。

（4）【結果】で、Cが発芽しなかった理由を書きましょう。
例 根・くき・葉になる部分がふくまれていなかったから。

（5）2人はこの【結果】から、「子葉にたくわえられた養分が発芽に使われている」ことを確かめました。もし、子葉の養分が発芽に使われていなかったとしたら、A、Bの結果はどのようになりますか。
例 AとBのくきののびは、ほぼ同じになる。

9

1

（1）ヨウ素液はうすい茶色の液体ですが、でんぷんにつけると、青むらさき色に変化します。

ポイント でんぷんがあるかどうかは、ヨウ素液で調べるよ。でんぷんにヨウ素液をつけると、青むらさき色に変化するね。

（2）でんぷんが少ないと、ヨウ素液の色は、あまり変わりません。発芽したあとの子葉では、ヨウ素液の色は、あまり変わらないことから、でんぷんが少なくなったことがわかります。

（3）AとBでは、子葉の大きさがちがいます。子葉を半分にしたBの方がAよりも、くきののびの平均が小さかったのは、子葉にたくわえられた発芽のための養分が少なかったからと考えられます。

（4）BとCは両方とも半分に切った種子で、Bは発芽しましたが、Cは発芽しませんでした。インゲンマメの種子を実験のあ、いのように半分に切ると、根・くき・葉になる部分がついているものとついていないものに分かれます。Cは、根・くき・葉になる部分がついていなかったので、発芽しなかったと考えられます。

ポイント 種子は、根・くき・葉になる部分がなければ発芽しないよ。

（5）Aの方が、Bよりもくきののびの平均が大きかったことと、発芽後には子葉のでんぷんがほとんどなくなっていることから、インゲンマメの種子は、子葉にたくわえたでんぷんを使って発芽することがわかります。もし、子葉の養分が発芽以外に使われ、子葉以外の養分によって発芽が進むとしたら、子葉の大きさに関係なく、くきが同じようにのびるので、AとBのくきののびの平均は、ほぼ同じになると考えられます。

理科 2

魚のたんじょう

[1] かいとさんのクラスでは、メダカを飼って観察しています。

(1) メダカの飼い方として正しいものを、次のア～カから3つ選んで、記号で答えましょう。

ア　水そうは、日光が直接当たる明るいところに置く。
イ　水そうは、日光が直接当たらない明るいところに置く。
ウ　水は、くみ置きの水を半分ずつ入れかえる。
エ　水は、水道の水を新しいうちに、全部入れかえる。
オ　えさは、食べ残さないくらいの量をあたえる。
カ　えさは、食べ残すくらいのじゅうぶんな量をあたえる。

ヒント　水道水の中の消毒薬は、しばらくおくと、空気中に出ていくよ。

イ、ウ、オ

(2) 右の図は、メダカのめすです。めすのせびれとしりびれの形を、次のア～エから1つずつ選んで、記号で答えましょう。

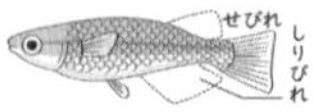

ア　イ　ウ　エ

せびれ　ア　　しりびれ　エ

(3) たまごが育つには、どんなことが必要ですか。㋐、㋑の□にあてはまることばを書きましょう。

めすが産んだたまごが、おすの出す[㋐]と結びついて、[㋑]が行われると、たまごが育ち始めます。

㋐ 精子　㋑ 受精

ステップ 1 > 情報を読み取って判断する

判断力 ☆☆☆
思考力 ☆☆☆
表現力 ☆☆☆

[2] かいとさんは、メダカのたまごの育つようすを、毎日同じ時間に観察します。

(1) めすが産んだたまごをつける場所を、次のア～エから1つ選んで、記号で答えましょう。

ア　水そうの底の小石　　イ　水草
ウ　水そうのかべ　　エ　おすのせなか

イ

(2) 上の図は観察に使うけんび鏡です。けんび鏡の名前を書きましょう。

ヒント　そう眼実体けんび鏡を使うこともあるよ。

解ぼうけんび鏡

(3) メダカのたまごの直径はどのくらいですか。次のア～エから1つ選んで、記号で答えましょう。

ア 0.1 mm　イ 1 mm　ウ 5 mm　エ 1 cm

イ

(4) 右の図は、受精後1時間のたまごのようすです。メダカの体に育っていく部分を、図のア～ウから1つ選んで、記号で答えましょう。

ヒント　イには養分がたくさん入っているよ。

ア

(5) 次の㋐～㋓は、観察した受精卵のようすです。㋐～㋓を育つ順にならべましょう。

㋐　㋑　㋒　㋓

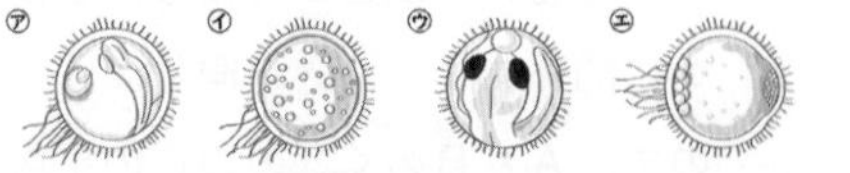

㋑ → ㋓ → ㋐ → ㋒

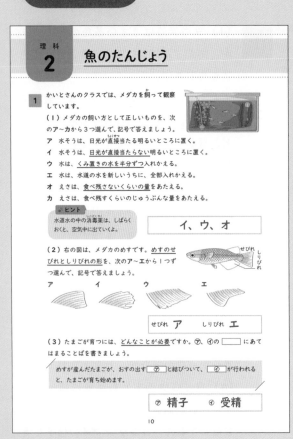

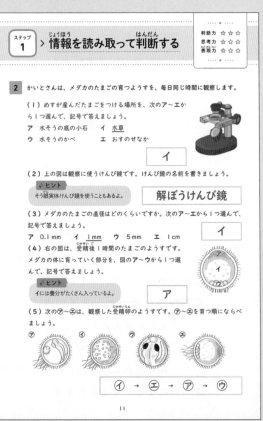

[1] **(1)** 水の温度が上がりすぎないように、水そうは、直しゃ日光が当たらないところに置きます。水道水は、1日くらいくみ置きにし、消毒のための気体を空気中に出します。また、水道水は温度が低いので、くみ置きにしてあたためた水を、半分くらい入れかえます。えさの食べ残しがあると水がよごれるので、食べ残さないくらいの量をあたえます。

(2) メダカのおすとめすは、せびれとしりびれの形で見分けます。めすは、アのように、せびれに切れこみがなく、エのように、しりびれの後ろの方のはばがせまくなっています。

(3) めすが産んだたまごと、おすが出した精子が結びつき受精すると、生命がたんじょうして、たまごが育ち始めます。

ポイント　**たまごと精子が結びつくことを受精といい、受精したたまごを受精卵というよ。**

[2] **(1)** めすのメダカは、産んだたまごが流されないように、水草につけます。

(2) 解ぼうけんび鏡やそう眼実体けんび鏡は、たまごを水草につけたままペトリ皿に入れて、観察することができるので、毎日、たまごが変化するようすを自然な形で、観察することができます。

(3) メダカのたまごは、直径1mmくらいで、目で見ることができる大きさです。

(4) 受精のあとしばらくすると、あわが集まっているところの反対側に、メダカの体のもとになる部分ができてきます。

(5) 受精のすぐあとは、たまご全体にあわのようなものがたくさん見えます(㋑)→体のもとになる部分ができてきます(㋓)→だんだん、メダカの形がわかるようになってきます(㋐)→目が大きくなり、心ぞうや血管が見えてきて、たまごの中で動きます(㋒)。

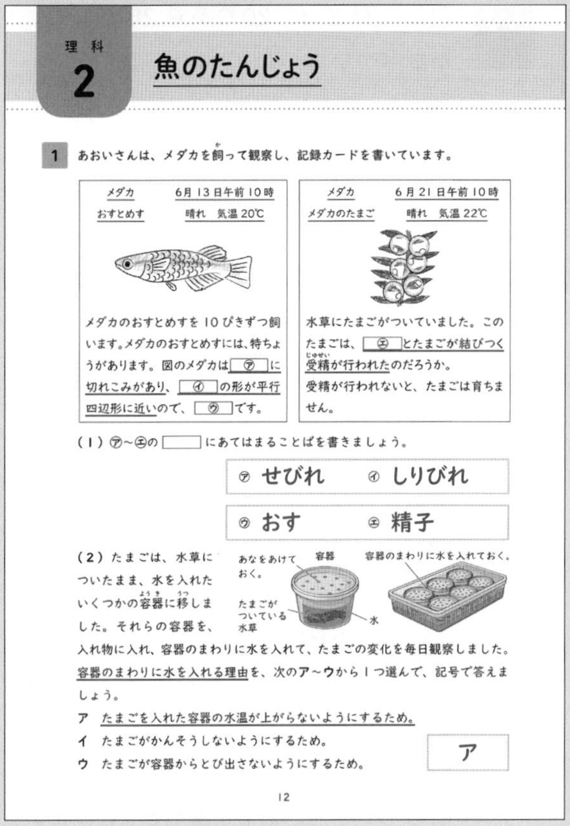

理科 2　魚のたんじょう

1　あおいさんは、メダカを飼って観察し、記録カードを書いています。

メダカ	6月13日午前10時
おすとめす	晴れ　気温20℃

メダカのおすとめすを10ぴきずつ飼います。メダカのおすとめすには、特ちょうがあります。図のメダカは ⑦ に切れこみがあり、 ④ の形が平行四辺形に近いので、 ⑨ です。

メダカ	6月21日午前10時
メダカのたまご	晴れ　気温22℃

水草にたまごがついていました。このたまごは、 ⑤ とたまごが結びつく受精が行われたのだろうか。受精が行われないと、たまごは育ちません。

（1）⑦～⑤の　　　にあてはまることばを書きましょう。

⑦ せびれ	④ しりびれ
⑨ おす	⑤ 精子

（2）たまごは、水草についたまま、水を入れたいくつかの容器に移しました。それらの容器を、入れ物に入れ、容器のまわりに水を入れて、たまごの変化を毎日観察しました。容器のまわりに水を入れる理由を、次のア～ウから1つ選んで、記号で答えましょう。
ア　たまごを入れた容器の水温が上がらないようにするため。
イ　たまごがかんそうしないようにするため。
ウ　たまごが容器からとび出さないようにするため。

　　　　ア

12

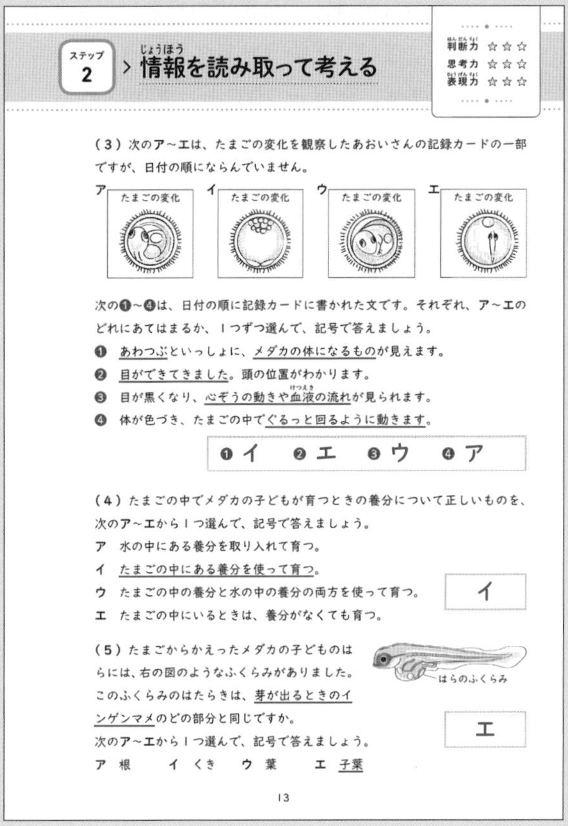

判断力	☆ ☆ ☆
思考力	☆ ☆ ☆
表現力	☆ ☆ ☆

（3）次のア～エは、たまごの変化を観察したあおいさんの記録カードの一部ですが、日付の順にならんでいません。

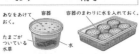

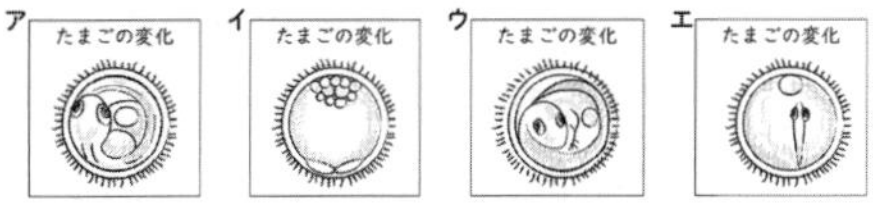

次の❶～❹は、日付の順に記録カードに書かれた文です。それぞれ、ア～エのどれにあてはまるか、1つずつ選んで、記号で答えましょう。
❶　あわつぶといっしょに、メダカの体になるものが見えます。
❷　目ができてきました。頭の位置がわかります。
❸　目が黒くなり、心ぞうの動きや血液の流れが見られます。
❹　体が色づき、たまごの中でぐるっと回るように動きます。

❶ イ	❷ エ	❸ ウ	❹ ア

（4）たまごの中でメダカの子どもが育つときの養分について正しいものを、次のア～エから1つ選んで、記号で答えましょう。
ア　水の中にある養分を取り入れて育つ。
イ　たまごの中にある養分を使って育つ。
ウ　たまごの中の養分と水の中の養分の両方を使って育つ。
エ　たまごの中にいるときは、養分がなくても育つ。

　　　　イ

（5）たまごからかえったメダカの子どものはらには、右の図のようなふくらみがありました。このふくらみのはたらきは、芽が出るときのインゲンマメのどの部分と同じですか。
次のア～エから1つ選んで、記号で答えましょう。 
ア　根　イ　くき　ウ　葉　エ　子葉

はらのふくらみ

　　　　エ

13

1

（1）メダカのおすは、せびれに切れこみがあり、しりびれは後ろまではばが広く、平行四辺形に近い形をしています。

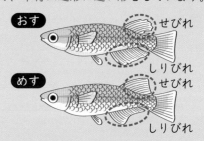
おす　せびれ
めす　せびれ
しりびれ
しりびれ

ポイント
・おす…せびれに切れこみがあり、しりびれは後ろまではばが広い。
・めす…せびれに切れこみがなく、しりびれは後ろの方が、はばがせまい。

（2）水温が上がりすぎないように、容器のまわりに水を入れておきます。
イ　たまごは水の中に入っているので、かんそうしません。
ウ　たまごは動かないので、容器からとび出すことはありません。

（3）❶　受精が行われると、メダカの体のもとになるものができてきます（イ）。
→❷　受精後3日くらいで、メダカの形がはっきりし、目ができてきます（エ）。
→❸　受精後7日くらいでは、心ぞうの動きや血液の流れが見られます（ウ）。
→❹　受精後9日くらいになると、体が大きくなり、色がついてきます（ア）。
→受精後11日ごろになると、からをやぶってメダカの子どもが出てきます。

（4）たまごの中には養分があり、メダカの子どもは、その養分を使って育ちます。

ポイント
たまごの中のメダカの子どもは、たまごの中にたくわえられた養分で育つんだね。

（5）たまごからかえったばかりの子メダカのはらのふくらみには養分が入っていて、数日間は、この養分を使って育ちます。インゲンマメは、子葉の養分を使って発芽します。

理科 2　魚のたんじょう

1 みずきさんとあらたさんが、メダカについて先生と話しています。

みずき：メダカのたまごの*ふ化について、図かんや本を読んで調べてみましたが、ふ化するまでの日数が8日というのもあれば、13日というのもあって、ずいぶんちがいます。　　*ふ化…動物のたまごがかえること

あらた：へえ。いったい、どっちが正しいんだろう。

先　生：メダカが産卵する条件のひとつに、水温が18℃～30℃で、あまり変化しないということがあります。

みずき：18℃から30℃ではずいぶんちがうですね。水温がちがうと、ふ化するまでの日数がちがうのかもしれないね。

あらた：実験して、調べてみようよ。

2人は、水温を一定の温度にすることができる、温度調節機能つきの水そうヒーターを先生に貸してもらい、次のような実験を行いました。

【問題】　水温は、産卵からふ化までの日数に関係しているか。

【方法】　水温を一定にして、産卵からふ化までの日数を調べる。20℃から28℃までのいろいろな水温について調べる。

実験の【結果】は、次のようになりました。たとえば、水温が20℃のときは、産卵から13日目にふ化したことを表しています。

【結果】

水温	産卵からふ化までの日数
20℃	13日
22℃	12日
24℃	11日
26℃	9日
28℃	8日

14

ステップ 3 　**情報を読み取って表現する**

判断力 ☆ ☆ ☆
思考力 ☆ ☆ ☆
表現力 ☆ ☆ ☆

みずきさんは、実験の【結果】からいえることを、次のようにまとめました。

【まとめ】　水温が高ければ高いほど、ふ化までの日数が短くなる。

（1）みずきさんの【まとめ】は、実験の【結果】からいえることとしては正確ではありません。正確なまとめになるように書き直しましょう。

例 水温が20℃～28℃のはんいでは、水温が高い方が、ふ化までの日数が短くなる。

（2）実験の【結果】から考えて、6月27日に産卵したたまごを、25℃の水温で育てると、7月何日にふ化すると予想できますか。次のア～エから1つ選んで、記号で答えましょう

ア 3日　イ 5日　ウ 7日　エ 9日　　　　**ウ**

実験のあと、先生が「水温とふ化までの日数の関係」について教えてくれました。

先　生：メダカは、水温が18℃から30℃の間では、水温（℃）×ふ化までの日数（日）＝250になると、ふ化するといわれています。

みずき：その式で計算すると、水温が20℃のときは、（　　　）ので、実験の【結果】とだいたい合っていますね。

（3）（　）にあてはまることばを、計算した式と求めた答えを使って、書きましょう。

例 250÷20＝12.5となって、産卵から12～13日でふ化することになる

15

---

1 （1）実験では、20℃から28℃までしか調べていないので、20℃より低いときや28℃より高いときに、「水温が高いほど、ふ化までの日数が短くなる」とは、いえません。メダカが産卵する条件が、水温18℃～30℃なので、18℃以下や30℃以上では、たまごは育ちにくいかもしれません。

ポイント 実験のまとめは、実験で調べたことだけを書こう。

（2）【結果】の表から、産卵からふ化までの日数は、水温を24℃にしたときは11日、水温を26℃にしたときは9日なので、水温を25℃にすると、産卵からふ化までの日数は約10日と考えられます。6月は30日まであるので、6月27日の10日後は7月7日になります。

（3）水温（℃）×ふ化までの日数（日）＝250の式から、ある水温のときのふ化までの日数は、ふ化までの日数（日）＝250÷水温（℃）という計算で求めることができます。水温が20℃のときは、250÷20（℃）＝12.5（日）となり、12～13日でふ化すると計算できます。20℃～28℃のときの、ふ化までの日数を小数第1位まで求めると、次のようになります。

水温	計算	実験結果
20℃	12.5日	13日
22℃	11.4日	12日
24℃	10.4日	11日
26℃	9.6日	9日
28℃	8.9日	8日

この計算では、水温が20℃から28℃では、水温が高くなると、ふ化までの日数が短くなります。（2）の25℃のときのふ化までの日数を計算すると、250÷25（℃）＝10（日）となります。

理科 3

人のたんじょう

1 ゆうたさんは、人のたんじょうについて調べました。

女性の体の中でつくられた卵と男性の体の中でつくられた精子が結びついて[　　]が行われると、新しい生命がたんじょうして成長を始めます。

（１）[　　]にあてはまることばを書きましょう。　**受精**

（２）卵は、右の図の㋐、㋑のどちらですか。

[ヒント] 精子は動くけど、卵は動かないよ。　**㋑**

2 はるかさんは、母親の体内で育つ子どものようすを調べました。

（１）右の図のＡは、人の子どもが母親の体内で育つところです。これを何といいますか。　**子宮**

（２）Ｂは子どもをしょうげきから守るために、（１）を満たしている液体です。これを何といいますか。　**羊水**

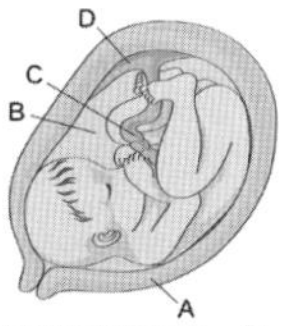

（３）はるかさんは、Ｃ、Ｄのはたらきについて、次のようにまとめました。㋐、㋑の[　　]にあてはまるのは、Ｃ、Ｄのどちらですか。その名前も書きましょう。

[㋐]は、母親からの養分をもらい、いらないものをわたすところです。養分やいらないものは、[㋑]を通って運ばれます。

㋐記号：**D**　名前：**たいばん**　㋑記号：**C**　名前：**へそのお**

16

ステップ1 > 情報を読み取って判断する

判断力 ☆☆☆
思考力 ☆☆☆
表現力 ☆☆☆

3 のぞみさんは、子どもが母親の体内で成長するようすを調べました。

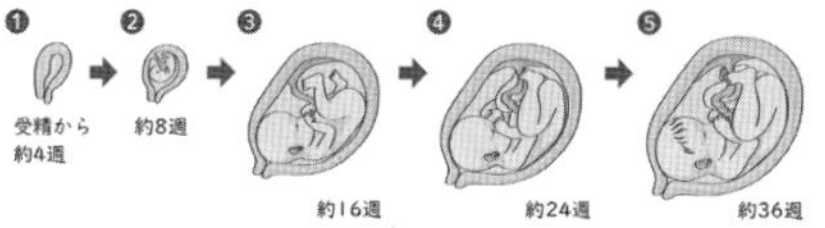

（１）人の受精卵の大きさ（直径）はどのくらいですか。次のア～エから１つ選んで、記号で答えましょう。

ア　0.014 mm　イ　0.14 mm　ウ　1.4 mm　エ　1.4 cm

[ヒント] 人の受精卵はメダカの受精卵より小さいよ。　**イ**

（２）上の図の❶～❺のとき、どのようなようすが見られますか。あてはまるものを、次のア～オから１つずつ選んで、記号で答えましょう。

ア　体のようすや顔の形がはっきりしてくる。男女の区別ができる。
イ　目や耳ができ、手足の形がはっきりしてくる。
ウ　心ぞうが動き始める。
エ　子宮の中で回転できないくらい大きくなる。
オ　ほねやきん肉が発達して、活発に動く。

❶ウ　❷イ　❸ア　❹オ　❺エ

（３）人は受精してから約何週で生まれますか。　**約38週**

（４）生まれたときの人の子どもは、どのくらいの大きさですか。次のア～エから１つ選んで、記号で答えましょう。

ア　身長 50 cm、体重 3 kg　イ　身長 50 cm、体重 10 kg
ウ　身長 100 cm、体重 3 kg　エ　身長 100 cm、体重 10 kg　**ア**

17

1 （1）女性の体の中でつくられた卵と男性の体の中でつくられた精子が結びつくことを受精といいます。

ポイント **人もメダカも、受精が行われてはじめて、新しい生命がたんじょうするよ。**

（2）卵は大きく、球形で動きませんが、精子は小さく、尾があり動きます。

2 （1）受精卵は、母親の体内にある子宮の中で育ちます。

（2）子宮の中は、羊水という液体で満たされています。羊水は外部からの力やしょうげきをやわらげて、子宮の中の子どもを守るはたらきをしています。

（3）子宮のかべにあるたいばんは、母親から運ばれてきた養分と、子どもから運ばれてきたいらなくなったものとを、交かんします。子どもとたいばんとをつなぐへそのおを通して、養分やいらなくなったものが運ばれます。

3 （1）人の受精卵の大きさは約 0.14 mm です。メダカの受精卵の大きさ 1 mm と比べると、かなり小さいです。

（2）❶　受精から約４週になると、心ぞうが動き始めます（ウ）。

❷　受精から約８週では、目や耳ができて、手や足の形がはっきりしてきます（イ）。

❸　受精から約 16 週で、女性か男性かがわかるようになります（ア）。体重は約 140 g になっています。

❹　受精から約 24 週では、体を回転させて活発に動きます（オ）。体重は約 800 g になっています。

❺　受精から約 36 週では、子宮の中で回転できないくらい、体が大きくなり（エ）、体重は約 2700 g になっています。

（3）（4）受精から約 38 週で、身長は約 50 cm、体重は約 3 kg に育って、生まれます。

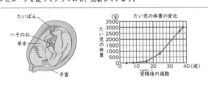

理科 3　人のたんじょう

あかりさんは、母親の子宮の中で育つ子どもの体重の増え方を本で調べて、コンピュータを使ってグラフにし、発表しています。

たいばん
へそのお
羊水
子宮

（g）たい児の体重の変化
3500
3000
2500
2000
1500
1000
500
0　10　20　30　40（週）
受精後の週数

あかり
子宮の中の赤ちゃんは、羊水につかっています。お母さんから養分を、たいばんとへそのおを通じて受け取り、ぐんぐん育ち、直径0.1mmほどだった受精卵が、生まれるときには身長が50cmにもなります。

（1）あかりさんの発表をきいた4人の友達が、子宮の中の子どものようすについて話しています。4人のうち、正しい発言をしている人を2人選んで、その名前を答えましょう。

さくら
お母さんから養分をもらうので、赤ちゃんは食べ物を食べないよ。

れん
赤ちゃんは、ほねはないけれど、きん肉があるから子宮の中で動くよ。

はると
羊水の中では、赤ちゃんは息をすったり、はいたりしていないんだよ。

あおい
生まれたときの体重は、受精卵と比べると、約10倍になっているよ。

さくらさん、はるとさん

18

情報を読み取って考える

判断力 ☆☆☆
思考力 ☆☆☆
表現力 ☆☆☆

（2）体重がぐんと増え始める受精後20週を過ぎたころの子どものようすを、次のア～エから1つ選んで、記号で答えましょう。

ア　心ぞうが動き始める。
イ　子宮の中で体を回転させて、活発に動く。
ウ　手や足の形ができて、体を動かし始める。
エ　子宮の中で回転できないくらい大きくなる。

イ

（3）あかりさんは発表のあとで、次のように話しています。

あかり
この間、わたしの家ではハムスターの赤ちゃんが5ひき生まれました。一度に10ぴきも生まれることもあるそうです。そこで、本で調べたところ、子宮に6ぴきのハムスターの子どもが育っている右のような図を見つけました。

子宮
たいばん
たい児

図から、ハムスターの子宮の中の子どもは、どのようにして何びきも一度に育つと考えられますか。次のア～エから1つ選んで、記号で答えましょう。
ア　ハムスターには子宮がいくつもある。
イ　1つのたいばんに、それぞれの子どもがへそのおでつながっている。
ウ　子どもの数だけたいばんができ、それぞれがへそのおで子どもとつながっている。
エ　子どもはたいばんではなく、羊水から養分を取り入れている。

ウ

19

1

（1）子宮の中の子どもは、たいばんとへそのおを通して、母親から養分をもらっているので、食べ物は食べません。子宮の中で育つときに、ほねもきん肉もできてくるので、子どもは動くようになります。子宮の中は羊水という液体で満たされています。子どもは空気に接していないので、息をしていません。生まれたあと、すぐに泣き声をあげて、息をし始めます。図のグラフから、受精から4週目の体重は0に近く、生まれるときの体重は約3kgになっているので、体重の変化は10倍よりもずっと大きくなります。

🚩 ポイント　子宮の中の子どもは、
・食べ物を食べない。
・息をしていない。
・にょうは出すが、便は出さない。

（2）心ぞうが動き始めるのは、受精後、約4週くらいです。体を動かし始めるのは、受精後約8週です。受精後、約20週になると、きん肉が発達して、よく動くようになります。子宮の中で回転できないくらい大きくなるのは、たんじょう間近の時期です。

🚩 ポイント　子宮の中の子どもの変化
・約4週…心ぞうが動き始める。
・約8週…体を動かし始める。
・約16週…男性か女性か区別できる。
・約20週…きん肉が発達し、よく動く。
・約38週…生まれる。

（3）図では、1つの子宮の中に6ぴきのハムスターの子どもがいます。たいばんは子どもの数だけあり、それぞれの子どもと、へそのおでつながっています。
ア　子宮は1つです。
イ　たいばんは、6つあります。
エ　子どもは、たいばんを通して、養分をもらっています。

理科 3
人のたんじょう

[1] さくらさんとはるとさんは、メダカのたんじょうと人のたんじょうのちがいをまとめて、表をつくりました。

	メダカ	人
受精卵の大きさ	直径約1mm メダカのたまごを約10倍にかく大した大きさ	直径約0.1mm 人の卵を約10倍にかく大した大きさ
受精卵からたんじょうまでの日数	約11日	約270日（約38週）
受精卵が育つところ	水草 	母親の子宮の中 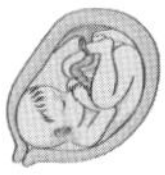
成長のための養分	たまごにふくまれている養分を取り入れる。	㋐
たんじょうするときの大きさ	約0.4cm	約50cm
たんじょうしたあとの育ち方	自分でえさをとって育つ。	母親から乳をもらって育つ。

（1）次は、2人が人とメダカのたんじょうについて話したことです。正しいものを、次のア～エから1つ選んで、記号で答えましょう。

ア　人もメダカも、受精卵から成長が始まるんだよね。
イ　人の受精には精子が必要だけど、メダカはたまごだけで受精するよ。
ウ　人の子どもは子宮の中で動くけど、メダカの子はたまごの中で動かないよ。
エ　人もメダカもたんじょうしたあと、数日は、はらの中の養分で育つんだよ。

ア

20

ステップ 3 ＞ 情報を読み取って表現する

判断力 ☆☆☆
思考力 ☆☆☆
表現力 ☆☆☆

（2）さくらさんは、表の受精卵の大きさのちがいについて、次のようにまとめました。□にあてはまることばを書きましょう。

人はメダカより体が大きいのに、人の受精卵がメダカに比べて小さいのは、人の受精卵には□がふくまれていないからです。

[例]子どもが成長するための養分

（3）表の㋐にあてはまる文を「たいばん」「へそのお」という2つのことばを使って書きましょう。

[例]たいばんとへそのおを通して母親から養分をもらう。

はると：表を見ると、メダカと人のちがいがよくわかるね。
さくら：表にまとめたこと以外にも、ちがうことがあるよ。たとえば、メダカと人では、産む子の数もちがうみたいだよ。メダカはたまごを1回に10～20個ずつ、1年に70回くらい産むって本に書いてあったよ。
はると：人は産む子の数が少なくても、メダカより大人になるまで育つ割合が大きいんだね。

（4）下線部の理由を、受精卵の育つ場所や生まれたあとの子どもの育て方に注目して書きましょう。

[例]人は受精卵を子宮の中で育て、生まれたあとは乳を与えて世話をして育てるから。

21

[1]

（1）ア　人もメダカも、受精が行われて、卵やたまごが受精卵にならないと、成長が始まりません。
イ　メダカはたまごと精子が、人は卵と精子が結びついて受精が行われます。
ウ　たまごの中のメダカの子どもも、子宮の中の人の子どもも、育ってくると、体を動かすようになります。
エ　ふ化したばかりの、メダカの子どものはらには、養分が入ったふくらみがあり、数日間はその養分を使って育ちます。人の子どもは、生まれてから1年くらいは、母親から乳をもらって育ちます。

（2）メダカの受精卵の直径は約1mmですが、人の受精卵の直径はその10分の1の、約0.1mmです。このように大きさがちがうのは、メダカの受精卵には、受精してからふ化するまでの間、子どもが育つための養分が入っていますが、人の受精卵には養分が入っていないからです。

（3）人の子どもは、子宮のかべにあるたいばんと、それにつながるへそのおを通して、成長のための養分を受け取ります。

ポイント
人の子どもは、子宮の中で、たいばんとへそのおを通して、母親から養分をもらって育つよ。

（4）水草に産みつけられたメダカのたまごは、ほかの動物に食べられたり、流されたりします。しかし、人の子どもはたんじょうまで、子宮の中で安全に育てられます。ふ化したあと、メダカの子どもは、自分でえさをとって生活しますが、えさが足りなかったり、ほかの動物に食べられたりして死ぬものも多くなります。一方、人の子どもは、母親から乳をあたえられて、親に世話をしてもらうので、さまざまなきけんから守られて育ちます。

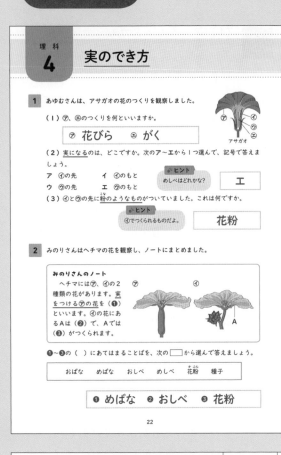

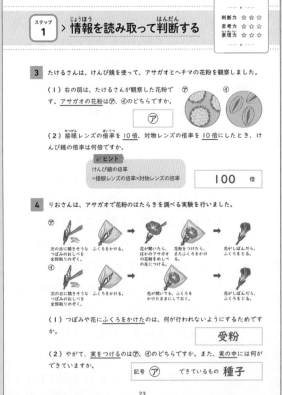

理科 4

実のでき方

1 あゆむさんは、アサガオの花のつくりを観察しました。

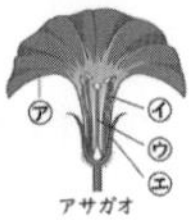

（1）㋐、㋓のつくりを何といいますか。

㋐ 花びら　㋓ がく

（2）実になるのは、どこですか。次のア～エから1つ選んで、記号で答えましょう。

ア ㋑の先　イ ㋑のもと
ウ ㋒の先　エ ㋒のもと

ヒント めしべはどれかな？

エ

（3）㋑と㋒の先に粉のようなものがついていました。これは何ですか。

ヒント ㋑でつくられるものだよ。

花粉

2 みのりさんはヘチマの花を観察し、ノートにまとめました。

みのりさんのノート
ヘチマには㋐、㋑の2種類の花があります。実をつける㋐の花を（❶）といいます。㋑の花にあるAは（❷）で、Aでは（❸）がつくられます。

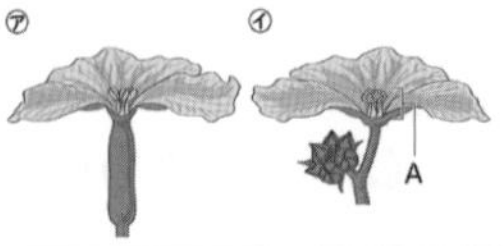

❶～❸の（ ）にあてはまることばを、次の□から選んで答えましょう。

おばな　めばな　おしべ　めしべ　花粉　種子

❶ めばな　❷ おしべ　❸ 花粉

22

ステップ1 ＞ 情報を読み取って判断する

判断力 ☆☆☆
思考力 ☆☆☆
表現力 ☆☆☆

3 たけるさんは、けんび鏡を使って、アサガオとヘチマの花粉を観察しました。

（1）右の図は、たけるさんが観察した花粉です。アサガオの花粉は㋐、㋑のどちらですか。

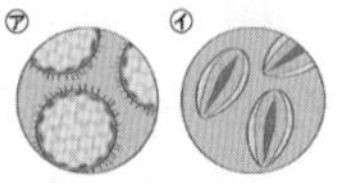

㋐

（2）接眼レンズの倍率を10倍、対物レンズの倍率を10倍にしたとき、けんび鏡の倍率は何倍ですか。

ヒント けんび鏡の倍率＝接眼レンズの倍率×対物レンズの倍率

100 倍

4 りおさんは、アサガオで花粉のはたらきを調べる実験を行いました。

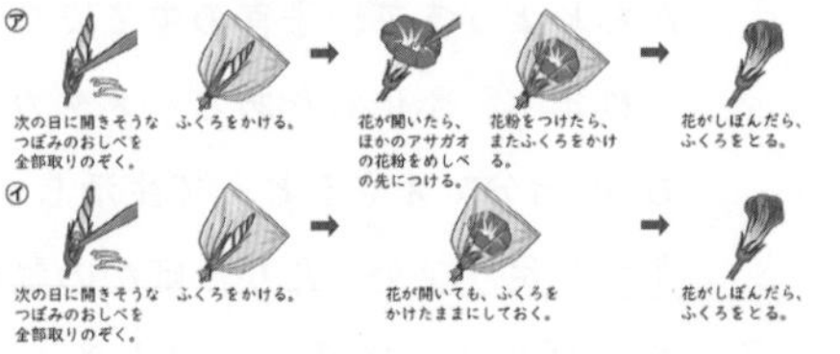

（1）つぼみや花にふくろをかけたのは、何が行われないようにするためですか。

受粉

（2）やがて、実をつけるのは㋐、㋑のどちらですか。また、実の中には何ができていますか。

記号 ㋐　できているもの 種子

23

1 （1）㋐は花びら、㋑はおしべ、㋒はめしべ、㋓はがくです。

（2）めしべ（㋒）のもとがふくらんで、実になり、実の中には種子ができます。

（3）花粉は、㋑のおしべの先でつくられて、めしべの先につきます。アサガオのめしべの先はねばねばしていて、花粉がつきやすくなっています。

ポイント **おしべの先で花粉がつくられ、受粉してめしべのもとがふくらんで実になるんだね。**

2 ヘチマの花には、めばなとおばなの2種類があります。めばなにはめしべがあり、受粉が行われると、めしべのもとが実になります。おばなにはおしべがあり、おしべの先では花粉がつくられます。

ポイント
- **アブラナやアサガオは1つの花に、めしべとおしべがある。**
- **ヘチマやカボチャは、めしべがあるめばなと、おしべがあるおばなの2種類の花がある。**

3 （1）㋐はアサガオの花粉、㋑はヘチマの花粉です。

（2）けんび鏡の倍率は、接眼レンズの倍率と対物レンズの倍率とをかけたものです。10倍×10倍＝100倍です。

ポイント **けんび鏡の倍率＝接眼レンズの倍率×対物レンズの倍率**

4 （1）前の日におしべを取りのぞきましたが、ふくろをかけないでおくと、ほかの花の花粉がめしべの先について、受粉が行われるかもしれません。ほかの花の花粉がめしべにつかないように、ふくろをかぶせておきます。

（2）実ができるのは受粉が行われた㋐です。実の中には種子ができます。

ポイント
- **受粉が行われないと実ができない。**
- **実の中には種子ができる。**

理科 4　実のでき方

1　あゆむさんとみのりさんは、本でトウモロコシとアブラナの花のつくりを調べました。

トウモロコシの花のつくり　／　アブラナの花のつくり

あゆむ：トウモロコシの実のまわりについているたくさんの<u>毛のようなものが、トウモロコシのめばなのめしべ</u>というのには、びっくりしました。

先　生：<u>ぁ受粉が行われると、めしべのもとがふくらんで、トウモロコシの実の1つぶになる</u>んですよ。

みのり：トウモロコシの花は、おばなにもめばなにも花びらがなくて、アブラナとは、花のつくりや色がずいぶんちがいますね。

先　生：それは、花粉の運ばれ方のちがいが関係しています。

みのり：<u>アブラナの花粉は主にこん虫によって、トウモロコシの花粉は主に風によって運ばれますね。</u>

先　生：そのとおりです。アブラナの花には、トウモロコシの花には見られない、ぃこん虫をよびよせるつくりがありますよ。

（1）下線部ぁの受粉についての説明として正しいものを、次のア～エから1つ選んで、記号で答えましょう。

ア　めしべの先に、おしべのもとでつくられた花粉がつくこと。
イ　<u>めしべの先に、おしべの先でつくられた花粉がつくこと。</u>
ウ　めしべの先に、めしべのもとでつくられた花粉がつくこと。
エ　おしべの先に、めしべの先でつくられた花粉がつくこと。

　　　　　イ

24

ステップ2　＞情報を読み取って考える

判断力 ☆☆☆
思考力 ☆☆☆
表現力 ☆☆☆

（2）下線部ぃについて、アブラナの花にある、こん虫をよびよせるつくりはどれですか。次のア～オから2つ選んで、記号で答えましょう。

ア　大きいがく　　　　　イ　ねばねばしためしべの先
ウ　<u>みつを出すみつせん</u>　エ　たくさんあるおしべ
オ　<u>あざやかな色の花びら</u>

　　　　　ウ、オ

みのり：こん虫によって運ばれる花粉と風によって運ばれる花粉では、花粉のようすがちがうのか比べてみたいです。

先　生：トウモロコシの花粉と、<u>主にこん虫によって運ばれるコスモスの花粉</u>をけんび鏡で観察しましょう。

（3）図のA、Bは、みのりさんがかいた、けんび鏡で観察した花粉のスケッチです。コスモスの花粉はA、Bのどちらですか。また、そう考えた理由を、次のア～エから1つ選んで、記号で答えましょう。

ア　<u>とげがあって、こん虫の体につきやすいから。</u>
イ　なめらかで、こん虫が運びやすいから。
ウ　とげがあって、こん虫に食べられやすいから。
エ　なめらかで、こん虫に食べられやすいから。

A

B

　花粉　**A**　　理由　**ア**

（4）みのりさんは、Aの花粉をけんび鏡で観察しているときに、レボルバーを回してけんび鏡の倍率を大きくしました。見える花粉の数はどうなりますか。次のア～ウから1つ選んで、記号で答えましょう。

ア　多くなる。　イ　<u>少なくなる。</u>　ウ　変わらない。

　　　　　イ

25

1　**（1）**花粉はおしべの先でつくられます。花粉がめしべの先につくことを受粉といいます。受粉すると、めしべのもとの部分が実になり、中に種子ができます。トウモロコシは、1つのかぶに、おしべがあるおばなと、めしべがあるめばなの2種類の花がさきます。くきの上の方に、たくさんのおばなが集まって、おばなでは花粉がつくられます。風がふくと、おばながゆれて花粉が飛びます。くきの中ほどには、めばなが集まっていて、めばなから長くのびている毛のようなめしべに花粉がついて、受粉が行われると、めしべのもとがふくらんで、トウモロコシの実の1つぶになります。

ポイント
・<u>トウモロコシにはおばなとめばながあり、それぞれが集まって花をさかせる。</u>
・<u>トウモロコシの花粉は、おばなからめばなへ、風によって運ばれる。</u>

（2）アブラナの花には、トウモロコシの花にはない、花びらやみつせんがあります。あざやかな黄色の花びらで、こん虫にみつがあることを知らせます。あまいみつを出すみつせんは、おしべの下の方にあるので、こん虫は花にもぐって動き回り、体に花粉をつけて運びます。

（3）コスモスの花粉は、とげがたくさんあって、こん虫の体につきやすくなっています。トウモロコシの花粉は、表面がなめらかです。また、小さく軽い花粉をたくさんつくるので、大量の花粉が風によって遠くまで飛びます。

（4）けんび鏡の倍率を大きくすると、花粉が大きく見えるようになり、見える花粉の数は少なくなります。

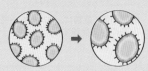

理科 **4** 実のでき方

1 たけるさんは、アサガオの花について、次のように考えています。

たける：アサガオの花は、まだ虫も活動していない朝早くに開いてすぐにしぼんでしまうけど、ちゃんと受粉しているのかな?

たけるさんは、まず、アサガオが実や種子をつくるには受粉が必要なことを確かめようと思い、次のような**実験1**を行いました。

実験1
【問題】アサガオが実や種子をつくるのに、受粉は必要か。
【方法】はち植えのアサガオから、次の日に開きそうなつぼみA、Bを選び、次のようにして、実ができるかどうかを確かめる。

	1日目		2日目	花がしぼんだあと
A	何もしない。	ふくろをかける。	ふくろをかけたままにする。	ふくろをはずす。
B	おしべを全部取りのぞく。	ふくろをかける。	ふくろをかけたままにする。	ふくろをはずす。

【結果】1週間後に、Aは実ができたが、Bは実ができなかったことから、アサガオが実をつくるためには受粉が必要だとわかった。

しかし、先生から次のようなアドバイスを受けました。

先生：この実験では、Aにはおしべはあるけれど、受粉したかどうかはわからないので、受粉が必要かどうかを確かめることができません。つぼみを2つ選び、条件を同じにするために、1日目のそうさを同じにして、2日目に一方だけを受粉させましょう。

26

判断力 ☆ ☆ ☆
思考力 ☆ ☆ ☆
表現力 ☆ ☆ ☆

そこで、たけるさんは、次の日に開きそうなアサガオのつぼみC、Dを用いて、**実験2**を計画し行ったところ、Cは実ができ、Dは実ができませんでした。

(1) 先生のアドバイスをもとに、1日目、2日目のアサガオのつぼみC、Dをどのようにするかを考えて、次の表を完成させましょう。

実験2の計画
【方法】次の表のようにしたアサガオのつぼみCとDで、実のでき方を比べる。

1日目	例C、Dのおしべを全部取りのぞき、ふくろをかける。
2日目	例Cはめしべの先に花粉をつけてふくろをかけ、Dはふくろをかけたままにする。
花がしぼんだあと	ふくろをはずし、実ができるかを確かめる。

実験2から、アサガオが実をつくるためには受粉が必要だとわかりました。そこで、アサガオの花が開く前とあとのおしべとめしべの先のようすを観察しました。

【観察の結果】

	花が開く前	花が開いたあと
おしべ		花粉がたくさん出ていた。
めしべ	さわるとねばねばしていた。	まわりに花粉がついていた。

(2) 【観察の結果】と実験1のAに実ができたから、アサガオの花は、いつ、どのようにして受粉すると考えられますか。

例花が開く直前に、おしべから花粉が出て、花の中で受粉する。

27

---

1 (1) アサガオの花は、こん虫がまだ活動していない午前4時ごろにさき、こん虫が活発に活動する正午ごろにはしぼんでしまいます。

つぼみ → つぼみのねじれがほどける（午前3時） → 花がさく（午前4時） → 花がしぼむ（正午）

そこで、たけるさんは、アサガオが実や種子をつくるのに受粉が必要なのかどうかを調べるために、おしべをつけたままふくろをかぶせたAと、おしべをとってふくろをかぶせたBで実験を行いました。結果は、Aは実ができましたが、Bは実ができませんでした。この実験から、実ができるためには、おしべが必要であることがわかりました。しかし、Aで受粉が行われたかどうかがわからないので、実ができるためには受粉が必要だとはいえません。したがって、2日目に受粉を行ったCと、受粉を行わなかったDで、実ができるかどうかを調べます。

(2) 観察の結果より、花が開く前と花が開いたあとのおしべとめしべのちがいから、花が開く直前におしべから花粉が出て、めしべの先について受粉が行われることがわかります。実際には、次のように受粉が行われます。①つぼみの中でおしべとめしべがのびていきます。②おしべはさらにのび続け、めしべの高さを追いこしてのびていくときに、おしべの先がめしべの先にふれて、受粉が行われます。③受粉したあとに花が開きます。

①おしべとめしべがのびる。 → ②おしべがさらにのびて、受粉する。 → ③受粉したあと花が開く。

理科 5 天気の変化

1 かいとさんは、雲の量と天気の決め方について調べました。⑦～⑨の □ にあてはまる雲の量や天気を書きましょう。

天気のうち、「晴れ」か「くもり」かは、雲の量によって決まります。空全体の広さを 10 として、雲の量が ⑦ のときを晴れ、⑥ のときをくもりとしています。右の図のような空の天気は ⑨ です。

⑦ **0～8**　　⑥ **9～10**　　⑨ **晴れ**

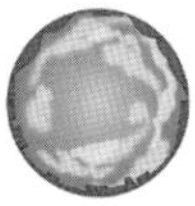

2 さやかさんは、いろいろな雲について調べ、クイズを考えました。(1)～(3)にあてはまる雲を、次のア～エから1つずつ選んで、記号で答えましょう。

ア けん雲　イ 積らん雲　ウ 積雲　エ らんそう雲

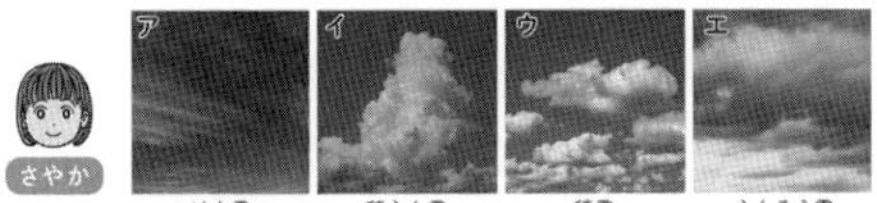

(1) この雲は、空の低いところにでき、空一面に広がる雲です。長い時間、広い地いきに弱い雨をふらせます。

エ

(2) この雲は、夏によく見られる空高く広がる雲です。せまい地いきに、短時間に強い雨をふらせ、かみなりが鳴ることもあります。

ヒント　入道雲とよばれ、夕立をふらせる雲だよ。

イ

(3) この雲は、すじ雲ともよばれ、上空の風が強い晴れた日に高い空にあらわれる雲です。

ヒント　今は晴れているけど、雲が多くなると何日か後に雨がふることもあるよ。

ア

28

ステップ **1** ＞ 情報を読み取って判断する

判断力 ☆☆☆
思考力 ☆☆☆
表現力 ☆☆☆

3 まいさんは、4月23日から26日の4日間の、気象衛星からの雲画像をもとに、雲の動きや天気について考えました。

東京

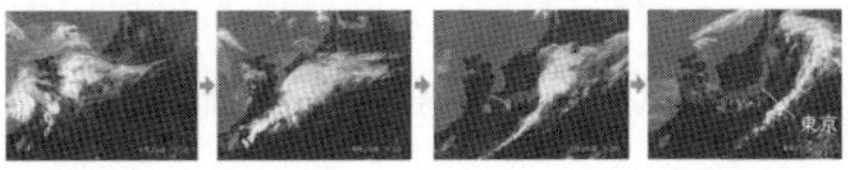

(1) 次は、まいさんの書いたまとめです。⑦、⑥の □ にあてはまる方位を、東・西・南・北から1つずつ選んで書きましょう。

雲は、およそ ⑦ から ⑥ の方向に動きました。天気は、雲が動くにつれて移り変わっていきます。

⑦ **西**　　⑥ **東**

(2) このあと、東京の天気はどのようになると考えられますか。次のア～ウから1つ選んで、記号で答えましょう。
ア 27日は雨かくもりだが、そのあとはしばらく晴れの日が続く。
イ しばらく晴れの日が続く。
ウ しばらく雨やくもりの日が続く。

イ

4 そうたさんは、台風について調べました。⑦～⑨の □ にあてはまる方位を、東・西・南・北から1つずつ選んで書きましょう。

台風

台風は、⑦ の海上で発生します。はじめは ⑥ に進み、しだいに北や ⑨ の方へ動くことが多いです。

⑦ **南**　　⑥ **西**　　⑨ **東**

29

---

1 空全体の広さを 10 として、雲がおおっている広さが 0～8 のときが「晴れ」、9～10 のときが「くもり」です。雲の量に関係なく、雨がふっているときは「雨」、雪がふっているときは「雪」です。

ポイント
・雲の量が 0～8 のときは「晴れ」
・雲の量が 9～10 のときは「くもり」

2 (1) エのらんそう雲は空の低いところにでき、空全体に広がる黒っぽい雲です。雨雲ともよばれ、広い地いきに長い時間、弱い雨をふらせます。

(2) イの積らん雲は、夏によく見られる雲で、空の低いところから高いところまで、上下に大きく発達します。横に広がらないため、せまい地いきで短い時間に、強い雨をふらせます。かみなりや強い風が発生することもあります。

(3) アのけん雲は、空の高いところに見られ、はけでかいた白いすじのような雲で、すじ雲ともよばれます。上空の風が強い、よく晴れた日に見られます。

ポイント
雨をふらせる雲
・らんそう雲…長い時間、広い地いきに弱い雨をふらせる。
・積らん雲…短い時間、せまい地いきに強い雨をふらせる。

3 (1) 春のころの日本付近では、雲はおよそ、西から東へと動きます。雲が動くにつれて、天気も西から東へ変わります。

(2) 4月26日の日本列島の西側にはほとんど雲がないので、東京はこのあと2、3日は晴れの日が続くと考えられます。

ポイント
雲画像で、西側に雲がないところは、晴れの日がしばらく続くと予想できるよ。

4 台風は、日本の南の海上で発生します。はじめは、西に進みますが、しだいに進路を変えて、北や東の方へ進みます。

理科 5

天気の変化

1 かいとさんとそうたさんが、天気について会話をしています。

かいと：「夕焼けの次の日は晴れ」という言い伝えは、よく当たるよね。
そうた：それは、科学的に正しいからだよ。夕焼けが見られるときは、夕方、自分がいるところよりも（❶）の地いきではよく晴れているよね。天気は雲の動きとともに（❷）から（❸）へと変化するから、次の日は晴れるんだよ。
かいと：ただの迷信じゃないんだね。「山にかさ雲がかかると雨」という言い伝えもあるけど、これは、山にかさ雲ができるときは、上空の（❹）からだね。

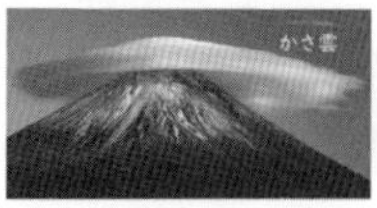

そうた：昔の人は、いろいろな現象によって、天気の予想をしたそうだけど、今では、インターネットなどでさまざまな気象情報が調べられるから、おおよその天気の予想はできるらしいよ。
かいと：ぼくたちもやってみようか。

（1）❶～❸の（　）にあてはまる方位を、東・西・南・北から1つずつ選んで書きましょう。

❶ 西　❷ 西　❸ 東

（2）❹の（　）にあてはまることばを、次のア～エから1つ選んで、記号で答えましょう。
ア　気温が高い
イ　気温が低い
ウ　水じょう気が多い
エ　水じょう気が少ない

ウ

30

ステップ2 > 情報を読み取って考える

判断力 ☆☆☆
思考力 ☆☆☆
表現力 ☆☆☆

かいとさんとそうたさんは、インターネットで集めた4月28日から3日間の午後3時の雲画像をもとに、各地の天気を予想することにしました。

4月28日午後3時

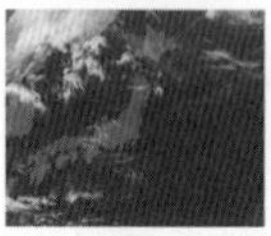

4月29日午後3時

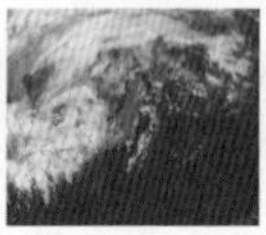

4月30日午後3時

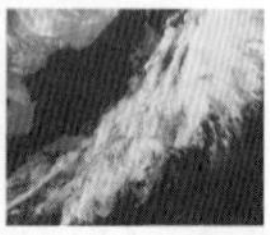

かいと：右の地図と合わせてみると、29日の午後3時にくもりか雨だったと考えられるのは（❺）と（❻）だね。
そうた：東京の3日間の午後3時の天気は（❼）と変わったね。
かいと：5月1日の大阪の朝の天気はきっと（❽）だね。
そうた：たった3枚の雲画像なのに、いろいろなことがわかるね。

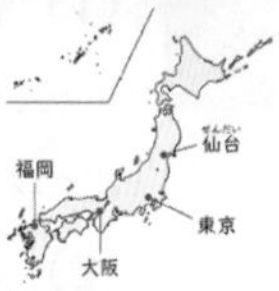

（3）❺、❻の（　）にあてはまる2つの地名を、上の地図から選んで書きましょう。

❺ 福岡　❻ 大阪

※❺、❻は順番がちがっても正解です。

（4）❼の（　）にあてはまる天気の変化を、次のア～ウから1つ選び、記号で答えましょう。
ア　晴れ→くもりか雨→晴れ
イ　晴れ→晴れ→くもりか雨
ウ　くもりか雨→晴れ→晴れ

イ

（5）❽の（　）にあてはまる天気を書きましょう。

晴れ

31

1

（1）夕焼けが見られるときは、西の方の地いきが晴れているときです。雲は、およそ西から東へと動くので、夕焼けの次の日は、雲が少なく、晴れると予想できます。

ポイント **夕焼けのときは、西の方の地いきが晴れているので、次の日に晴れることが多いよ。**

（2）雲は水じょう気が多いところにできます。山にかさ雲がかかっているときは、上空に水じょう気が多く、ふもとの地いきでも、しだいに雨になることが多いです。富士山にかさ雲がかかると、ふもとの地いきで雨がふる確率は70～80％です。

ポイント **かさ雲ができるときは、上空に水じょう気が多いので、雨がふりやすいね。**

（3）4月29日の午後3時に、福岡と大阪は雲がかかっているので、くもりか雨だったと考えられます。雲におおわれていない東京と仙台は、晴れていたと考えられます。

（4）東京は、4月28日と29日の午後3時には、上空にほぼ雲がないので、晴れていたと考えられます。29日から30日にかけて、雲が西から東へ移動してきて、30日の午後3時には、東京は雲におおわれました。このときの天気は、くもりか雨だったと考えられます。29日の午後3時は福岡と大阪がくもりか雨でしたが、30日の午後3時は東京と仙台がくもりか雨になります。このように、雲が西から東へ動くにつれて、天気も西から東へと変化していきます。

（5）大阪は4月30日の午後3時をすぎると、しだいに上空の雲がなくなります。また、西側には雲がないので、5月1日の朝は晴れると考えられます。

理科
5 天気の変化

1 まいさんと先生が、天気について会話しています。

ま　い：線状こう水帯というのをニュースできいたのですが……。

先　生：右の写真の雲Xは、知っていますね。

ま　い：雲Xは、❶{上下・水平}方向に発達して、❷{広い・せまい}地いきに、❸{数・数十}時間、強い雨をふらせる雲ですね。

先　生：そのとおりです。

 雲X

【線状こう水帯についての説明】

先　生

線状こう水帯は、雲Xが次々に発生して起こります。発生した雲Xが、列をつくってならぶため、強い雨がふる地いきが、帯のように長く広がります。

①次々に雲Xが発生する。
②雲Xが列をつくってならぶ。
③線状に強い雨がふる。

線状に強い雨がふる地いき

（1）雲Xの名前を書きましょう。

　　　積らん雲

（2）❶～❸の{ }からあてはまる方を選んで書きましょう。

　❶ **上下**　　❷ **せまい**　　❸ **数**

32

ステップ **3** ＞ 情報を読み取って表現する

判断力 ☆☆☆
思考力 ☆☆☆
表現力 ☆☆☆

先　生：右の図は、線状こう水帯が発生した2023年6月2日の雲画像の上に、雨量情報を加えたものです。

ま　い：大量の雨がふっている地いきが、線のようにのびていますね。Aの雲のうずは台風ですか。

先　生：そうです。台風も線状こう水帯のように、雲Xが集まってきたものです。

ま　い：6月に台風が日本に近づくのはめずらしいですね。

先　生：そうですね。右の図は、台風の月ごとの主な進路をまとめたものです。

ま　い：台風は日本に近づくと、春のころの雲と同じような動きをしますね。

A 6月 2日 15:00

9月
8月
6月 7月
10月

（3）まいさんは、線状こう水帯と台風のちがいについて、次のようにまとめました。　　　にあてはまることばを書きましょう。

線状こう水帯も台風も強い雨をふらせますが、雨がふるはんいと時間を比べると、台風の方が　　　雨がふります。

例 **広いはんいに長時間にわたって**

（4）下線部について、日本付近の台風の動きと春のころの雲の動きで、似ている点を書きましょう。

例 **西から東へ動く点。**

33

---

1 （1）雲Xは、夏によく見られる背の高い雲で、積らん雲です。

（2）積らん雲は上下方向に発達し、水平方向には広がらないので、積らん雲による雨は、せまい地いきにふります。また、高いところから大量の雨をふらせます。そのため、強くはげしい雨が数時間という短い時間にふります。まさに、集中ごう雨を発生させるのが積らん雲です。線状こう水帯では、帯のような細長い地いきで、積らん雲が次々に発生して、はげしい雨がふります。一度雨がふっても、次々に発生する雲によって上空の雲はなくならず、集中ごう雨のような強い雨が何時間も続きます。河川のはんらんや土砂くずれなどの災害を引き起こすこともあります。

（3）台風も線状こう水帯も、積らん雲から強くはげしい雨がふります。線状こう水帯でふる雨は、何日にもわたって続くことはなく、はんいも帯状のせまい地いきです。しかし、南の海上で発生した台風は、日本にくるまでに1週間から10日くらいかかり、地球きぼの広いはんいで大量の雨をふらせ、強い風によっても大きな災害を引き起こします。

（4）台風は南の海上で発生し、はじめは西の方に動きます。日本列島の近くにくると進路を北よりに変え、西から東へ進むことが多くなり、春のころの雲の動きと似た動きになります。台風は、自分で動くことができないので、大気の流れによって動いていきます。そのため、日本付近では、雲と同じように、西から東へと進むことが多くなります。

ポイント 台風は、はじめは西の方へ動き、やがて向きを北に変え、西から東へと動くよ。

理科 6

流れる水のはたらき

1 しょうたさんは、理科の授業(じゅぎょう)で、土の山にみぞをつくって水を流し、流れる水のはたらきを調べました。

しょうたさんのノート1
右の図の㋐と㋒を比(くら)べると、❶{㋐・㋒}の方が、流れがゆるやかだった。また、❷{㋐・㋒}の方が、土のけずられ方が大きかった。
図の㋑の流れの曲がったところでは、❸{A・B}の方が、土のけずられ方が大きかった。

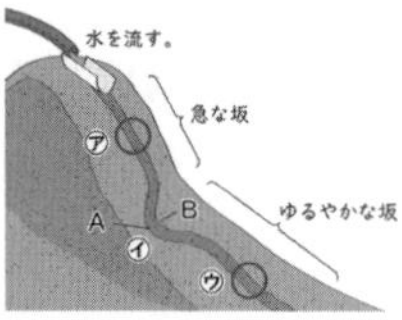

(1) ❶~❸の{ }から、あてはまる方を選んで書きましょう。

❶ ㋒　❷ ㋐　❸ A

(2) 流す水の量を多くすると、土のけずられ方はどうなりますか。正しいものを、次のア~ウから1つ選んで、記号で答えましょう。
ア 大きくなる。　イ 小さくなる。　ウ 変わらない。

ア

しょうたさんのノート2
流れる水が、地面をけずるはたらきを(❹)、土や石を運ぶはたらきを(❺)、流されてきた土や石を積もらせるはたらきを(❻)といいます。

(3) ❹~❻の( )にあてはまることばを書きましょう。

❹ しん食　❺ 運ぱん　❻ たい積

34

ステップ 1 > 情報(じょうほう)を読み取って判断(はんだん)する

判断力 ☆☆☆
思考力 ☆☆☆
表現力 ☆☆☆

2 みゆさんは、同じ川の3つの場所で、川のようすを比べました。

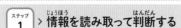

ア 山の中　イ 平地へ出たところ　ウ 平地

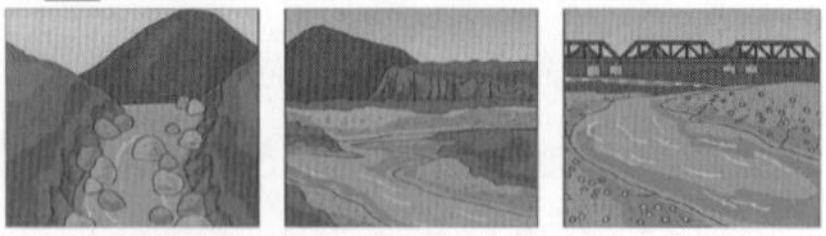

(1) 川の流れが最も速いのはどこですか。ア~ウの図から1つ選んで、記号で答えましょう。

ア

(2) 川原の石について、㋐、㋑の□にあてはまることばを書きましょう。

川原の石は、下流にいくほど、形は[㋐]なり、大きさは[㋑]なります。

㋐ 丸く　㋑ 小さく

3 なおきさんは、川の流れの速さを調べました。

(1) 図1のア、イ、ウ、図2のエ、オ、カのうち、最も水の流れが速いところを、1つずつ選んで、記号で答えましょう。

図1　図2

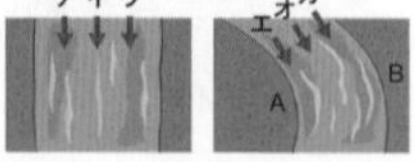

図1 イ　図2 カ

(2) 図2で、がけになっているのは、A、Bのどちらの岸ですか。

B

35

1

(1) 坂が急な㋐の方が水の流れが速く、土のけずられ方が大きくなります。流れの曲がったところでは、外側のAの方が内側のBよりも水の流れが速く、土のけずられ方が大きくなります。

ポイント **水の流れが速いところは、土のけずられ方が大きいよ。**

(2) 流す水の量を多くすると、水の流れが速くなって、土のけずられ方が大きくなります。

(3) 流れる水が地面などをけずるはたらきをしん食、けずった土などを運ぶはたらきを運ぱん、運ばれてきた土を積もらせるはたらきをたい積といいます。

ポイント **流れる水のはたらき**
しん食…地面をけずるはたらき
運ぱん…土や石を運ぶはたらき
たい積…土や石を積もらせるはたらき

2

(1) 川の流れが最も速いのは、土地のかたむきが最も大きい山の中です。流れが速く、しん食のはたらきが大きいので、両岸が切り立ったがけになっています。

(2) 山の中では、大きくて角ばった石が多く、下流にいくほど、小さく丸みを帯びた石が多くなります。これは、水のはたらきによって、石がぶつかりあって、われたり、けずられたりするからです。

ポイント **川原の石は、下流にいくほど小さくなり、丸みを帯びるよ。**

3

(1) 川の流れがまっすぐなところでは、まん中が最も流れが速くなります。川の流れが曲がっているところでは、外側にいくほど、流れが速くなります。

(2) 川の流れが曲がっているところでは、流れが速い外側はしん食のはたらきが大きいので、岸がけずられてがけになります。流れのゆるやかな内側はたい積のはたらきが大きいので、川原になります。

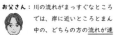

理科
6
流れる水のはたらき

[1] しょうたさんはお父さんと、家の近くの川の観察に行きました。

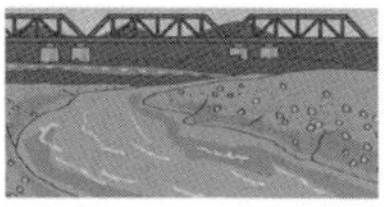

お父さん：川の流れがまっすぐなところでは、岸に近いところとまん中の、どちらの方の流れが速いかな。

しょうた：流れる水のはたらきを考えれば、わかるよ。川のまん中が深くなっていることから（❶）ということ、両岸に小石が積もっていることから（❷）ということがわかるね。それにしても、川原の石は小さくて丸みのある形をしているね。なぜかな。

（1）❶、❷の（　）にあてはまることばを、次のア～カから1つずつ選んで、記号で答えましょう。

ア　まん中の方が岸の近くよりも、しん食のはたらきが大きい
イ　まん中の方が岸の近くよりも、運ぱんのはたらきが大きい
ウ　まん中の方が岸の近くよりも、たい積のはたらきが大きい
エ　岸の近くの方がまん中よりも、しん食のはたらきが大きい
オ　岸の近くの方がまん中よりも、運ぱんのはたらきが大きい
カ　岸の近くの方がまん中よりも、たい積のはたらきが大きい

❶ ア　❷ カ

（2）（1）で答えた流れる水のはたらきから、岸に近いところとまん中では、どちらの方が流れが速いと考えられますか。

まん中

36

ステップ 2 ＞ 情報（じょうほう）を読み取って考える

判断力 ☆☆☆
思考力 ☆☆☆
表現力 ☆☆☆

（3）下線部について、［　　］にあてはまることばを、しん食・運ぱん・たい積から1つ選んで書きましょう。

石は、川の上流から下流へ［　　］されていくうちに、われたりけずられたりして、小さく丸い形になります。

運ぱん

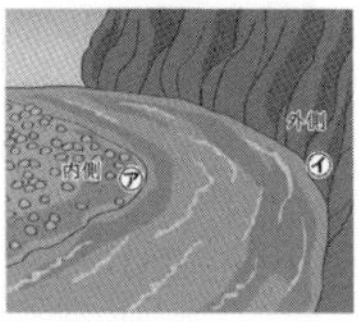

しょうた：川が曲がっているところでは、外側と内側では岸のようすがちがうね。これは、（❸）からだね。

お父さん：そうだね。じゃあ、ここの川の川底がどのようになっているか、図をかいてごらん。

（4）❸の（　）にあてはまることばを、次のア～エから1つ選んで、記号で答えましょう。

ア　外側よりも内側の方が、水の温度が低い
イ　内側よりも外側の方が、水の温度が低い
ウ　外側よりも内側の方が、水の流れが速い
エ　内側よりも外側の方が、水の流れが速い

エ

（5）図の㋐、㋑を通る線で切った川底の断面図（だんめんず）として正しいものを、次のア～エから1つ選んで、記号で答えましょう。

ア　イ　ウ　エ

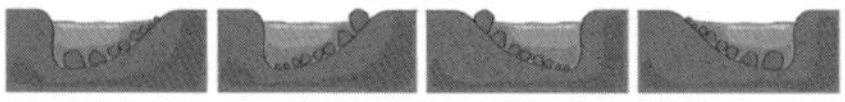

エ

37

[1]

（1） まっすぐな川では、まん中は流れが速く、しん食のはたらきが大きいので、川底がけずられて、いちばん深くなります。岸の近くは、流れがゆるやかでたい積のはたらきが大きいので、小石がたい積して、両岸は川原になっています。

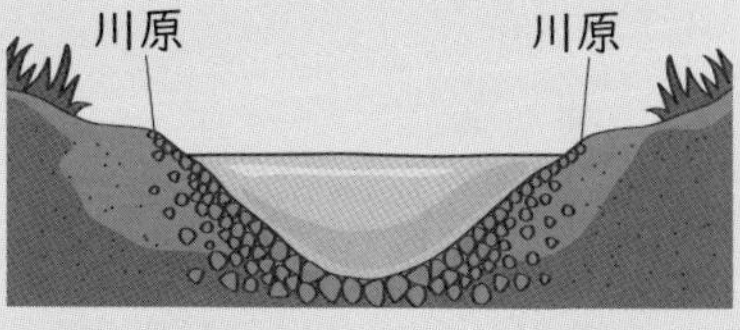

（2） 水の流れが速いところでは、しん食や運ぱんのはたらきが大きくなり、水の流れがゆるやかなところでは、たい積のはたらきが大きくなります。このことから、深くけずられた川のまん中は流れが速く、小石がたい積している両岸は、川の流れがゆるやかなことがわかります。

ポイント
- **流れが速いところは、しん食・運ぱんのはたらきが大きい。**
- **流れがゆるやかなところは、たい積のはたらきが大きい。**

（3） 石などが水に流されて運ばれるはたらきを、運ぱんといいます。

（4） 川が曲がっているところでは、外側の方が水の流れが速くなっています。そのため、外側は、岸がしん食されてがけになっています。内側は、たい積のはたらきが大きいので、たくさんの小石が積もり、川原ができています。

ポイント
川の流れが曲がっているところでは、外側ががけに、内側が川原になるんだね。

（5） 川の流れが曲がっているところの川底は、外側はしん食のはたらきが大きいので、大きくけずられて、岸から急に深くなっています。川原になっている内側は、岸に近いほど流れがゆるやかになるので、小さい石が多くたい積して、川底があさくなっています。

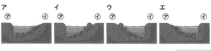

理科 6　流れる水のはたらき

1 みゆさんは、川について調べ学習を行い、発表しています。

毎年のように強い雨がふり、川の水があふれるなどのひ害が出ています。今年は、⒜数十年に一度の大雨などが予想される場合に発表される警報が出された地いきがありました。そこで、日本の川の特ちょうを調べようと、国土交通省のホームページを見ると、下のグラフが見つかりました。

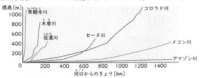

これは、日本の川とヨーロッパなどの大陸の川について、河口からのきょりと標高の関係を表したものです。このグラフから、⒝日本の川は大陸の川に比べて、かたむきが急であることがわかり、日本の川は大陸の川に比べて流れが速いと考えられます。

 また、右のグラフから、日本の1年間にふる雨の量は、世界平均の約1.4倍あることがわかります。日本の雨は、⒞梅雨と台風の時期に集中してふるという特ちょうがあります。

（1）下線部⒜の警報として正しいものを、次のア～ウから1つ選んで、記号で答えましょう。

ア　大雨注意報　　イ　大雨警報　　ウ　<u>大雨特別警報</u>

答え：**ウ**

38

ステップ 3 **情報を読み取って表現する**

判断力 ☆☆☆
思考力 ☆☆☆
表現力 ☆☆☆

（2）下線部⒝について、みゆさんが、グラフから、日本の川はかたむきが急であると考えた理由を書きましょう。

例 川が始まる場所の標高が高く、河口までのきょりが短いから。

（3）下線部⒞について、日本で雨が多くふるのはいつですか。次のア～オから2つ選んで、記号を書きましょう。

ア　3月・4月　　イ　4月・5月　　ウ　<u>6月・7月</u>
エ　<u>8月・9月</u>　　オ　11月・12月

答え：**ウ、エ**

 ある川では、大雨にそなえて、次のような対さくが行われています。

右の図は、「遊水地」といって、ふだんは公園やグラウンド、水田などとして利用しています。大雨がふって川の水が増えたときに、⒟人の住んでいる場所に水があふれないようにする役わりがあります。

（4）下線部⒟について、大雨のとき、遊水地はどのようになりますか。20字程度で書きましょう。

例 川からあふれた水を一時的にためておく。

39

1

（1）数十年に一度の大雨が予想される場合に出されるのは、大雨特別警報です。大雨注意報、大雨警報、大雨特別警報の順にきけんが高まります。警報のほかに、「ひなんかん告」が出たら、きん急ひなん場所などの安全な場所にひなんします。「ひなん指示」が出たら、すぐにきん急ひなん場所などにひなんします。

（2）コロラド川は、河口から最もはなれた、川が始まる場所の標高は、日本の川よりも高いですが、河口までのきょりが長いため、川のかたむきがゆるやかです。日本の川は、川が始まる場所の標高が高く、河口までのきょりが短いので、川のかたむきが急になります。グラフのかたむきが急なほど、川のかたむきも急であると考えられます。

🚩 **ポイント**　グラフのかたむきは、川のかたむきを表しているよ。

（3）日本では、1年のなかでも、梅雨の時期と台風の時期に集中して雨が多くふります。梅雨の時期は、6月のなかばから7月のなかばです。台風が日本付近にくるのは、夏の終わりから秋の初めで、8月から9月です。

🚩 **ポイント**
・梅雨の時期…6月・7月
・台風の時期…8月・9月

（4）（多目的）遊水地は、ふだんは公園やグラウンドとして利用していますが、大雨のときには、増えた川の水を一時的に遊水地に流して、こう水を防ぎます。そのほかでは、ダムは、川の水の量を調節して、こう水を防ぎます。地下調節池は、地下に大きな空間をつくり、川の水の量が増えたときに、一時的に水を流してため、こう水を防ぎます。さ防ダムは、石やすなが一度に流されたり、川底がけずられたりするのを防ぎます。

理科 7
もののとけ方

1 おさむさんは、100 g の水に食塩 30 g をとかして、食塩水をつくりました。

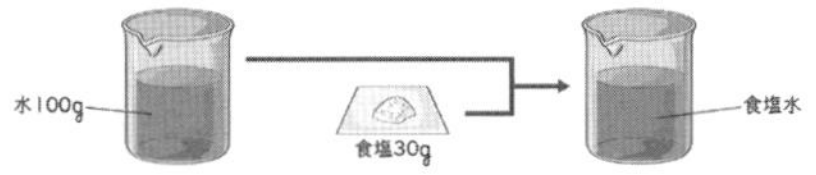

(1) つくった食塩水の重さは何 g ですか。

ヒント
食塩水の重さ=水の重さ+食塩の重さ

130 g

(2) おさむさんは、ものが水にとけることについて、次のようにまとめました。㋐、㋑の □ にあてはまることばを書きましょう。

ものが水の中で均一に広がって、つぶが見えなくなり、[㋐]液になることを、「ものが水にとける」といい、ものが水にとけた液を[㋑]といいます。

㋐ とうめいな〔すき通った〕　㋑ 水よう液

(3) 食塩水を1てきスライドガラスにのせ、日光の当たるところに置いておくと、白いつぶが出てきました。このつぶは何ですか。

食塩

2 れいなさんは、メスシリンダーを使って、水の量をはかりました。

(1) 目もりを読むときの目の位置を、図の㋐～㋒から1つ選んで、記号で答えましょう。

㋑

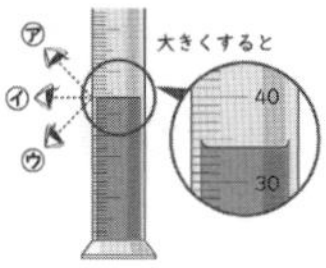

(2) メスシリンダーに入れた水の量は何 mL ですか。

34 mL

40

ステップ 1 > 情報を読み取って判断する

判断力 ☆☆☆
思考力 ☆☆☆
表現力 ☆☆☆

3 ふうとさんは、20℃、40℃、60℃の水 50 mL に、食塩とミョウバンが計量スプーン何ばい分とけるかを調べました。

(1) 20℃の水 50 mL、60℃の水 50 mL には、それぞれ食塩とミョウバンのどちらが多くとけますか。

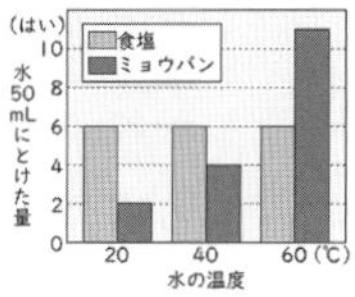

20℃ 食塩
60℃ ミョウバン

(2) ㋐ 20℃の水 50 mL、㋑ 40℃の水 50 mL に、それぞれ計量スプーン8ぱい分のミョウバンを入れてよくかき混ぜました。とけ残りが多いのは、㋐、㋑のどちらですか。記号で答えましょう。

ヒント
水の温度が高いほど、とけるミョウバンの量は多くなるよ。

㋐

4 みなみさんは、2つのビーカーに 60℃の水 50 mL を入れて、それぞれ食塩とミョウバンをとかせるだけとかしました。

(1) 2つのビーカーを 30℃まで冷やしたとき、つぶが多く出てきたのは、食塩とミョウバンのどちらですか。

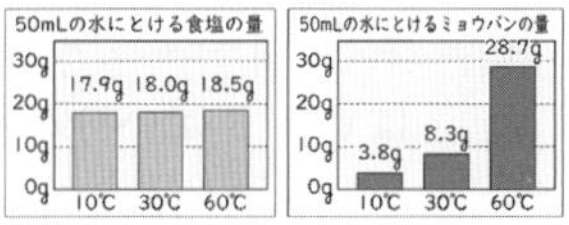

ミョウバン

(2) 出てきたつぶを右の図のようにして、ろ紙でこして取り出しました。この方法を何といいますか。

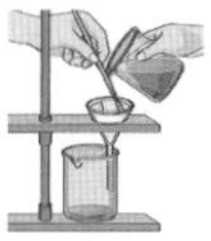

ろ過

41

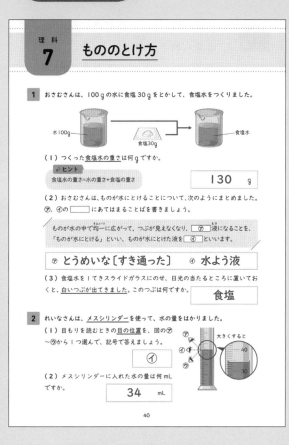

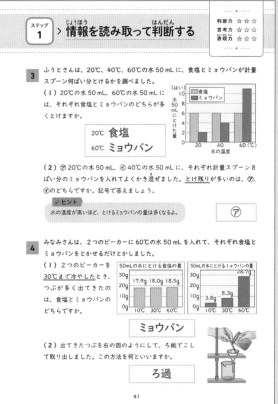

1 (1) ものは、水にとけても重さは変わりません。したがって、食塩水の重さ＝水の重さ＋食塩の重さなので、この食塩水の重さは、100 g＋30 g＝130 g です。

ポイント **水の重さ＋とかしたものの重さ＝水よう液の重さ**

(2) ものは水にとけると、水の中で均一に広がってつぶが見えなくなり、液がすき通って見えるようになります。ものが水にとけた液を水よう液といいます。

(3) 水よう液から水をじょう発させると、食塩などの水にとけていたものがつぶになって出てきます。

2 (1) メスシリンダーで液体の体積をはかるときは、目の高さを液面の高さにし、真横から液面を見て、目もりを読みます。

(2) メスシリンダーでは、へこんだ液面の下の面の目もりを読み取ります。

3 (1) 20℃の水 50 mL には、食塩は計量スプーンで6ぱい、ミョウバンは2はいとけます。60℃の水 50 mL には、食塩は6ぱい、ミョウバンは11ぱいとけます。

(2) ㋐ 20℃の水 50 mL に、ミョウバンは2はいとけるので、8ぱい－2はい＝6ぱい分のミョウバンがとけ残ります。㋑ 40℃の水 50 mL に、ミョウバンは4はいとけるので、8ぱい－4はい＝4はい分のミョウバンがとけ残ります。

4 (1) 水よう液を冷やすと、とけきれなくなったもののつぶが出てきます。60℃と 30℃で水にとける量が、食塩はあまり変わらず、冷やしても、つぶはほとんど出てきませんが、ミョウバンはちがいが大きく、冷やすと、つぶが多く出てきます。

(2) ろ過では、ろ紙を通りぬける水よう液と、通りぬけることができないつぶとを分けることができます。

理科 7

もののとけ方

[1] ふうとさんは「塩の博物館」へ行き、昔から日本で行われてきた海水から塩をつくる方法を教えてもらいました。

日本では昔から、Ⓐ海水から塩をつくってきました。日本は四方を海に囲まれているので、塩をつくるのはかんたんだと思われがちですが、そうではありません。

理由1　Ⓘ海水1Lに、塩は約35gしかふくまれていません。

理由2　雨の少ない国では、海水を1年くらい放っておくと塩になりますが、日本は雨やくもりの日が多いので、Ⓤ海水を長い時間熱して、塩を取り出します。

（1）下線部Ⓐについて、海水には塩がとけています。「とけている」といえる理由として正しいものを、次のア～エから1つ選んで、記号で答えましょう。

ア　海水をコップに入れて置いておくと、底に塩がしずむから。

イ　海水はとうめいで、塩のつぶが見えないから。

ウ　海水の中に塩のつぶが見えるから。

エ　海水は白くにごっているから。

イ

（2）下線部Ⓘについて、ふうとさんはスーパーで、1ふくろ700gの塩を見ました。この1ふくろの塩をつくるのに、およそ何Lの海水が必要ですか。

20 L

（3）下線部Ⓤについて、塩の取り出し方を、次のようにまとめました。㋐、㋑の□にあてはまることばを書きましょう。

塩は、水の［㋐］が変わってもとける量がほとんど変わらないので、海水から塩を取り出すには、海水を熱して水を［㋑］させます。

㋐ 温度　㋑ じょう発

ステップ 2 ＞ 情報を読み取って考える

判断力 ☆☆☆
思考力 ☆☆☆
表現力 ☆☆☆

ふうとさんのノート

【伝統的な塩のつくり方】

① 海水をくんできて、塩田とよばれるすなの上にまく。水がじょう発して、塩のつぶがすなにつく。

② ①のすなを、すのこや竹をしいた箱の中に入れ、海水をそそぐと、水にとけないごみがすなの中に残り、こい塩水が箱の下から出てくる。

③ ②で出てきたこい塩水を、大きなかまで熱して塩を取り出す。

①　②　③

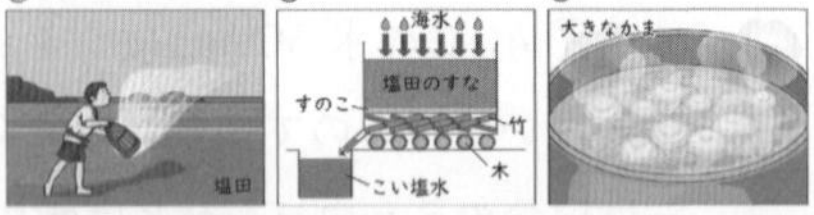

（4）②では、ろ過と同じ方法で、水にとけないごみと塩水を分けています。ろ過のしかたとして正しいものを、次のア～エから1つ選んで、記号で答えましょう。

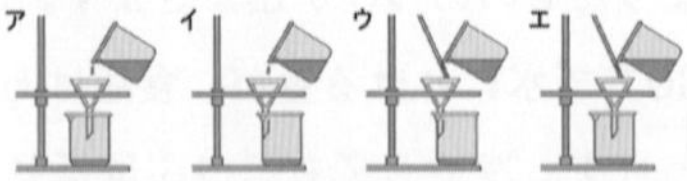

ウ

（5）③で、海水をそのまま加熱するより、こい塩水にしてから加熱する方がよい理由を、次のようにまとめました。㋒の□にあてはまることばを書きましょう。

同じ量の水をじょう発させたとき、こい塩水の方が、取り出せる塩の量が［㋒］からです。

多い

[1]

(1) 塩がとけているときには、塩のつぶは見られず、液はとうめいで、にごっていません。塩は、液全体に均一に広がったままなので、底の方がこくなったり、しずんだりすることはありません。

ポイント　**ものが水にとけると、水の中でものが均一に広がり、とうめいな（すき通った）液になるんだ。**

(2) 海水1Lに、塩が約35gふくまれています。700gは35gの700g÷35g＝20倍なので、700gの塩をつくるには、1Lの20倍、およそ20Lの海水が必要です。

(3) 一定量の水にとけるミョウバンの量は、温度を上げると大きくなりますが、一定量の水にとける塩（食塩）の量は、温度によってほとんど変わりません。そのため、水よう液の温度を下げても、塩のつぶはほとんど出てきません。海水から塩を取り出すには、海水を熱して水をじょう発させて、水の量を減らします。

(4) ②では、海水がすなのつぶの間やすのこ、編んだ竹を通るときに、水にとけないごみなどが引っかかって取りのぞかれ、ろ過と同じはたらきをしています。ろ過のしかたの注意点は、液を、ガラスぼうを伝わらせてそそぐこと、ろうとの先をビーカーのかべにつけることです。

(5) 50gの水に計量スプーン3ばいの塩がとけるとします。100gの水に6ぱいの塩をとかした、こい塩水では、水を50gじょう発させると、6ぱい－3ばい＝3ばい分の塩のつぶが出てきます。100gの水に4はいの塩をとかした、うすい塩水で、水を50gじょう発させると、4はい－3ばい＝1ぱい分の塩のつぶが出てきます。こい塩水の方が、取り出せる塩の量が多くなります。

理科 7 もののとけ方

1 おさむさんとみなみさんが、もののとけ方について話し合っています。

おさむ：理科の実験で、水50mLに食塩とミョウバンがどれだけとけるかを調べたとき、食塩を5gずつ加えていって、20gではとけ残ったから、15gまではとける、としたけど、もっと正確にはかることはできないかな。

重さの合計	5g	10g	15g	20g
食塩	○	○	○	×
ミョウバン	○	×		

○…すべてとけた。 ×…とけ残った。

みなみ：そうだね。とけた食塩は15.1gかもしれないし、19.9gかもしれないね。とける量が少なくてはかりやすいミョウバンを使って調べてみよう。でも、どうやって調べればいいのかな。

そこで、2人は次の2つの案を考えました。

A案：水50mLにミョウバン10gを加えてよくかき混ぜ、とけ残ったミョウバンの重さをはかる。
B案：水50mLにミョウバン10gを加えてよくかき混ぜ、とけ残ったミョウバンをのぞいて、水よう液の重さをはかる。

先生と相談して、2人は次のような**実験1**を行いました。

実験1
① 20℃の水50mLにミョウバン10gを入れて、よくかき混ぜてとかす。
② とけ残りをふくめて①の水よう液をろ過して、ろ紙の上に残ったミョウバンをていねいに取り、よくかわかしてから重さをはかる。
③ ②の結果から、20℃の水50mLにとけるミョウバンの重さを計算する。

とけ残ったミョウバン
よくかわかして重さをはかる

44

ステップ3 ▷ 情報を読み取って表現する

判断力 ☆☆☆
思考力 ☆☆☆
表現力 ☆☆☆

（1） 実験1は**A案**、**B案**のどちらをもとに行われましたか。

A案

2人はさらに、水の温度を40℃、60℃に変えて、次の**実験2**を行いました。

実験2
・40℃の水50mLにミョウバン15gを加えて、とけ残りの重さをはかる。
・60℃の水50mLにミョウバン30gを加えて、とけ残りの重さをはかる。
実験1の結果もあわせてまとめると、右の表のようになりました。

水50mLにとけるミョウバンの量

水の温度	ミョウバンの重さ
20℃	5.7g
40℃	ⓐ
60℃	25.2g

（2） 40℃のときに、とけ残ったミョウバンの重さは3.1gでした。表のⓐにあてはまる重さを書きましょう。

11.9 g

みなみ：本には、60℃の水50mLにミョウバンは28.7gとけると書いてあり、実験の結果とずいぶんちがいます。
先　生：みなみさんがろ過をするのに、10分ぐらいかかっていましたね。それで、ろ過をしている間に（　　）からだと考えられます。
（3）（　　）にあてはまることばを書きましょう。ただし、ろ過の間に水の量は変化しなかったものとします。

例 水よう液の温度が下がった

（4） 実験の結果と会話の内容から、水の温度と、決まった量の水にとけるミョウバンの量の関係について、わかったことを書きましょう。

例 水の温度が20℃～60℃では、水の温度が高いほど、とけるミョウバンの量は多くなる。

45

1

（1） 2人は、水50mLにミョウバンが最大で何gとけるかを調べようとしています。そこで、A案とB案の2つの案を考えました。A案は、水50mLにミョウバン10gを加えてとけるだけとかし、とけ残ったミョウバンを取り出してその重さをはかります。このとき、
（とけたミョウバンの重さ）
＝10g－（とけ残ったミョウバンの重さ）
です。B案は、水50mLにミョウバン10gを加えてとけるだけとかし、とけ残ったミョウバンを取りのぞいて、水よう液の重さをはかります。水50mLの重さは50gなので、
（とけたミョウバンの重さ）
＝（水よう液の重さ）－50g
です。実験1は、ろ過によってとけ残ったミョウバンを取り出し、よくかわかして水分を取りのぞいて、重さをはかっているのでA案です。

（2） 40℃の水50mLにミョウバン15gを加えてよくかき混ぜてとかすと、とけ残りが3.1gだったので、とけたミョウバンの重さは、15g－3.1g＝11.9gです。

（3） この実験結果から、50mLの水にとけるミョウバンの量は、水よう液の温度によって変化することがわかります。実験結果の60℃の水にとけるミョウバンの量が少なかった原因として考えられるのは、ろ過をしている間に、じょう発して水の量が減ったか、水よう液の温度が下がったかのどちらかです。ろ過の間に水の量は変化しなかったことから、水よう液の温度が60℃よりも下がったためと考えられます。

（4） 実験の結果と会話から、ミョウバンは水の温度が高い方が、多くとけることがわかります。

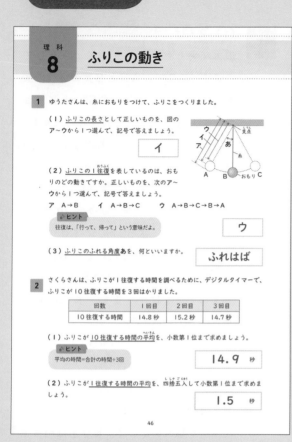

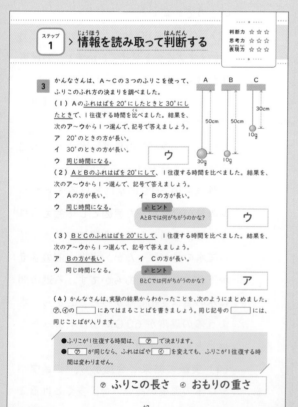

1

(1) 支点からおもりの中心までの長さを、ふりこの長さといいます。

(2) ウのように、おもりが同じ位置にもどってくるまでを、ふりこの1往復といいます。

(3) ふりこのふれる角度あを、ふれはばといいます。右の図のように、角度いをふれはばということもあります。

2

(1) ふりこが10往復する平均の時間は、(14.8秒＋15.2秒＋14.7秒)÷3＝14.9秒

(2) ふりこが10往復する平均の時間が14.9秒なので、ふりこが1往復する平均の時間は14.9秒÷10＝1.49秒で、小数第2位を四捨五入すると1.5秒です。

3

(1) ふりこが1往復する時間は、ふれはばによって変わりません。

(2) AとBでは、次の表のように、おもりの重さだけがちがいます。

	ふりこの長さ	おもりの重さ	ふれはば
A	50 cm	30 g	20°
B	50 cm	10 g	20°

ふりこが1往復する時間は、おもりの重さによって変わりません。

(3)(4) BとCでは、次の表のように、ふりこの長さだけがちがいます。

	ふりこの長さ	おもりの重さ	ふれはば
B	50 cm	10 g	20°
C	30 cm	10 g	20°

ふりこの長さが長いほど、ふりこが1往復する時間が長くなります。

ポイント ふりこが1往復する時間は、おもりの重さやふれはばには関係なく、ふりこの長さによって変わるよ。

理科 8

ふりこの動き

1 ゆうたさんとけんとさんが、先生と話しています。

ゆうた：この間、公園のブランコで、ふしぎなことを発見しました。

けんと：立ったり、すわったりして乗ったのですが、立って乗ったときの方が、１往復する時間が短くなりました。

ゆうた：ちなみに、２人の体重は、ほぼ同じです。

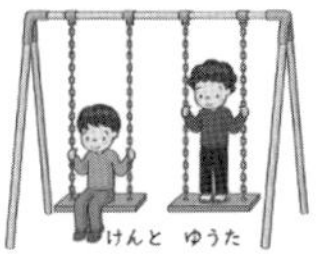

先　生：では、その理由を、実験で調べてみたらどうでしょう。

けんと：すわったときの方が、ブランコにかかる重さが重くなるからではないかな。

ゆうた：立ったときの方が、ふれはばが大きいからだと思う。

２人は次のような**実験１**を行いました。

実験１
【目的】ブランコに立って乗ったときの方が、すわって乗ったときよりも、１往復する時間が短くなる理由を調べる。
【方法】次のＡ～Ｃのふりこが１往復する時間をはかる。

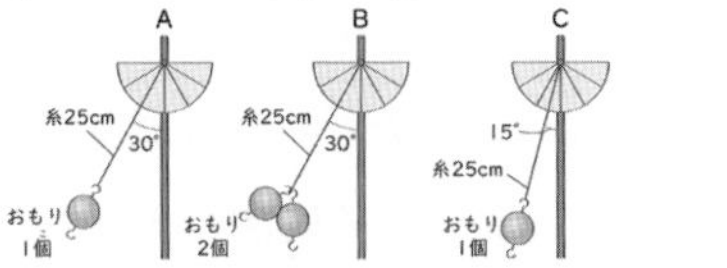

[㋐]の方が[㋑]よりも１往復する時間が短ければ、けんとさんの予想が正しいといえる。また、[㋒]の方が[㋓]よりも１往復する時間が短ければ、ゆうたさんの予想が正しいといえる。

48

ステップ2 ＞ 情報を読み取って考える

判断力 ☆☆☆
思考力 ☆☆☆
表現力 ☆☆☆

（１）㋐～㋓の[　]にあてはまる記号は、それぞれＡ～Ｃのどれですか。

㋐ Ａ　㋑ Ｂ　㋒ Ａ　㋓ Ｃ

結果は、Ａ、Ｂ、Ｃとも、１往復する時間は、約 1.0 秒になりました。

けんと：２人とも、予想がまちがっていたね。では、立って乗った方が、ブランコが１往復する時間が短くなる理由は何だろう。

先　生：ふりこを支えている点を支点といいますが、ふりこの長さは、ふりこの支点からどこまでの長さですか。

ゆうた：おもりの中心までです。なるほど、わかったぞ。

そこで２人は、次の**実験２**を行いました。

実験２
【方法】右のＤ、Ｅのふりこを、ふれはばを 30°にして、それぞれのふりこが１往復する時間をはかる。
【予想】立って乗ったときのようすを表した[㋔]の方が、１往復する時間が短くなると思う。

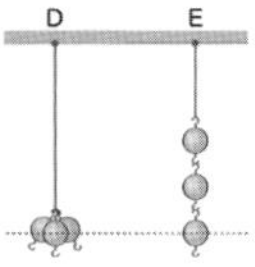

（２）㋔の[　]にあてはまる記号は、Ｄ、Ｅのどちらですか。

Ｅ

（３）**実験２**は【予想】どおりの結果になり、２人は理由を、次のようにまとめました。㋕の[　]にあてはまることばを書きましょう。

ブランコに立って乗ると、おもりの中心が支点に近くなり、[㋕]が短くなるので、１往復する時間が短くなります。

ふりこの長さ

49

1 （１）実験１のＡ、Ｂ、Ｃの条件は、次のとおりです。

	糸の長さ	おもりの数	ふれはば
A	25 cm	１個	30°
B	25 cm	２個	30°
C	25 cm	１個	15°

けんとさんは、ブランコにかかる重さが軽い方が、１往復する時間が短くなると考えたので、おもりの数だけがちがうＡとＢの結果を比べます。そして、おもり１個のＡの方が、２個のＢよりも１往復する時間が短ければ、けんとさんの予想が正しいといえます。ゆうたさんは、立って乗ったときの方がふれはばが大きく、ブランコが１往復する時間が短くなると考えたので、ふれはばだけがちがうＡとＣの結果を比べます。そして、ふれはばが 30°のＡの方が、15°のＣよりも１往復する時間が短ければ、ゆうたさんの予想が正しいといえます。しかし、Ａ、Ｂ、Ｃとも１往復の時間が約 1.0 秒で、２人の予想はまちがっていたことがわかりました。また、立ってもすわっても体重は変わらないので、けんとさんが考えたように、すわって乗る方がブランコにかかる重さが重くなるということはありません。

（２） すわった方が体の中心が低くなるので、おもりの中心が低いところにあるＤがすわったときのようす、おもりの中心が高いところにあるＥが立ったときのようすを表しています。

（３） おもりの中心が支点に近いＥの方がＤよりも、ふりこの長さが短くなります。実験２から、ブランコに立って乗ったときの方が、すわって乗ったときよりもふりこの長さが短くなるので、１往復の時間が短くなることがわかります。

理科 8 ふりこの動き

1 さくらさんは、おじいさんの家に、古いふりこ時計があるのに気づきました。

金属のぼう
金属のおもり
ふりこ時計

さくら：このふりこ時計、動いてるね。
おじいさん：古道具屋で買ってきたものを、修理して動くようにしたんだよ。
さくら：へえ。この間、学校でふりこの実験をしたよ。㋐おもりの数やふれはば、ふりこの長さを変えて、㋑10往復する時間をはかって、㋒3回くり返して10往復する時間の平均を出し、それからふりこが1往復する時間を計算したんだ。大変だったよ。ところで、ふりこ時計は、このふりこの動きを動力にして、時計を動かしているの？
おじいさん：いやいや、ゼンマイの動力によって歯車が回転するんだよ。

（1）下線部㋐について、おもりを3個にしたときのおもりのつけ方として正しいものを、右の図のア、イから1つ選んで、記号で答えましょう。

ア

ア　イ

（2）ふりこの実験で、下線部㋑、㋒のようにした理由を、次のア～エから1つずつ選んで、記号で答えましょう。
ア ふりこの動く速さは常に変化しているから。
イ ふりこが1往復する時間は短くて、はかりにくいから。
ウ 同じ人がはかれば、はかり方はいつも同じになるから。
エ はかり方のわずかなちがいで、結果が変わるから。

㋑ **イ**　㋒ **エ**

50

ステップ3 > 情報を読み取って表現する

おじいさん：ふりこ時計のふりこには、ふりこに連動して動くツメがついているよ。図のように、ゼンマイの動力によって回転し続ける歯車の歯に、2つのツメを引っかけて、ふりこの動きによって、歯車が一定の速さで回転するようにしているんだ。図の歯車では、㋓ふりこが1往復するたびに、ツメは1つとなりの歯に移動して、歯車が一定の速さで回転するんだよ。

歯車
ツメ
おもり

さくら：ふりこの（❶）が同じなら、1往復する（❷）は同じだから、それを利用しているんだね。ふりこ時計は、電気を使わずに動き続けるから、もっと使われてもいいのにね。
おじいさん：でも、ふりこのぼうが金属だから、㋔時計の進み方が夏はおそく、冬は速くなってしまうという欠点があるんだよ。

（3）下線部㋓について、図の歯車には歯が15個ついています。ふりこが1往復する時間が1秒だとすると、歯車は1分間に何回転しますか。

4 回転

（4）❶、❷の（　）にあてはまることばを書きましょう。

❶ **長さ**　❷ **時間**

（5）下線部㋔について、夏に気温が高くなると時計の進み方がおそくなる理由を書きましょう。

例 金属のぼうがのびて、ふりこの長さが長くなり、ふりこが1往復する時間が長くなるから。

51

1

（1）ふりこの長さは、支点からおもりの中心までの長さです。アのようにつるすと、おもり全体の中心の位置は1個のときと変わりませんが、イのようにつるすと、おもり全体の中心の位置が低くなり、ふりこの長さが1個のときよりも長くなってしまいます。

（2）ふりこが1往復する時間は短いので、1往復だけでは正確にはかることができません。また、はかり方のわずかなちがいで、測定結果が大きく変わります。そのため、10往復する時間をはかって、その平均を出します。

ポイント
① 10往復する時間を3回はかる。
② 10往復する時間の平均を計算する。
10往復する時間の合計÷3
③ ふりこが1往復する時間を計算する。
10往復する時間の平均÷10

（3）ふりこは1往復に1秒かかって歯1個分動くので、歯が15個ついている歯車が1回転するのに、15秒かかります。
1分（60秒）では、
60秒÷15秒＝4回転します。

（4）ふりこが1往復する時間は、ふりこの長さによって決まります。ふりこの長さが同じなら、おもりの重さやふれはばには関係なく、ふりこが1往復する時間は一定になります。

（5）気温が高くなると、金属の体積が大きくなり、ふりこの長さが長くなります。
夏と冬では、ふりこ時計は、次のように変わります。

	夏	冬
気温	高い	低い
金属の体積	大きい	小さい
ふりこの長さ	長い	短い
1往復する時間	長い	短い
時計の進み方	おそい	速い

理科 9

電磁石(でんじしゃく)の性質(せいしつ)

1 わかなさんは、電磁石をつくって、その性質を調べました。

（１）導線(どうせん)（エナメル線）を何回もまいたものを何といいますか。

コイル

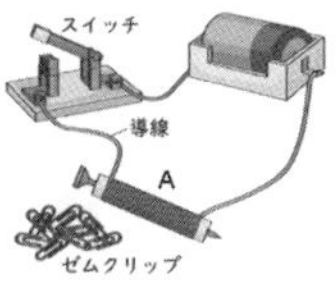

（２）図のような回路をつくってスイッチを入れると、Aにゼムクリップがつきました。スイッチを切ると、ゼムクリップはどうなりますか。正しいものを、次のア～ウから１つ選んで、記号で答えましょう。

ヒント 電磁石の特ちょうを思い出そう。

ア　しばらくついたままだが、やがて全部落ちる。
イ　すぐに全部落ちる。　ウ　ついたままになる。

イ

2 すばるさんは、方位磁針(じしん)を使って、電磁石の極を調べました。回路のスイッチを入れると、方位磁針の針(はり)が動き、図のAのようになりました。

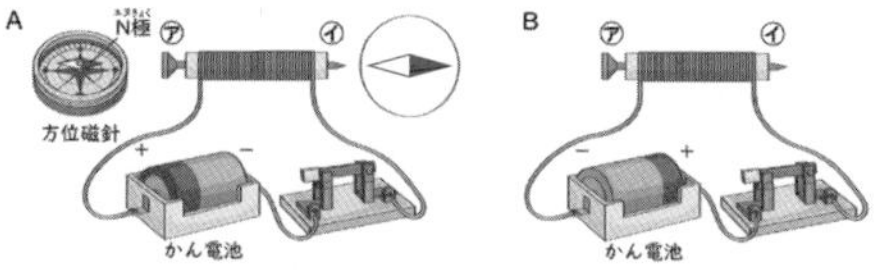

（１）図のAで、電磁石の㋐は何極ですか。

S極

（２）図のAの○の位置に置いた方位磁針の針をかき、N極を赤色でぬりましょう。

（３）図のBのように、かん電池の向きを逆(ぎゃく)にしました。電磁石の㋐は何極になりますか。

ヒント 電流の向きが逆になるね。

N極

ステップ 1 〉情報(じょうほう)を読み取って判断(はんだん)する

判断力 ☆☆☆
思考力 ☆☆☆
表現力 ☆☆☆

3 だいちさんは、電流計を使って電流の大きさをはかりました。

（１）電流計の使い方について、㋐、㋑の［　］にあてはまる記号やことばを書きましょう。

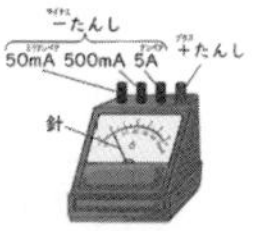

かん電池の＋極側の導線を、電流計の［㋐］たんしにつなぎます。－たんしは、最初に［㋑］のたんしを使い、針のふれが小さいときは別のたんしに変えます。

㋐ ＋　㋑ 5 A

（２）右の図の、電流の大きさを読み取りましょう。

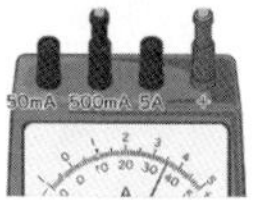

350 mA

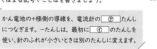

4 あやかさんは、次の㋐～㋓で、導線の長さを同じにして、電磁石の強さを比(くら)べました。

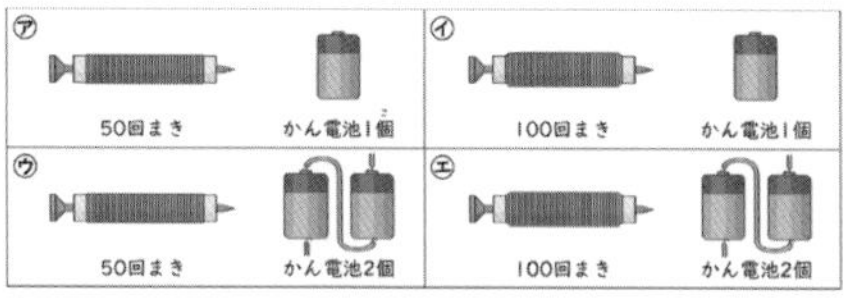

（１）コイルのまき数と電磁石の強さの関係を調べるときは、㋐とどれを比べますか。

ヒント まき数以外は、変えないよ。

㋑

（２）電流の大きさと電磁石の強さの関係を調べるときは、㋑とどれを比べますか。

ヒント まき数は、同じにするよ。

㋓

1 （１）導線(どうせん)を同じ向きに何回もまいたものをコイルといいます。コイルに鉄心を入れて電流を流すと、電磁石(でんじしゃく)になります。

（２）スイッチを切ると、電磁石のはたらきはすぐになくなります。

ポイント **電磁石は、コイルに電流が流れているときだけ、磁石のはたらきをもつよ。**

2 （１）方位磁針(じしん)のN極(エヌきょく)が引きつけられたことから、電磁石の㋐はS極(エスきょく)になっているとわかります。

（２）電磁石の㋐（S極）の反対側の㋑は、N極になっています。㋑は、方位磁針のS極が引きつけられます。

（３）かん電池の向きを逆(ぎゃく)にすると、電磁石に流れる電流の向きが逆になり、電磁石の極が入れかわります。

ポイント
- **電磁石にも、ぼう磁石のように両はしにN極とS極がある。**
- **コイルに流れる電流の向きが逆になると、電磁石のN極とS極が入れかわる。**

3 （１）電流計の＋(プラス)たんしに、かん電池の＋極につながっている導線をつなぎます。－(マイナス)たんしは、3つあります。最初は、最も大きい電流がはかれる5 A(アンペア)のたんしを使います。

（２）500 mA(ミリアンペア)の－たんしを使っているので、下の目もりを読み取って、10倍します。針(はり)は下の目もりの35をさしているので、10倍して350 mAです。

4 （１）㋐は50回まきのコイルにかん電池１個(こ)をつないでいるので、コイルのまき数だけがちがう㋑と比(くら)べます。

（２）㋑は100回まきのコイルにかん電池１個をつないでいるので、かん電池の数だけがちがう㋓と比べます。

ポイント **コイルに流れる電流を大きくしたり、コイルのまき数を多くしたりすると、電磁石の鉄を引きつける力は強くなるね。**

理科 9 電磁石の性質

1 わかなさんは、電磁石を使って、次のような空きかん拾い機をつくりました。

わかな：鉄の空きかんだけを分けて拾えて便利だと思ったんだけど、空きかんが重くてうまく拾えない。

すばる：電磁石を強くすることはできないのかな。

（1）空きかん拾い機を、磁石ではなく電磁石でつくった理由を、次のア～ウから1つ選んで、記号で答えましょう。

ア 電磁石は、鉄の空きかんだけを引きつけることができるから。

イ 電磁石は、N極とS極を入れかえることができるから。

ウ 電磁石は、電流が流れたときだけ磁石になるから。

ウ

2人は、電磁石を強くする方法について、先生に相談しました。

先生：図のように、導線に電流を流すと、鉄粉がつきます。このことから、電流が流れている導線は、コイルにしなくても磁石のはたらきをしていることがわかります。
これをヒントに、電磁石を強くする方法を考えてみましょう。

わかな：コイル（❶）と、1まきごとの磁石の力が強くなりますね。

すばる：コイル（❷）と、1まきごとの磁石の力が多く重なって、コイル全体の磁石の力が強くなります。

（2）❶、❷の（　）にあてはまることばを、次のア～エから1つずつ選んで、記号で答えましょう。

ア に流れる電流を大きくする　　イ をまく導線を短くする

ウ のすき間をあけてまく　　エ のまき数を多くする

❶ ア　❷ エ

54

ステップ2 情報を読み取って考える

判断力 ☆☆☆
思考力 ☆☆☆
表現力 ☆☆☆

2人は自分たちの予想を、次の実験で確かめることにしました。

実験

【方法】図のように、コイルのまき数とかん電池の数を変えて、A、Bは導線の長さを2m、C、Dは導線の長さを4mとする。A～Dの電磁石に引きつけられたゼムクリップの数を3回調べて、3回の合計を比べる。

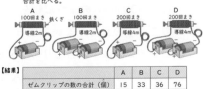

A 100回まき 導線2m
B 100回まき 鉄くぎ 導線2m
C 200回まき 導線4m
D 200回まき 導線4m

【結果】

	A	B	C	D
ゼムクリップの数の合計（個）	15	33	36	76

すばる：（3）の2組の結果から、コイルのまき数が同じなら、流れる電流が大きい方が、電磁石が強いといえますね。

先生：はい、そうですね。

わかな：AとCの結果から、電流の大きさが同じなら、コイルのまき数が多い方が、電磁石が強いといえますね。

先生：いいえ。この実験から、コイルのまき数と電磁石の強さの関係はわかりません。どこを直したらいいか、考えてみましょう。

わかな：あっ、そうでした。A～Dの（❹）を同じにして、条件をそろえなければいけませんでした。

（3）❸の（　）にあてはまる記号の組み合わせを、2つ書きましょう。

A と B 、C と D

（4）❹の（　）にあてはまることばを書きましょう。 **導線の長さ**

55

---

1 （1）電磁石も磁石も、鉄の空きかんを引きつけます。電磁石は電流が流れたときにだけ、磁石のはたらきをします。スイッチを入れている間は空きかんがついたままで、スイッチを切ると、空きかんがはなれます。

（2）❶ 図の実験から、コイルにしていない1本の導線だけでも、磁石のように鉄を引きつけることがわかります。コイルに流れる電流を大きくすると、導線の1まきごとの磁石の力が強くなります。

❷ コイルにすると導線が何本も重なるので、導線1本のときよりも、磁石の力が強くなります。まき数を多くするほど、コイル全体の磁石の力が強くなります。電流の大きさを大きくしたり、コイルのまき数を多くしたりするほかに、導線を太くしたり、せまいはんいに重ねてまいたりすると、電磁石の力が強くなります。

（3）A～Dの電磁石の条件のちがいは、次のとおりです。

	A	B	C	D
コイルのまき数	100回	100回	200回	200回
導線の長さ	2m	2m	4m	4m
かん電池の数	1個	2個	1個	2個

コイルのまき数、導線の長さが同じで、かん電池の数だけがちがう組み合わせは、AとB、CとDです。どちらの組み合わせとも、かん電池の数が多いB、Dの方が、電磁石につくゼムクリップの数が多いことから、コイルに流れる電流が大きい方が、電磁石の鉄を引きつける力が強くなることがわかります。

（4）AとCでは、導線の長さもちがいます。導線の長さを同じにして、AとCの結果を比べます。

理科 9

電磁石の性質

1 だいちさんは電磁石を利用したおもちゃをつくって、妹のみきさんに見せています。

だいち：このおもちゃは、スイッチを入れて電磁石に電流を流すと、チョウがひらひら飛ぶよ。

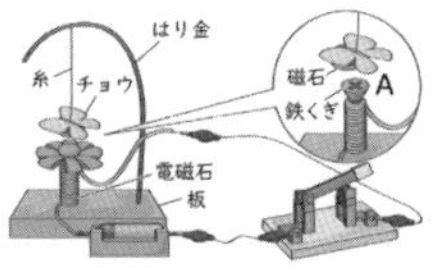
はり金
糸
チョウ
電磁石
板
磁石
鉄くぎ
A

み き：どうして動くの？

だいち：チョウには、N極を下にしてフェライト磁石がはってあるんだ。スイッチを入れて電磁石がはたらくと、磁石と電磁石がしりぞけ合って、チョウがひらひら飛ぶんだよ。

み き：へえ、おもしろそうだね。スイッチを入れてみて。

だいち：あれっ、チョウが電磁石の花にくっついたまま、動かないぞ。

（1）下線部のとき、図の電磁石のAは何極になっていますか。

S極

（2）チョウを動かすにはどうしますか。最もかんたんな方法を書きましょう。

[例]かん電池の向きを変える。

中学生のお兄さんが帰ってきました。

お兄さん：そのおもちゃを、ちょっと変えると、ベルがつくれるよ。

だ い ち：えっ、どうするの。教えて。

お兄さん：追加で部品を用意しよう。

追加で用意する部品

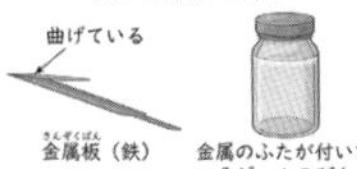
曲げている
金属板（鉄）
金属のふたが付いているジャムのびん

56

ステップ 3 ＞ 情報を読み取って表現する

判断力 ☆☆☆
思考力 ☆☆☆
表現力 ☆☆☆

お兄さんは、ノートにつくり方の図やベルの音が鳴り続けるしくみを書いて、教えてくれました。

ベルのつくり方

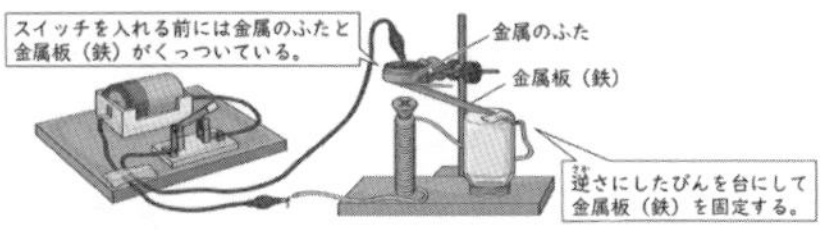
スイッチを入れる前には金属のふたと金属板（鉄）がくっついている。
金属のふた
金属板（鉄）
逆さにしたびんを台にして金属板（鉄）を固定する。

ベルが鳴るしくみ

スイッチを入れると、

①金属板と金属のふたがくっついているときは回路ができているので、電磁石に電流が［㋐］、金属板を引きつける。

②金属板が電磁石に当たると音が鳴り、金属板と金属のふたがはなれたため、電磁石に電流が［㋑］、金属板を引きつけなくなる。

③電磁石からはなれた金属板が、金属のふたに当たって、音が鳴る。

①～③をくり返して、ベルが鳴り続ける。

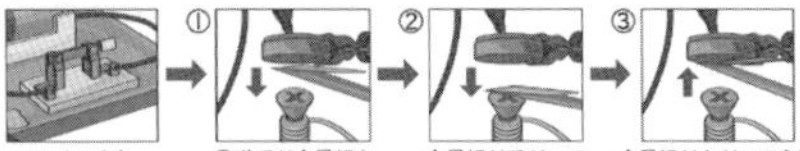
スイッチを入れる。
①
電磁石が金属板を引きつける。
②
金属板が下がって電磁石に当たって音が鳴る。
③
金属板が上がって金属のふたに当たって音が鳴る。

（3）㋐、㋑の□にあてはまることばを書きましょう。

㋐ 流れて　㋑ 流れなくなり

（4）このベルは、電磁石のどのような性質を利用していますか。

[例]コイルに電流が流れているときだけ、磁石になる性質。

57

1

（1）電磁石のAがS極だと、フェライト磁石のN極と引き合ってしまいます。スイッチを入れて電磁石のコイルに電流を流しても、チョウは電磁石についたままで動きません。

（2）チョウを動かすには、電磁石のAをN極にします。すると、フェライト磁石のN極と反発し合ってチョウは上がります。しかし、電磁石からはなれると磁石どうしの反発する力が弱まり、チョウは自分の重さで下がります。電磁石に近づくと、また反発し合って上がり、ということをくり返して、チョウがひらひらと飛ぶように動きます。電磁石のAをS極からN極にするには、かん電池の向きを変えて、コイルに流れる電流の向きを逆にします。ほかには、コイルのまく向きを反対にして、コイルをまき直しても、電磁石のN極とS極を入れかえることができます。

（3）スイッチを入れる前には、金属板が金属のふたにくっついているので、かん電池→スイッチ→金属のふた→金属板→電磁石→かん電池という回路ができています。スイッチを入れると、電流が流れて電磁石が磁石のはたらきをもつので、金属板が引きつけられて電磁石に当たり音が鳴ります。金属板が金属のふたからはなれると、回路がつながらず、電流が流れなくなります。すると、金属板が電磁石からはなれて金属のふたに当たり音が鳴ります。すると、回路がつながり電磁石に電流が流れるようになります。これをくり返して、ベルが鳴り続けます。

（4）コイルに電流が流れているときだけ、電磁石は磁石の性質をもち、金属板を引きつけます。

理科

まとめ問題(1)

1 まきさんは、日記を書いています。

まき

4月28日
明日からの連休を利用して、山梨県に住むいとこの家に行きます。天気予報の雲画像を見ると、山梨県の天気は、今（午後9時）は雨かくもりだけれど、明日からは、しばらく晴れの日が続きそうです。ちょう電導リニアの見学センターに行くのが楽しみです。

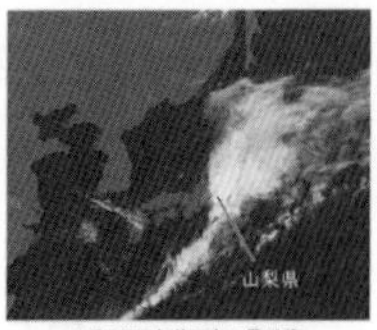

4月28日午後9時の雲画像

(1) まきさんが住んでいる場所は、4月28日午後9時には晴れていました。まきさんが住んでいる場所として考えられるのはどこですか。次のア～エから１つ選んで、記号で答えましょう。 [10点]

ア 青森県　イ 東京都　ウ 新潟県　エ 京都府

エ

(2) まきさんが下線部のように考えた理由を、次のように説明しました。㋐、㋓の［　　］にあてはまることばを書き、㋑、㋒の｛　｝から正しい方を選びましょう。 [1問 10点]

天気は雲の動きに合わせて、およそ［ ㋐ ］変化します。山梨県にかかっている雲は、今後、㋑｛ 東 ・ 西 ｝へ移動すると考えられます。また、山梨県の㋒｛ 東 ・ 西 ｝側は［ ㋓ ］ので、明日には晴れて、そのあとはしばらく晴れるだろうと考えられます。

㋐ [例]西から東へ　㋑ 東　㋒ 西

㋓ [例]雲がなく晴れている

58

点

まきさんは、ちょう電導リニアの見学センターを見学して、わかったことをまとめました。

山梨県には、リニア中央新幹線で使われる、電磁石を利用したちょう電導リニア（リニアモーターカーの一つ）の実験場があります。

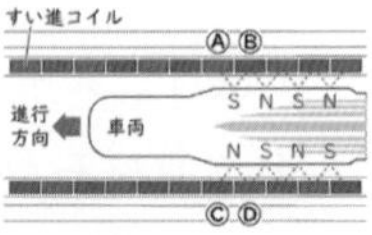

ちょう電導リニアは、両側のかべにならべてつけられたすい進コイルに電流を流して、N極とS極を切りかえると、すい進コイルと車両の電磁石との間に、引き合う力と反発する力が交ごにはたらいて、車両が進みます。

(3) 図の進行方向の向きに車両が進むとき、図のⒶ～Ⓓのコイルは、それぞれ何極になっていますか。 [1問 5点]

Ⓐ N極　Ⓑ S極　Ⓒ S極　Ⓓ N極

(4) コイルのN極とS極を切りかえる方法を書きましょう。 [10点]

[例]コイルに流れる電流の向きを逆にする。

(5) ちょう電導リニアの速さを調節する方法として考えられることを書きましょう。 [20点]

[例1] すい進コイルや車両の電磁石に流す電流の大きさを変える。
[例2] すい進コイルのN極とS極を切りかえる速さを変える。

59

1

(1) 雲画像を見ると、中部地方を境に、東の地いきは雲におおわれていますが、西の地いきは雲がありません。中部地方より西の京都府は、雲におおわれていないので、晴れていると考えられます。

(2) ㋐　雲の量が増えたり減ったりすることや、雲の動きによって、天気が変化します。春のころは、日本付近では、上空をふく強い風のえいきょうで、雲はおよそ西から東へ動いていきます。雲の動きによって、天気も西から東へと変わっていきます。

㋑～㋓　山梨県の西側にも少し広がっていた雲が東へ移動して、いったん晴れると、その西側には雲がないので、しばらくは晴れが続くと考えられます。

(3) すい進コイルは、車両の電磁石のN極が近づくときにはS極になって引きつけ合い、車両の電磁石のN極が遠ざかるときにはN極になって反発し合い、車両を進ませます。車両の電磁石のS極が近づくすい進コイルⒶとⒹはN極になり、車両の電磁石のN極が近づくすい進コイルⒷとⒸはS極になります。

(4) 電磁石の極は、コイルに流れる電流の向きを逆にすると入れかわります。電流の向きを逆にすることを書いていれば正解です。

(5) すい進コイルや車両の電磁石に流れる電流の大きさを変えると、反発したり引き合ったりする力が変化し、リニアの速さが変わります。また、すい進コイルの極を切りかえる速さを変えると、磁石が反発したり引き合ったりする時間が変わり、リニアの速さが変わります。電磁石の強さを変える方法か、電磁石の極を切りかえる速さを変える方法のどちらかを書いていれば正解です。

理科

まとめ問題（2）

[1] あらたさんのクラスでは、ぎもんに思ったことを調べて発表しています。

あらたさんはテレビで、魚のなかまのタツノオトシゴのおすが、親と同じ形をした子を何びきも、おなかからふき出すようにして産んでいるのを見ました。同じ魚のなかまなのに、メダカとはずいぶんちがうので、タツノオトシゴのたんじょうについて調べました。

タツノオトシゴのたんじょう
① めすが、おすのはらにある「育児のう」というふくろの中にたまごを産む。
② 育児のうの中で、たまごと[㋐]が結びつく。
③ 子はたまごの中の養分を使って育ち、たまごから出てくる。
④ たまごから出てきた子は、しばらく育児のうの中で、おすから養分をもらって育つ。
⑤ 育った子が育児のうから出てくる。
タツノオトシゴの子の生まれ方には、メダカと似ているところも、ちがっているところもあることがわかりました。

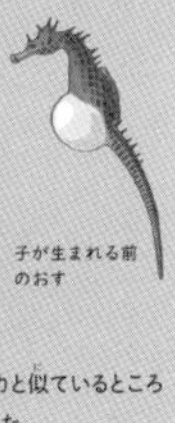

（1）㋐の[　　]にあてはまることばを書きましょう。〔10点〕

精子

（2）②で、㋐と結びついたたまごを何といいますか。〔10点〕

受精卵

点

（3）タツノオトシゴの子が育児のうの中で親から養分をもらいながら育つのと同じように、人も母親の体内で育ちます。タツノオトシゴの育児のうに相当するものは何ですか。〔10点〕

子宮

（4）タツノオトシゴの子の生まれ方で、メダカと似ているところ、メダカとちがっているところを、それぞれ書きましょう。〔1問 20点〕

●メダカと似ているところ
[例]受精卵から育つところ。
[例]たまごの中の養分を取り入れて育つところ。

●メダカとちがっているところ
[例]おすの親の体内にある育児のうの中で、たまごからかえるところ。
[例]たまごからかえったあと、育児のうの中でおすの親から養分をもらって育つところ。

（5）タツノオトシゴの子が育児のうの中でたまごからかえって、ある程度育ってから外に出てくるというたんじょうの方法には、どのような利点があると考えられますか。〔30点〕

[例]たまごや小さい子どもをほかの魚などに食べられることがないので、大人まで生き残る子の数を多くすることができる。

[1] メダカは、池や川の水草にたまごを産みつけ、そこでたまごが育ち、たまごから子が水中に出てきます。タツノオトシゴは、めすがおすのはらにある育児のうにたまごを産み、その中でたまごが育ち、ふ化します。ふ化したあとも、子は育児のうの中で、おすの親から養分をもらって育ち、成長してから外へ出てきます。

(1)(2) たまごと精子が結びつくことを受精といい、受精したたまごを受精卵といいます。

(3) 人の子は子宮の中でたいばんやへそのおを通して、母親から養分をもらって育ちます。

(4) タツノオトシゴの子の生まれ方をメダカの子の生まれ方と比べます。

●似ているところ
・めすが産むたまごとおすが出す精子が受精して、受精卵から成長を始める。
・たまごの中の養分を使って育つ。

●ちがっているところ
・メダカは水草にたまごを産みつけるが、タツノオトシゴはおすの親の育児のうの中にたまごを産む。
・ふ化したあと、メダカの子は水中で生活し、自分でえさをとるが、タツノオトシゴの子は育児のうの中で、おすの親からの養分をもらって育つ。

上記のように、子の生まれ方で、タツノオトシゴがメダカと似ているところとちがっているところが書けていれば正解です。

(5) たまごや、子が小さいうちは、ほかの動物に食べられるきけんがあるので、タツノオトシゴの子は、ある程度大きくなってから外に出てきます。きけんから守られ、生き残りやすいことが書かれていれば正解です。

○使い方

・答え合わせをして、まちがえた問題は「答えと考え方」をよく読んで、もう一度
　取り組みましょう。
・問題文に引いてある線の部分は、問題を解くときの考え方のヒントになるところ
　です。また、ポイントもしっかり読んでおきましょう。
・例は答えの例です。ことばや文を書いて答える問題は、問題文の指示にしたがって似た内容が書けていれば正解です。
・〔　〕は、ほかの答え方です。
・（　）の中のことばは、あってもなくても正解です。

社会 1

世界の中の国土

1 だいちさんとみづきさんは、世界のすがた、日本のはんいと領土を調べて、2つの地図にまとめました。

六大陸…ユーラシア大陸・アフリカ大陸・北アメリカ大陸・南アメリカ大陸・南極大陸・オーストラリア大陸（大きい順）

三大洋…太平洋・大西洋・インド洋（大きい順）

北半球…赤道から北側の半球。

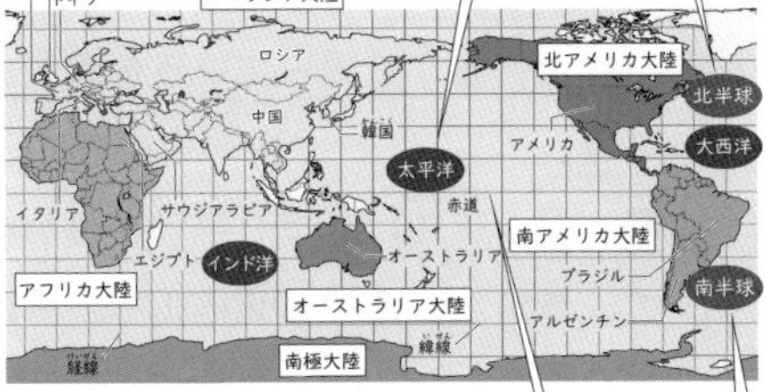

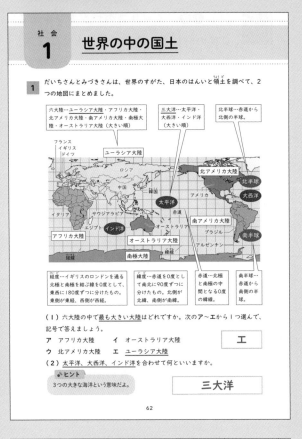

経度…イギリスのロンドンを通る北極と南極を結ぶ線を0度として、東西に180度ずつに分けたもの。東側が東経、西側が西経。

緯度…赤道を0度として南北に90度ずつに分けたもの。北側が北緯、南側が南緯。

赤道…北極と南極の中間となる0度の緯線。

南半球…赤道から南側の半球。

（1）六大陸の中で最も大きい大陸はどれですか。次のア～エから1つ選んで、記号で答えましょう。

ア　アフリカ大陸　　イ　オーストラリア大陸
ウ　北アメリカ大陸　エ　ユーラシア大陸

エ

（2）太平洋、大西洋、インド洋を合わせて何といいますか。

ヒント
3つの大きな海洋という意味だよ。

三大洋

62

ステップ1 ＞ 情報を読み取る

判断力 ☆☆☆
思考力 ☆☆☆
表現力 ☆☆☆

（3）日本と同じ緯度にある国を、地図中から2つ選んで、国名を書きましょう。

中国　**アメリカ**

（4）日本と同じ経度にある国を、地図中から2つ選んで、国名を書きましょう。

ロシア　**オーストラリア**

竹島…日本固有の領土ですが、韓国が不法に占領しています。

尖閣諸島…日本固有の領土ですが、中国も自国の領土であると主張しています。

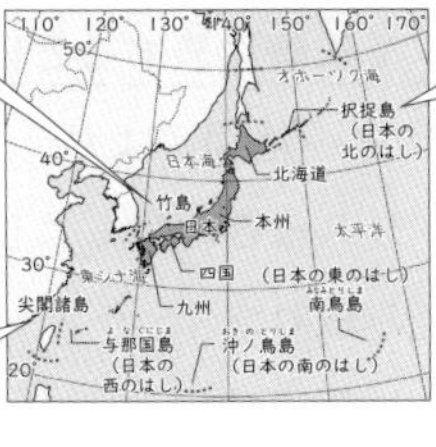

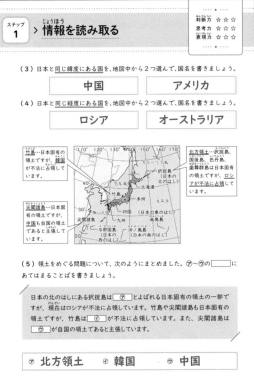

北方領土…択捉島、国後島、色丹島、歯舞群島は日本固有の領土ですが、ロシアが不法に占領しています。

（5）領土をめぐる問題について、次のようにまとめました。㋐～㋒の□にあてはまることばを書きましょう。

日本の北のはしにある択捉島は［㋐］とよばれる日本固有の領土の一部ですが、現在はロシアが不法に占領しています。竹島や尖閣諸島も日本固有の領土ですが、竹島は［㋑］が不法に占領しています。また、尖閣諸島は［㋒］が自国の領土であると主張しています。

㋐ **北方領土**　㋑ **韓国**　㋒ **中国**

63

1

（1）六大陸のうち、最も大きいユーラシア大陸は、アジア州とヨーロッパ州にまたがっています。ユーラシア大陸の北側の多くが、ロシアとなっています。

ポイント **六大陸の位置を確かめておこう。**

（2）三大洋のうち、最も広い太平洋は、すべての海洋の約46％をしめていて、まわりにはユーラシア大陸、北アメリカ大陸、南アメリカ大陸、南極大陸、オーストラリア大陸があります。日本は、この太平洋に面しています。

ポイント **三大洋のほかに、どのような海洋があるかも調べてみよう。**

（3）南北に長い日本を緯度で表すと、およそ北緯20度から北緯50度に位置しています。国名が示された国のうち、これと同じ緯度にあるのは、中国、アメリカとなります。ほかに、韓国、イタリアなども、同じ緯度に位置しています。

（4）日本の位置を経度で表すと、およそ東経120度から東経155度に位置しています。東西に広い国土をもつロシア、日本のほぼ南に位置するオーストラリアなどが、同じ経度に位置しています。

（5）㋐　北方領土は、国後島、択捉島、歯舞群島、色丹島からなる日本固有の領土です。このうち、択捉島は日本の4つの大きな島に次いで面積が5番目、国後島は面積が6番目に広い島です。現在、この北方領土はロシアが占領し、日本人の行き来は大きく制限されています。

㋑　日本海に位置し、島根県に属する竹島は、1952年以降、韓国が不法に占領しています。

㋒　中国は、尖閣諸島の領有権を主張していますが、国際社会の多くは、日本の領土としてみとめています。

社会 1

世界の中の国土

1 ゆいさんは、地球儀を見ながら世界の主な国々について調べています。

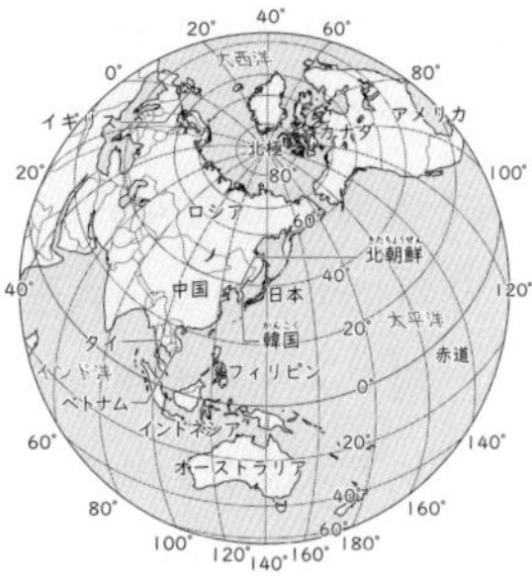

ゆ　い：先生、地球儀にはいくつもの線が引かれています。

先　生：そうですね。北極と南極を結んだ線が（❶）で、イギリスのロンドンを通る線を０度として、東と西に（❷）度ずつに分けています。

ゆ　い：そうすると、赤道を中心に、北と南に（❸）度ずつ分けている線が（❹）ですね。

先　生：地球上の位置は、（❶）と（❹）で正確に表すことができますよ。

ゆ　い：この地球儀を見ると、日本は、東経140度の（❶）と、北緯40度の（❹）が通っていて、（❺）半球にあることがわかります。

（１）❶～❺の（　）にあてはまることばや数を書きましょう。同じ番号の（　）には、同じことばが入ります。

❶ 経線　❷ 180　❸ 90　❹ 緯線　❺ 北

64

ステップ2 ＞ 情報を読み取って考える

判断力 ☆☆☆
思考力 ☆☆☆
表現力 ☆☆☆

（２）ゆいさんは、右の２種類の地図Ⅰ、Ⅱを見つけ、次のようにまとめました。㋐～㋒の｛　｝からあてはまるほうを選んで書きましょう。

Ⅰ

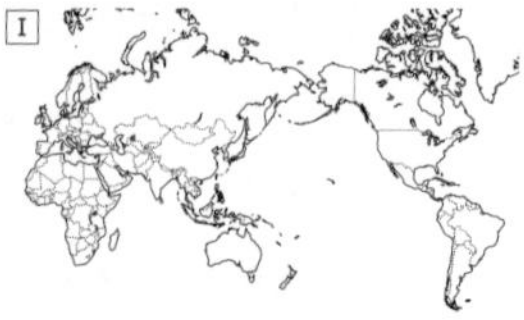

Ⅱ

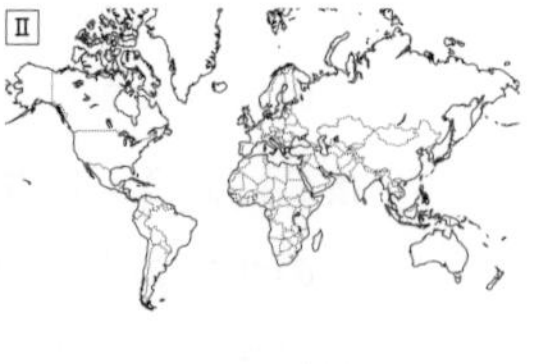

カナダとイギリスは、Ⅰの地図では㋐｛遠く・近く｝にあるように見えますが、Ⅱの地図では㋑｛遠く・近く｝にあるように見えます。
また、地球儀を見ると、カナダとロシアは㋒｛北極・南極｝をはさんで近くにあることがわかります。

㋐ 遠く　㋑ 近く　㋒ 北極

（３）地球儀と地図Ⅰ、Ⅱから読み取れることとして**まちがっているもの**を、次の**ア～エ**から１つ選んで、記号で答えましょう。

ア　地図Ⅰの日本から見ると、イギリスは西のはしに位置している。

イ　地図Ⅱのイギリスから見ると、日本は東のはしに位置している。

ウ　アフリカ大陸と南アメリカ大陸は、大西洋をはさんで向き合っている。

エ　オーストラリア大陸は、太平洋、インド洋、大西洋にまわりを囲まれている。

エ

65

[1]

（１）❶❷　イギリスのロンドンを通る０度の経線を、本初子午線といいます。この線から、東に180度までを東経、西に180度までを西経といいます。日本はおよそ東経120度から東経155度に位置しています。

ポイント **日本の時刻の基準となる東経135度の経線が、どこを通っているか確かめておこう。**

❸～❺　緯線は赤道と平行に引かれた線で、赤道から南極と北極まで、それぞれ90度に分けられています。南極と北極は点であるため、南緯90度と北緯90度は、点となっています。緯線は赤道が最も長く、緯度が高くなるにつれて、短くなっていきます。日本はおよそ北緯20度から北緯50度の間に位置し、北半球にあります。

（２）㋐㋑　地図Ⅰは、日本を中心にした地図です。また、地図Ⅱは、イギリスを中心にした地図です。そのため、カナダとイギリスは、地図Ⅰでは遠くにあるように見え、地図Ⅱでは近くにあるように見えます。

ポイント **地球は球体であるため、１つの平面の地図で、面積、方位、きょりなどを一度にすべて正確に表すことはできないよ。**

（３）ア…地図Ⅰより、日本から見ると、イギリスは西のはしに位置していることが読み取れます。

イ…地図Ⅱより、イギリスから見ると、日本は東のはしに位置していることが読み取れます。

ウ…地図Ⅱより、大西洋をはさんで向き合っていることが読み取れます。

エ…地球儀、地図Ⅰ、Ⅱのいずれを見ても、オーストラリアのまわりに大西洋は広がっていません。

社会 1

世界の中の国土

1 そうたさんは、日本の国土の特色について調べ、次の資料1～3を見つけて、先生と話しています。

【資料1】

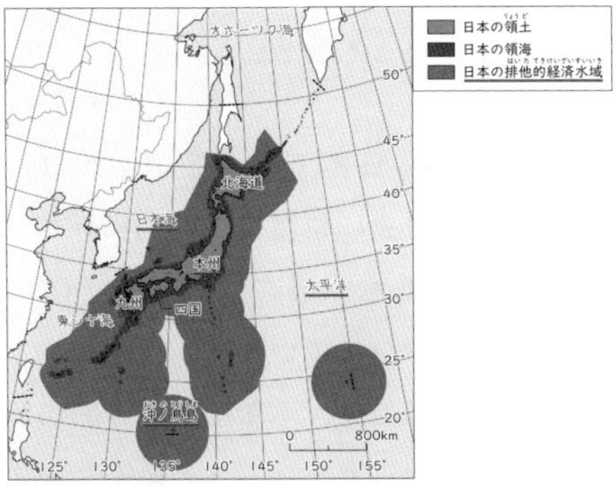

【資料2】沖ノ鳥島

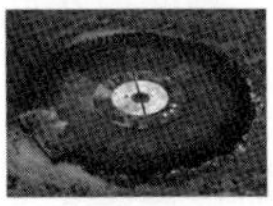

【資料3】

国名	領土の面積	排他的経済水域の面積
日本	38万km²	447万km²
中国	960万km²	96万km²
アメリカ	983万km²	762万km²

（海上保安庁ほか）

66

ステップ 3 ＞ 情報をもとに考えたことを表現する

判断力 ☆☆☆
思考力 ☆☆☆
表現力 ☆☆☆

そうた：日本は4つの大きな島と、そのほかの多くの島から成り立っていて、最も大きな島は（❶）です。

先　生：そうですね。日本は（❷）大陸の東に位置して、大陸と日本列島の間には（❸）、東には（❹）とよばれる海が広がっていますよ。

そうた：資料1は、日本の排他的経済水域を表していますね。

先　生：領土の沿岸から（❺）海里までのはんいで、領海をのぞいた海のことです。その国だけが、天然資源の開発などをみとめられています。

（1）❶～❺の（　）にあてはまることばや数を書きましょう。

❶ 本州　❷ ユーラシア

❸ 日本海　❹ 太平洋　❺ 200

（2）資料2のように、沖ノ鳥島では、護岸工事が行われています。護岸工事が行われた理由を、「排他的経済水域」ということばを使って、かんたんに書きましょう。

[例]沖ノ鳥島のまわりに広がる、日本の排他的経済水域を失わないようにするため。

（3）資料3から、中国・アメリカと比べた日本の排他的経済水域の特ちょうを、次のようにまとめました。㋐～㋒の□にあてはまることばを書きましょう。

日本の排他的経済水域は[㋐]の面積に比べて広いことが読み取れます。これは、日本がまわりを[㋑]こと、また、陸地からはなれた[㋒]ためです。

㋐ 領土　㋑ [例]海に囲まれている　㋒ [例]島が多い

67

1

（1）❶　日本は、本州、北海道、九州、四国の4つの大きな島と、そのまわりをとりまく約14000もの島々から成り立っています。

❷～❹　ユーラシア大陸と日本列島の間には日本海、日本の東には太平洋が広がっています。また、北海道の北にはオホーツク海、九州の西から南にかけては東シナ海が広がっています。

❺　排他的経済水域とは、沿岸から200海里までの領海をのぞくはんいの海のことで、沿岸から12海里までの領海はふくまれません。

（2）沖ノ鳥島は、東西に約4.5 km、南北に約1.7 km、周囲11 kmの小さな島ですが、日本の領土の面積を上回る約40万km^2の排他的経済水域を有するきわめて重要な島です。しかし、しん食により、海の中にしずんでしまうおそれがあったため、護岸工事が行われています。

（3）日本の排他的経済水域の広さは約447万km^2で、約38万km^2の領土のおよそ12倍となっています。日本列島は、北はオホーツク海、東は太平洋、西は日本海、南は東シナ海などの海に囲まれています。また、日本の東のはしである南鳥島は、東京都心から約1950 km、南のはしである沖ノ鳥島は、東京都心から約1700 kmもはなれた場所にあるなど、陸地からはなれた島が多いため、排他的経済水域が広くなります。

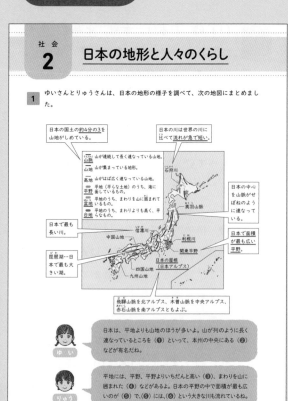

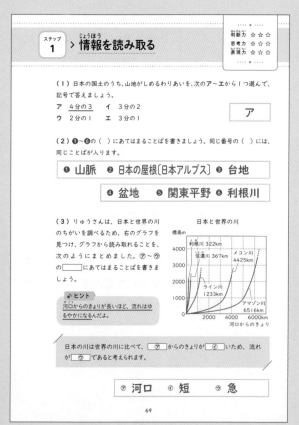

1

（1） 日本の国土のうち、山地がしめるわりあいは 72.8％、低地は 13.8％、台地は 11.0％ となっています。

ポイント 日本の山地は、中央にある日本アルプスを境として、東側は南北に、西側は東西に広がっているよ。

（2）❶ 日本で最も長い山脈は、東北地方の中央に位置する奥羽山脈で、青森県から栃木県まで、およそ 500 km にわたり連なっています。

❷ 飛驒山脈、木曽山脈、赤石山脈をまとめて、日本アルプスとよんでいます。

❸ 関東地方の武蔵野、静岡県の牧ノ原などは、台地を意味する地名です。

❹ 山に囲まれた内陸部に位置する主な盆地は、次の通りです。

・北海道…上川盆地

・東北地方…北上盆地、山形盆地、会津盆地

・関東地方…秩父盆地

・中部地方…長野盆地、松本盆地、甲府盆地

・近畿地方…近江盆地、奈良盆地

・九州地方…人吉盆地

❺❻ 関東平野の中央部を流れる利根川は太平洋に、荒川は東京湾に注いでいます。

（3） 日本は山地が多い細長い島国です。高い場所にふった雨が、短いきょりで海に流れてしまうことから、流れが急になっています。グラフにあるアマゾン川が、高さ 1000 m から約 5000 km のきょりをかけて海に注ぐのに対し、日本の信濃川は、同じ高さ 1000 m でも約 400 km のきょりで海に注いでいます。

社会 2
日本の地形と人々のくらし

1 かんなさんは、高い土地のくらしを調べて、次の資料を見つけました。

【資料】季節ごとのキャベツの産地

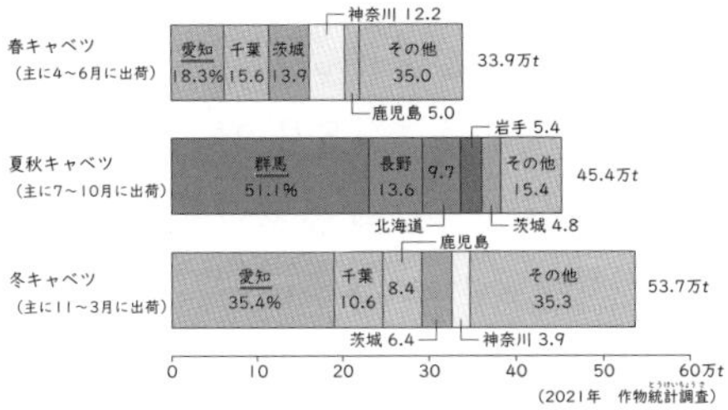

春キャベツ
(主に4～6月に出荷)
愛知 18.3%
千葉 15.6
茨城 13.9
神奈川 12.2
その他 35.0
33.9万t
鹿児島 5.0
夏秋キャベツ
(主に7～10月に出荷)
群馬 51.1%
長野 13.6
9.7
岩手 5.4
その他 15.4
45.4万t
北海道
茨城 4.8
冬キャベツ
(主に11～3月に出荷)
鹿児島
愛知 35.4%
千葉 10.6
8.4
その他 35.3
53.7万t
茨城 6.4
神奈川 3.9
0 10 20 30 40 50 60万t

(2021年　作物統計調査)

(1) ❶春キャベツ、❷夏秋キャベツ、❸冬キャベツの出荷量が最も多い県をそれぞれ書きましょう。

❶ 愛知県　❷ 群馬県　❸ 愛知県

(2) かんなさんは資料から、キャベツの出荷について、次のようにまとめました。㋐～㋒の□にあてはまることばを書きましょう。

春キャベツと冬キャベツの出荷量が多い5県は、すべて[㋐]県であることがわかります。夏秋キャベツの出荷量が多い県は、春キャベツや冬キャベツの出荷量が多い県に比べて、標高が[㋑]土地が多い県です。
その理由として、暑さに弱いキャベツは、夏の気温が[㋒]地域がさいばいに適しているからだと考えられます。

㋐ 同じ　㋑ 高い　㋒ 低い

70

ステップ2 > 情報を読み取って考える

判断力 ☆☆☆
思考力 ☆☆☆
表現力 ☆☆☆

(3) 次の①、②が、この資料から読み取れることとして正しいなら○を、まちがっているなら×を書きましょう。

① × 春キャベツの出荷量が多い5つの県は、すべて本州に位置している。

② ○ 夏秋キャベツの出荷量の半分以上を、群馬県がしめている。

2 そうたさんは、海津市の土地の様子について調べ、右の資料を見つけて、次のようにまとめました。

【資料】海津市の土地の様子

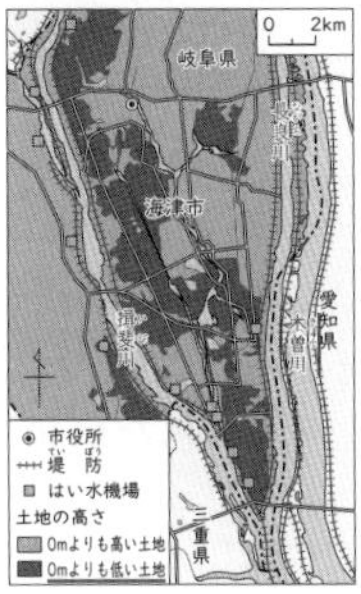

0 2km
岐阜県
海津市
愛知県
三重県
市役所
堤防
はい水機場
土地の高さ
0mよりも高い土地
0mよりも低い土地

岐阜県の南に位置して、愛知県・三重県とも接している海津市は、まわりを[㋐]、長良川、揖斐川といった3つの大きな川に囲まれています。そのため、こう水がよく起こり、人々は、昔からなやまされてきました。そこで、家や田畑を守るために、川の両側に[㋑]をつくるなどして、こう水からくらしを守る努力を続けてきました。このような[㋑]で守られた土地を輪中とよんでいます。

(1) ㋐、㋑の□にあてはまることばを書きましょう。同じ記号の□には、同じことばが入ります。

㋐ 木曽川　㋑ 堤防

(2) 海津市のこう水が多い理由を、海津市の土地の高さを参考にして、10～20字程度で書きましょう。

[例]川よりも低い土地が多いから。

71

1 (1) 帯グラフより、春キャベツは愛知県の18.3%、夏秋キャベツは群馬県の51.1%、冬キャベツは愛知県の35.4%が、それぞれ最も高いわりあいになっていて、出荷量が多い県です。
キャベツはすずしい気候に合った作物です。そのため、夏から秋にかけて種をまき、冬から春にかけて収かくする地域が多いのですが、群馬県の嬬恋村では、夏のすずしい気候を利用して、春に種をまき、夏から秋にかけて収かくする夏秋キャベツのさいばいがさかんです。
(2) ㋐　帯グラフより、春キャベツと冬キャベツの出荷量が多い5県は、いずれも愛知県、千葉県、茨城県、神奈川県、鹿児島県で、同じ県となっています。冬でも気温が高いため、冬から春にかけて長い期間収かくすることができます。
㋑㋒　夏秋キャベツの出荷量が多い群馬県や長野県は、春キャベツ、冬キャベツの出荷量が多い県に比べて、標高が高い土地が多い県です。標高が高いと気温が低くなるため、夏でもキャベツのさいばいがさかんです。
(3) ①　春キャベツの出荷量が多い5県は、愛知県、千葉県、茨城県、神奈川県、鹿児島県で、鹿児島県以外は本州に位置し、大都市の近くの県となっています。

2 (1) 岐阜県海津市は、濃尾平野の西部に位置する低地で、木曽川、長良川、揖斐川によるこう水から、家や田畑を守るための工事が、古くから行われてきました。江戸時代に薩摩藩が行った堤防工事が、よく知られています。
(2) 資料から、0mよりも低い土地が多いことがわかります。

社会 2

日本の地形と人々のくらし

1 だいちさんは、群馬県嬬恋村のキャベツづくりについて調べ、次の**資料1～3**を見つけて、下のようにまとめました。

【資料1】 嬬恋村の土地利用

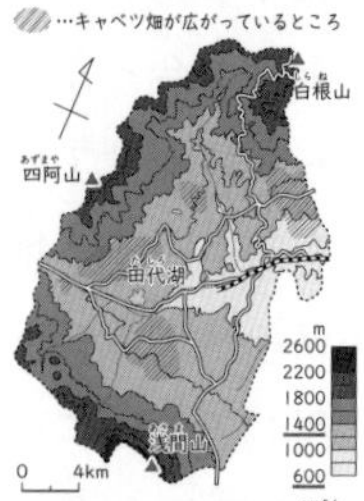
…キャベツ畑が広がっているところ
白根山
四阿山
田代湖
浅間山
m
2600
2200
1800
1400
1000
600
0
4km

【資料2】 東京と嬬恋村の月別平均気温

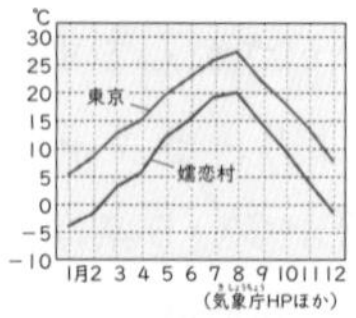
℃
30
25
20
15
10
5
0
−5
−10
東京
嬬恋村
1月2 3 4 5 6 7 8 9 10 11 12
（気象庁HPほか）

【資料3】 嬬恋村のキャベツカレンダー

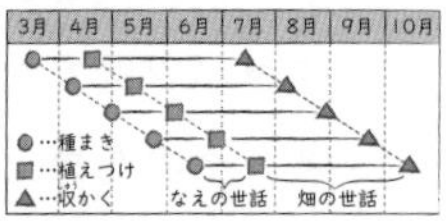
3月 4月 5月 6月 7月 8月 9月 10月
●…種まき
■…植えつけ
▲…収かく
なえの世話
畑の世話

資料1より、嬬恋村は［ ㋐ ］m以上の高原にある村で、キャベツ畑は主に［ ㋐ ］mから［ ㋑ ］mまでの場所に広がっています。**資料2**から、高い土地にある嬬恋村の8月の気温は、東京に比べておよそ［ ㋒ ］℃低いことがわかります。嬬恋村のキャベツはこの気温を利用して、ほかの産地と出荷時期をずらすことで、高い［ ㋓ ］で売ることができます。また、**資料3**のように、種まき、植えつけを［ ㋔ ］ことで、出荷する時期を［ ㋕ ］するくふうをしています。

（1）㋐～㋕の［　　］にあてはまる数やことばを書きましょう。同じ記号の［　　］には、同じ数が入ります。

㋐ 600　㋑ 1400　㋒ 7　㋓ 価格

㋔ [例]何回かに分けてずらす　㋕ [例]多く

72

ステップ 3 ＞ 情報をもとに考えたことを表現する

判断力 ☆☆☆
思考力 ☆☆☆
表現力 ☆☆☆

（2）嬬恋村では、右のグラフのように作付面積が年々拡大しています。作付面積が拡大している理由を、低温輸送車を使う利点から考えて、20～30字程度で書きましょう。

ヒント
低温輸送車なら、収かくされた野菜を、新せんな状態のまま運べるね。

嬬恋村のキャベツの作付面積の変化

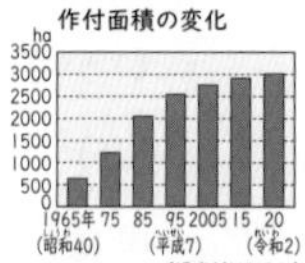
ha
3500
3000
2500
2000
1500
1000
500
0
1965年 75 85 95 2005 15 20
（昭和40）
（平成7）
（令和2）
（嬬恋村HPほか）

[例]遠くの地域にも、新せんなまま運ぶことができるため。

2 みづきさんは、岐阜県海津市の農業について調べ、次の**資料1、2**を見つけました。

【資料1】 海津市の主な農産物の作付面積

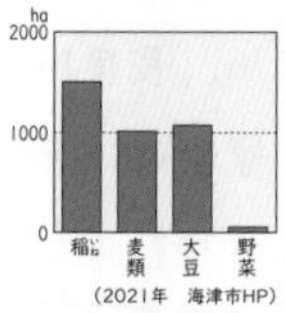
ha
2000
1000
0
稲
麦類
大豆
野菜
（2021年　海津市HP）

【資料2】 海津市の農業の様子

水が豊かなことから、**資料1**からもわかるように、農業は特に［ ㋐ ］づくりが中心になっています。水田と水田の間の水路がうめ立てられたことで、［ ㋑ ］を使った農業ができるようになりました。また、いらない水をくみ出して川に流すはい水機場がつくられました。トマトやキュウリ、イチゴなど、ビニールハウスなどの施設でつくられる野菜のさいばいも、さかんになっています。

（1）㋐、㋑の［　　］にあてはまることばを書きましょう。

㋐ 米　㋑ 機械

（2）はい水機場によって、水がたまらなくなったことから、海津市の農業はどのように変わったと考えられますか。20～30字程度で書きましょう。

[例]水はけがよくなったことで野菜もつくられるようになった。

73

1

（1）㋐～㋒　群馬県の嬬恋村は、浅間山のふもとに位置し、そのほとんどが、高さ600m以上ある高原に位置しています。また、浅間山の噴火による火山灰が積もった土地であるため、米づくりには向いていません。しかし、資料2からわかるように、8月の気温は東京に比べておよそ7℃低く、夏の気温が平均して、15～20℃とすずしいことから、この気候を利用したキャベツづくりがさかんに行われています。

㋓　キャベツの価格は、出回る量が少ないほど高くなります。

㋔㋕　資料3から、植えつけを何回かに分けてずらして行うことで、長い期間収かくできるようにして、出荷する時期を多くしていることが読み取れます。

（2）収かくされた野菜を、低温輸送車を使うことで、新せんな状態でより遠くの地域の消費者までとどけることができるので、作付面積を広げて出荷量を増やしています。

2

（1）㋑　水路がうめ立てられ、水田の形が整えられたり、面積が広くなったりしたことで、大きな機械を使うことができるようになりました。

（2）資料2より、はい水機場がつくられたことで、水はけがよくなり、米だけでなく、野菜もつくることができるようになったことが読み取れます。海津市の輪中では、はい水機場だけでなく、はい水路・用水路を整えることで、水はけをよくしています。

社会 3

日本の気候と人々のくらし

1 あかりさんとれんさんは、日本の気候区分を調べて、次の地図にまとめました。

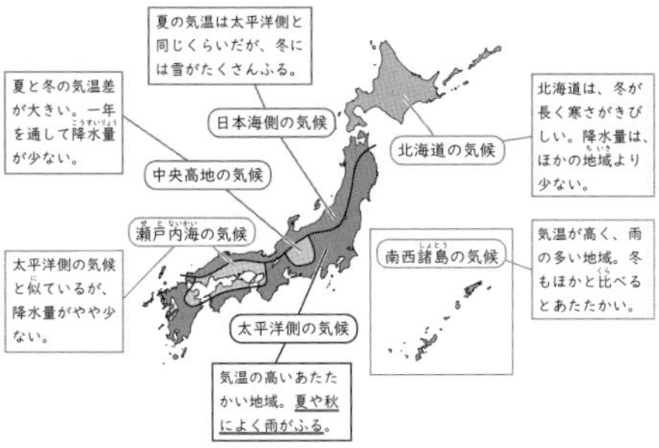

夏の気温は太平洋側と同じくらいだが、冬には雪がたくさんふる。
夏と冬の気温差が大きい。一年を通して降水量が少ない。
日本海側の気候
中央高地の気候
北海道の気候
北海道は、冬が長く寒さがきびしい。降水量は、ほかの地域より少ない。
瀬戸内海の気候
南西諸島の気候
気温が高く、雨の多い地域。冬もほかと比べるとあたたかい。
太平洋側の気候と似ているが、降水量がやや少ない。
太平洋側の気候
気温の高いあたたかい地域。夏や秋によく雨がふる。

（１）気候区分を調べていたあかりさんは、右の気温と降水量のグラフ（雨温図）を見つけました。どの気候区分の雨温図ですか。次のア～ウから１つ選んで、記号で答えましょう。

ア　中央高地の気候
イ　太平洋側の気候
ウ　日本海側の気候

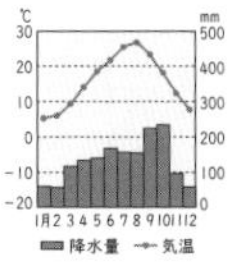

℃
mm
30
20
10
0
−10
−20
500
400
300
200
100
0
1月 2 3 4 5 6 7 8 9 10 11 12
降水量
気温

ヒント
6月から10月の降水量が多いね。

イ

（２）北海道をのぞく日本の６月から７月には、雨が多くふります。この雨が多くふる時期を何といいますか。

梅雨

74

ステップ 1 ＞ 情報を読み取る

判断力 ☆☆☆
思考力 ☆☆☆
表現力 ☆☆☆

（３）あかりさんとれんさんは、日本の気候に大きくえいきょうする２つの風について調べています。❶～❼の（　）にあてはまることばを書きましょう。同じ番号の（　）には、同じことばが入ります。

れん：日本では、夏と冬で風向きが大きく変わるね。
あかり：それは季節風だね。夏は（❶）からふいてきて、冬は（❷）から冷たい風がふいてくるよ。
れん：夏から秋にかけて、太平洋上で発生する強い風もあるよ。
あかり：（❸）のことね。たくさんの（❹）をともなうことが多いから、大きな被害が出ることがあるよ。（❺）県は（❸）が多く来る地域だよね。
れん：（❺）県は、１年を通して気温が（❻）く、冬でも15℃より気温が（❼）ことは、ほとんどないみたいだよ。

❶ **南東**　❷ **北西**　❸ **台風**　❹ **雨**
❺ **沖縄**　❻ **高**　❼ **低くなる**

（４）れんさんは、地図中の日本海側の気候の「冬には雪がたくさんふる」理由を、右の絵を参考にして、次のようにまとめました。㋐～㋓の［　　］にあてはまることばを、絵の中から選んで書きましょう。

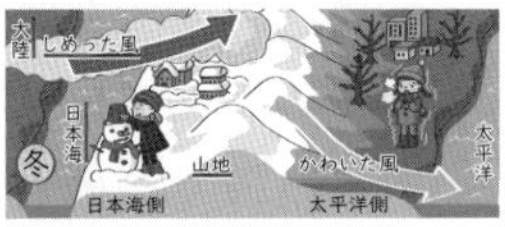

大陸
しめった風
日本海
冬
山地
かわいた風
太平洋
日本海側
太平洋側

日本海側の気候の地域では、冬に［㋐］からふく風が［㋑］をわたるときに、水分をふくんだ［㋒］風になります。そして、［㋓］にぶつかって、日本海側に多くの雪をふらせます。

㋐ **大陸**　㋑ **日本海**　㋒ **しめった**　㋓ **山地**

75

1

(1) 太平洋側の気候は、夏や秋に梅雨や台風のえいきょうなどで降水量が多く、気温が高いことが特ちょうです。

ポイント
気候のちがいは、気温と降水量から判断できるよ。中央高地や日本海側の雨温図も確かめておこう。

(2) 梅雨は、沖縄地方が最も早く始まり、南日本では５月中ごろ、北日本では６月中ごろから始まります。

(3) ❶　夏の季節風は、海洋から大陸へ向かってふきます。日本では南東の風となります。

❷　冬の季節風は、大陸から海洋へ向かってふきます。日本では北西の風となります。

❸❹　台風は、カリブ海やメキシコ湾などで発生するものはハリケーン、インド洋や南西太平洋で発生するものはサイクロンとよばれ、たくさんの雨をともないます。

❺～❼　日本の南に位置する沖縄は、下のグラフの通り、東京に比べて、年平均気温が7.5℃も高く、冬でも15℃より気温が低くなることは、ほとんどありません。

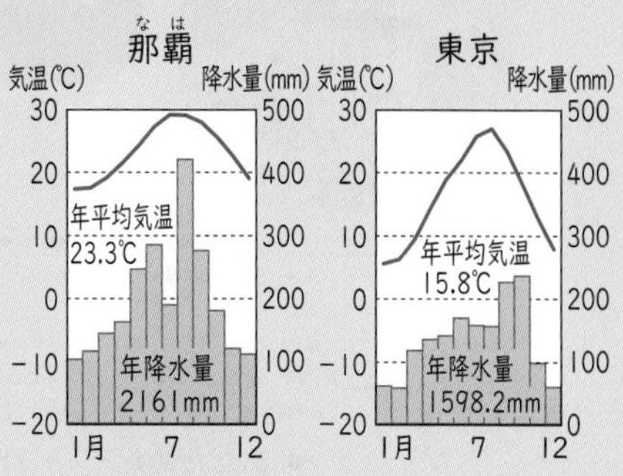

那覇
気温(℃)
降水量(mm)
年平均気温
23.3℃
年降水量
2161mm
東京
気温(℃)
降水量(mm)
年平均気温
15.8℃
年降水量
1598.2mm
30
20
10
0
−10
−20
500
400
300
200
100
0
1月
7
12

(4) 大陸からふく冬の季節風は、日本海をわたるときにしめった風になり、雲をたくさんつくります。これが山地にぶつかって雪をふらすので、冬の日本海側では雪が多くふります。

社会 3 **日本の気候と人々のくらし**

[1] げんきさんとさくらさんは、沖縄県の家のくふうについて調べ、次の資料1、2を見つけて、下のようにまとめました。

【資料1】沖縄の伝統的な家

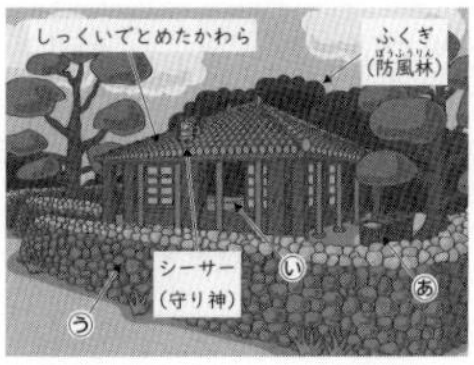

しっくいでとめたかわら
ふくぎ
(防風林)
シーサー
(守り神)
い
あ
う

【資料2】コンクリートづくりの家

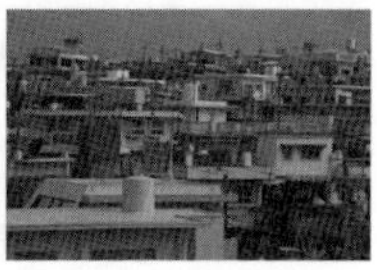

資料1の気温が高い沖縄県の伝統的な家は、[㋐]通しをよくするため、戸口が広くつくられています。また、ほかの地方に比べて[㋑]が多く近づくため、家のまわりには、石がきや、ふくぎという木で[㋒]がつくられ、かわらもしっくいでしっかりとめて、家を守っています。
資料2のコンクリートづくりの家の上には、貯水タンクが置かれています。これは、沖縄県は雨が多いのですが、大きな川が少なく、雨水がすぐ海に流れてしまうため、[㋓]になることに備えたものです。

(1) ㋐~㋓の[　]にあてはまることばを書きましょう。

㋐ 風　㋑ 台風　㋒ 防風林　㋓ 水不足

(2) ㋑と㋓に備えたくふうを、資料1のあ~うから1つずつ選んで、記号で答えましょう。

㋑ う　㋓ あ

76

ステップ2 > 情報を読み取って考える

判断力 ☆☆☆
思考力 ☆☆☆
表現力 ☆☆☆

[2] げんきさんとさくらさんは、北海道の家のくふうについて調べ、次の資料1、2を見つけました。

【資料1】

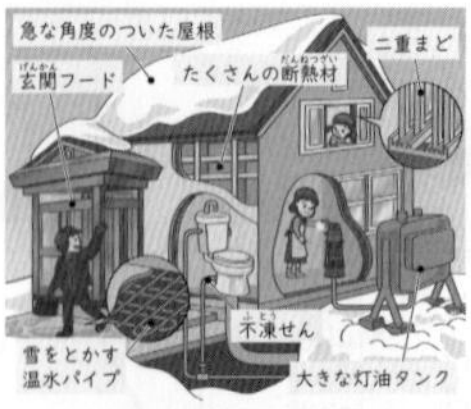

急な角度のついた屋根
二重まど
玄関フード
たくさんの断熱材
不凍せん
雪をとかす
温水パイプ
大きな灯油タンク

【資料2】

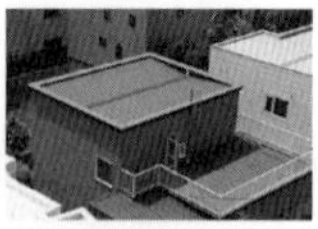

げんき：資料1の玄関フードや二重まどは、家の中の(❶)空気をにがさないようにしたり、外の(❷)空気が家の中に入らないようにしたりするためのくふうだね。

さくら：温水パイプは、道路に積もった雪を(❸)ようにするためのくふうかな。不凍せんは、寒さで水道管が(❹)ようにするためのくふうだね。

(1) ❶~❹の(　)にあてはまることばを書きましょう。

❶ あたためた　❷ 冷たい

❸ [例]とかしてこおらない　❹ [例]こおらない

(2) 資料2のような家は、雪が下に落ちないように、屋根にくふうが見られます。そのくふうを資料1の屋根と比べて、10~20字程度で書きましょう。

ヒント
屋根にヒーターを入れて雪をとかしている家もあるけど、資料2の屋根は形にくふうがあるね。

[例]屋根の中央を低くしている。

77

1

(1) ㋐　沖縄県は1年を通して気温が高く、家の戸は風通しのよい広い戸になっています。

㋑　沖縄県は、まわりを海に囲まれているため、海からの風のえいきょうを強く受けます。また、下の地図からもわかるように、ほかの地域に比べて、沖縄県は特に台風のえいきょうを多く受けます。

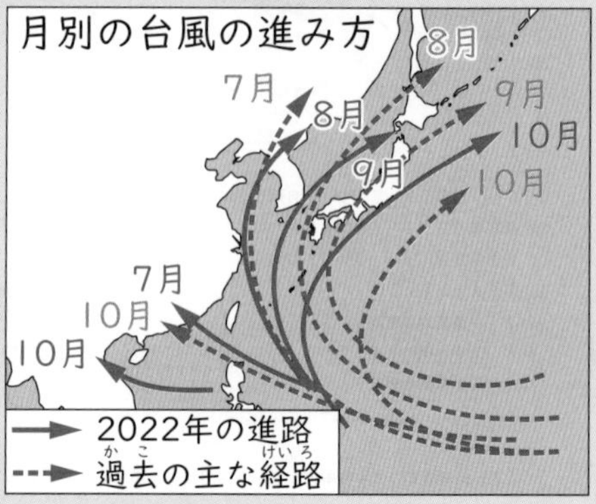

月別の台風の進み方
8月
7月
8月
9月
10月
9月
10月
7月
10月
10月
2022年の進路
過去の主な経路

㋓　沖縄県は、広い森林が少なく、川が短くて、雨がふってもすぐに海に流れてしまうため、水不足に備えて、貯水タンクを利用しています。

2

(1) ❶❷　玄関フードや二重まどは、家の中のあたためた空気を外に出さないだけでなく、外から冷たい空気が入らないようにしています。

❸　地下のパイプに温水を通したり、電線を入れたりして、その熱で雪や氷をとかし、道路に積もった雪がこおらないようにしています。

❹　不凍せんは、水道管の中の水がこおらないようにするために、水を地中にはい水する設備です。

(2) 資料2より、屋根の中央が低くなっていることがわかります。雪がすべって、下に落ちないようにするためのくふうです。とけた雪は、屋根の中央にあるはい水管から流れるようになっています。

社会 3

日本の気候と人々のくらし

[1] まきさんとはるとさんは、沖縄県と北海道の農業について調べ、次の資料1～4を見つけました。

【資料1】沖縄県の主な農産物の作付面積

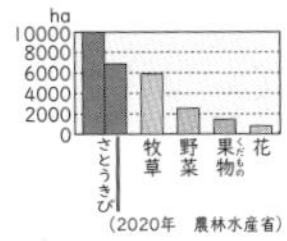

ha
10000
8000
6000
4000
2000
0
さとうきび
牧草
野菜
果物
花

（2020年　農林水産省）

【資料2】沖縄県で多く生産されている農産物

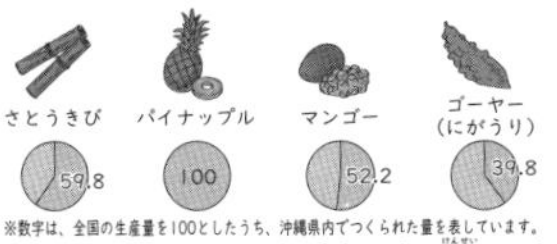

さとうきび
59.8
パイナップル
100
マンゴー
52.2
ゴーヤー（にがうり）
39.8

※数字は、全国の生産量を100としたうち、沖縄県内でつくられた量を表しています。
（2021年 ※ゴーヤーのみ2020年　「データでみる県勢2023」）

【資料3】北海道の主な農産物の作付面積

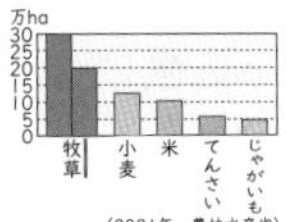

万ha
30
25
20
15
10
5
0
牧草
小麦
米
てんさい
じゃがいも

（2021年　農林水産省）

【資料4】北海道で多く生産されている農産物

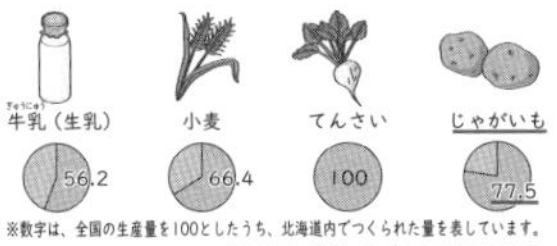

牛乳（生乳）
56.2
小麦
66.4
てんさい
100
じゃがいも
77.5

※数字は、全国の生産量を100としたうち、北海道内でつくられた量を表しています。
（2021年「データでみる県勢2023」）

（1）次の①～④が、資料1～4から読み取れることとして正しいなら○を、まちがっているなら×を書きましょう。

① [×] 沖縄県も北海道も、農産物の中で、牧草の作付面積が最も大きい。

② [○] 日本で生産されるパイナップルのすべてが、沖縄県で生産されている。

③ [×] 日本で生産されるじゃがいものすべてが、北海道で生産されている。

④ [○] 北海道では、牛乳が多く生産されている。

ステップ 3 ＞ 情報をもとに考えたことを表現する

判断力 ☆☆☆
思考力 ☆☆☆
表現力 ☆☆☆

（2）まきさんは、沖縄県と北海道の農産物について、次のようにまとめました。㋐、㋑の□にあてはまることばを書きましょう。

農産物は、それぞれの土地の気候に合わせてさいばいされています。沖縄県で多く生産されているさとうきびは、日照りに強く、［㋐］しめった気候が適しています。北海道で多く生産されている小麦は、［㋑］やかんそうに強い作物です。

㋐ あたたかく　㋑ 寒さ

（3）まきさんは、沖縄県でつくられる小ぎくについて、右のグラフを見つけました。冬に東京都の市場に出荷された小ぎくのほとんどが、沖縄県産である理由を、「だんぼう費」ということばを使って、20字程度で書きましょう。

東京都の市場に出荷された小ぎくの数

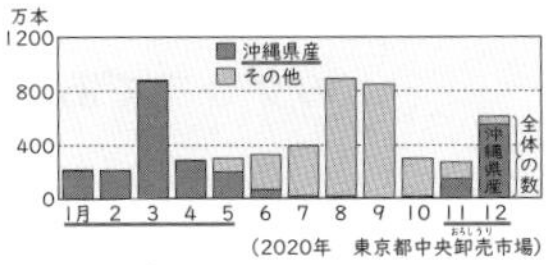

万本
1200
800
400
0
沖縄県産
その他
全体の数
沖縄県産
1月 2 3 4 5 6 7 8 9 10 11 12

（2020年　東京都中央卸売市場）

[例]冬でもあたたかく、だんぼう費がかからないから。

（4）はるとさんは、十勝平野で行われている、1つの畑で年ごとにちがった作物を植える輪作について、右の表を見つけました。輪作を行う理由を、「病気」ということばを使って、20字程度で書きましょう。

[例]作物が病気にかからないようにするため。

輪作のやり方

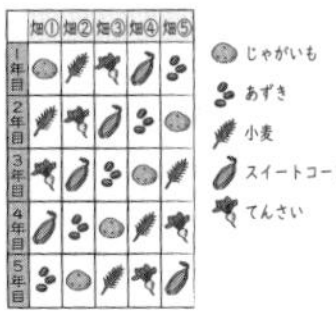

畑①
畑②
畑③
畑④
畑⑤
1年目
2年目
3年目
4年目
5年目
じゃがいも
あずき
小麦
スイートコーン
てんさい

[1] (1) ①　ぼうグラフから、北海道で作付面積が最も大きいのは、牧草だと読み取れますが、沖縄県で作付面積が最も大きいのは、さとうきびです。

③　円グラフから読み取れるように、北海道のじゃがいもの生産量は、日本全体の77.5%です。残りは、長崎県や鹿児島県などでつくられています。

④　北海道は寒さがきびしく、火山灰でできた土地が多いことなどから、乳製品をつくるために、牛を飼育するらく農や、畑作中心の農業が行われてきました。

(2) さとうきびは、あたたかくしめった気候に合った作物です。また、根を地中深く張るため、台風に強いことから、沖縄県では最も多くつくられている作物です。また、小麦は、米と比べて、寒さやかんそうに強い作物なので、北海道のように、雨が少なく、気温が低い地域でもつくられています。

(3) 沖縄県は冬でもあたたかい気候のため、だんぼう費をかけずに、きくをさいばいすることができます。また、さいばいする時期をずらすことで、より高い価格で売れるようにくふうしています。

(4) 1つの畑に同じ農作物を何年もさいばいすると、その農作物がかかりやすい病気が発生しやすくなります。そこで、前の年とはちがう農作物を植えることにより、農作物の病気を防ぐことができます。そのため、同じ畑でも、毎年ちがう農作物が見られます。

ポイント　さとうきびは気温が高い地域、てんさいは気温が低い地域でさいばいされているよ。

社会 4 主な食料の産地と米づくり

1 ゆいさんとりゅうさんは、主な食料の産地を調べて、次の地図にまとめました。

●主な食料の生産地

●日本の土地利用
■水田 ■畑 ■森林 ■都市 □その他

(2021年「データでみる県勢 2023」)

ゆ：米の生産が多いのは、北海道や東北地方、中部地方にある県で、**中部地方**の（**❶**）と東北地方の秋田県、山形県は日本海側の県だね。

りゅう：気候と関係があるのかな。

80

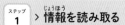

判断力	☆ ☆ ☆
思考力	☆ ☆ ☆
表現力	☆ ☆ ☆

ゆ　い：そういえば、りんごの生産が多い青森県、長野県、岩手県は、どれも気候が（**❷**）ところだね。

りゅう：反対に、みかんの生産が多い和歌山県、愛媛県、静岡県は、気候が（**❸**）ところだよ。

ゆ　い：だいこんとキャベツは、気候とはあまり関係がないのかな。

りゅう：群馬県嬬恋村のキャベツづくりは、ほかの産地より気温が（**❹**）ことを利用していたね。

ゆ　い：肉牛とぶたは、北海道、（**❺**）、宮崎県の生産量が多いね。

りゅう：にわとりは、鹿児島以外の、茨城県、千葉県、広島県、愛知県は、大きな都市やその近くの県だよ。

（1）日本の土地利用で最も多いものを書きましょう。

森林

（2）❶〜❺の（　）にあてはまることばを書きましょう。

❶ 新潟県　❷ すずしい　❸ あたたかい

❹ 低い　❺ 鹿児島県

（3）右の円グラフにあてはまる農産物を、次のア〜エから1つ選んで、記号で答えましょう。

ア　米　　イ　みかん
ウ　りんご　エ　肉牛

　ヒント
すべての県があたたかいところにあるよ。

イ

都道府県別のある農産物の生産量のわりあい

（2021年「2023/24年版日本国勢図会」）

81

---

1 （1）森林の面積のうち、約54％が天然林、約41％が人工林です。また、人工林の約7割（わり）が、スギ・ヒノキとなっています。

（2）❶　新潟県では、越後（えちご）平野を中心に、米づくりが行われています。

❷　りんごはすずしい気候に合った果物（くだもの）で、世界では、特に中国で多く生産されています。

❸　みかんはあたたかい気候に合った果物で、みかんをふくむオレンジ類は、中国・ブラジルで多く生産されています。

❹　気温が低いことを利用して、ほかの生産地と出荷の時期をずらしてさいばいすることをよく制さいばいといい、群馬県嬬恋（つまごい）村などでさかんに行われています。

❺　鹿児島県・宮崎県には、火山灰（かざんばい）が積もってできた土地があり、米のさいばいに適（てき）していないことから、畑作や牛・ぶた・にわとりなどの畜産業（ちくさんぎょう）中心の農業が行われています。

ポイント　牛乳（ぎゅうにゅう）をとる乳用牛は、大都市に近い県でも多く飼（か）われているよ。

（3）円グラフのすべての県が、あたたかいところにあり、和歌山県や愛媛県で多くさいばいされていることから、みかんのグラフであるとわかります。

44

社会
4 主な食料の産地と米づくり

1 かんなさんは、米づくりのさかんな地域について調べ、次の資料1〜5を見つけて、先生と話しています。

【資料1】米の消費量と生産量の変化

【資料2】米の作付面積の変化

（農林水産省資料）

【資料3】米づくりの労働時間の変化

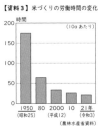

【資料4】農業で働く人の数の変化

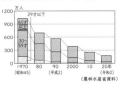

（農林水産省資料）

【資料5】農薬を散布する様子

82

ステップ2 > **情報を読み取って考える**

判断力 ☆☆☆
思考力 ☆☆☆
表現力 ☆☆☆

先　生：米は日本人にとって大切な主食ですが、1960年代から米が余るようになりました。
かんな：資料1を見ると、1965年に比べて、2021年の生産量と（①）は、どちらも400万t以上も減っていますね。
先　生：そこで国は、米の（②）面積を減らして、ほかの作物をつくることをすすめたのです。
かんな：そうですね。資料2を見ると、1965年に比べて2022年は、半分以下になっています。
先　生：それでも、農家の人は米づくりを続けるために、さまざまなくふうをしています。
かんな：資料3を見ると、米づくりにかかる労働時間は、2021年には1950年の約（③）分の1となっています。
先　生：資料3のように労働時間が減ったのは、田植えや稲かりに（④）を使うことで、効率的に仕事ができるようになったためです。
かんな：そうなんですね。でも、資料4を見ると、農業で働く人もずいぶん減ってしまっています。それに、農業で働く人のほとんどが、（⑤）才以上なのは心配です。

（1）①〜⑤の（　）にあてはまることばや数を書きましょう。

❶ 消費量	❷ 作付	❸ 7
❹ 機械	❺ 60	

（2）資料4から読み取れるように、農業で働く人も減っています。そのために行っているくふうを、資料5の写真を参考にして、30字程度で書きましょう。

例 農薬を散布するのに、人にかわって、ドローンなどの無人機を使っている。

83

1

（1）❶ 資料1から読み取れるように、米の生産量が最も多かったのは1967年で1426万tでした。また、消費量は1962年が最も多かったのですが、その後は、資料1の通り、減り続けています。

❷ 資料2から、作付面積も半分以下になっていることが読み取れます。

❸ 資料3から、米づくりの労働時間は、1950年が約175時間、2021年が約25時間と、約7分の1になっていることが読み取れます。

❹ 下の資料から、米づくりにかかる労働時間のうち、主に稲かり、田植え、田起こしの時間が少なくなったことが読み取れます。稲かりにはコンバイン、田植えには田植え機、田起こしにはトラクターのような機械を使用するようになったためです。

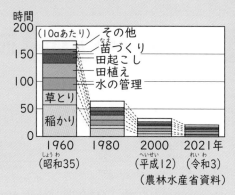

（農林水産省資料）

（2）資料5のように、人ではなくドローンなどの無人機が農作業を行うことで、人手不足をおぎなっています。ドローンや無人のヘリコプターは、農薬散布だけでなく、水の管理などにも使われています。

ポイント ドローンは、空から動画や写真をとる以外に、どのようなことに使われているか調べてみよう。

社会 4 主な食料の産地と米づくり

東京都に住んでいるこうたさんは、山形県へ旅行に行っていたお姉さんと話しています。

こうた：山形県のおみやげ、ありがとう。クラブに持っていくね。この将棋の駒って、山形県の伝統的工芸品なんだよね。そういえば、伝統的工芸品って何？

お姉さん：その地域で昔から続いている技術と材料でつくられて、日常生活の中で使われてきたもののうち、国に特別にみとめられた工芸品のことを、伝統的工芸品というんだよ。

こうた：そうなんだ。ほかにはどんなものがあるのかな。

お姉さん：次の資料1を見ると、東北地方にはいろいろな伝統的工芸品があることがわかるね。

【資料1】東北地方の主な伝統的工芸品

こうた：本当だ。でも、なぜ東北地方では、このような伝統的工芸品がつくられてきたのかな。

84

ステップ 3 ＞ 情報をもとに考えたことを表現する

判断力	☆ ☆ ☆
思考力	☆ ☆ ☆
表現力	☆ ☆ ☆

お姉さん：次の資料2を見ると、その理由が考えられそうだよ。

【資料2】

	都県庁所在地で最も雪が多く積もったときの高さ（cm）（2022年）	田畑の面積（ha）（2021年）
東京都	10	6,410
青森県	<u>149</u>	149,600
山形県	<u>88</u>	115,800
秋田県	<u>56</u>	146,400

（データでみる県勢 2023 ほか）

こうた：ぼくたちの住んでいる東京都と、異なる点があるね。東北地方で伝統的工芸品が昔からつくられてきたのは、冬は（　）からではないかな。

お姉さん：そうだね。農家の人たちは、これ以外にもさまざまなくふうをしているよ。例えば、米づくりでは、品種改良がさかんに行われているんだ。

こうた：あっ、そういえば、おみやげに、お米も買ってきてたよね。

（1）（　）にあてはまることばを、20字程度で書きましょう。

> 例　雪がたくさんふって、農作業ができなくなる

（2）右の資料3を参考にして、下線部の目的としてあてはまらないものを、次のア～エから1つ選んで、記号で答えましょう。

ア　おいしい米をつくる。
イ　気候に合った米をつくる。
ウ　育てやすい米をつくる。
エ　安く売れる米をつくる。

【資料3】つや姫がつくられるまで

（山形県庁資料）

> エ

85

1

（1）下の資料のように、雪の多い東北地方や北陸地方などでは、冬に農作業ができないため、農家の冬の副業として、織物、漆器などの生産が行われてきました。また、秋田県の大館曲げわっぱは、下級武士の副業として発達したものです。

- ■ 2月に平均で50cm以上の積雪があり、1月の平均気温が0℃以下の地域
- ■ 2月に平均で50cm以上の積雪がある地域
- □ 1月の平均気温が0℃以下の地域
- □ その他の地域

（国土交通省資料）

（2）米はもともと、あたたかくしめった地域でさいばいされてきた作物ですが、品種改良などにより、北海道や東北地方でもつくられるようになりました。品種改良とは、いろいろな品種のよいところを組み合わせて、新しい品種をつくり出すことです。その土地の地形や気候に合わせて、おいしくて育てやすい作物をつくっています。東北地方では、たびたび冷害になやまされてきたので、寒さや病気に強く、安全でおいしい米をつくるための品種改良が続けられています。

ポイント　<u>米の生産量は、西日本に比べて東日本のほうが多いね。</u>

社会 5

日本の水産業とこれからの食料生産

1 ゆいさんとりゅうさんは、日本の水産業ついて調べ、次の地図にまとめました。

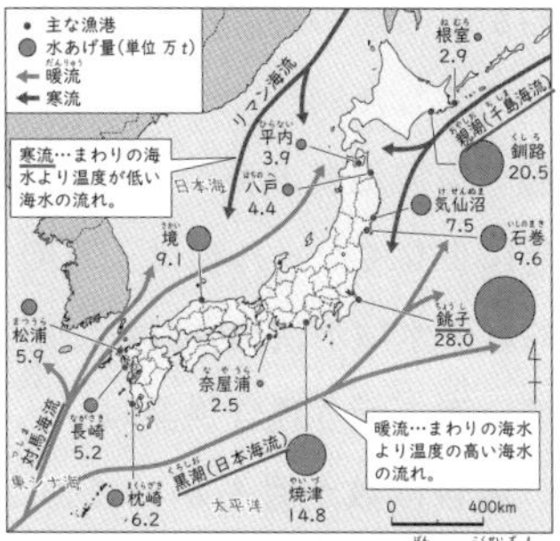

(2021年 「2023/24年版 日本国勢図会」)

ゆ い：魚が多くとれるのは、どのあたりなのかな。
りゅう：魚のえさとなる(❶)が多いところだと思うよ。
ゆ い：海の深さが200mくらいまでの(❷)とよばれるところね。
りゅう：それに、暖流と(❸)がぶつかる潮目もよい漁場だよね。
ゆ い：暖流には、日本列島にそって太平洋を北に流れる(❹)と、日本海を北に流れる(❺)があるよ。
りゅう：寒流には、日本海を南に流れるリマン海流と、太平洋を南に流れる(❻)があるね。

(1) 水あげ量が最も多い漁港を、地図中から選んで書きましょう。 **銚子**

86

ステップ1 > 情報を読み取る

判断力 ☆☆☆
思考力 ☆☆☆
表現力 ☆☆☆

(2) ❶~❻の( )にあてはまることばを書きましょう。

❶ プランクトン ❷ 大陸だな ❸ 寒流
❹ 黒潮〔日本海流〕❺ 対馬海流 ❻ 親潮〔千島海流〕

(3) ゆいさんは、右の円グラフから、次のようにまとめました。㋐~㋒の□にあてはまることばを書きましょう。

都道府県別の漁業生産額のわりあい

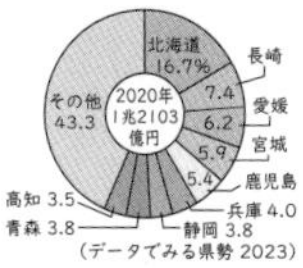

(データでみる県勢 2023)

北海道に次いで漁業生産額が多い長崎県と鹿児島県は㋐地方、愛媛県と高知県は㋑地方に位置しています。また、宮城県・静岡県・青森県は㋒に面しています。

㋐ 九州　㋑ 四国　㋒ 太平洋

2 りゅうさんは、右のグラフから、次のようにまとめました。㋐~㋒の□にあてはまることばを書きましょう。

日本の食料自給率

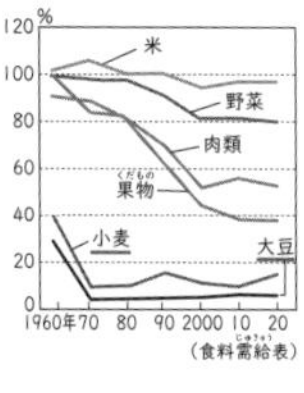

(食料需給表)

食料自給率とは、食料消費量のうち、㋐で生産された食料のわりあいです。日本の食料の中で、特に食料自給率が低いものは、㋑と㋒です。

㋐ 国内　㋑ 小麦　㋒ 大豆
※㋑と㋒は順番がちがっても正解です。

87

1 (1) 千葉県の利根川河口に位置する銚子港は、沿岸・沖合漁業の中心地として、港や水産加工施設が整えられています。銚子港に水あげするため、全国から多くの漁船が集まり、水あげ量が全国一となっています。

(2) ❶ プランクトンは、水中で生活しているび生物のことで、魚のえさとして大切なものです。多くの魚は、このプランクトンを求めて移動します。

❷ 大陸だなは、九州・朝鮮半島・中国に囲まれた東シナ海に広がっています。

❸ 暖流と寒流がぶつかる潮目は、プランクトンがたくさん発生するため、多くの魚が集まります。特に、東北地方の三陸海岸沖の潮目は、世界有数のよい漁場として知られています。

❹❺ 濃いあい色をしていることから、黒潮とよばれています。対馬海流は、九州の南西部で黒潮と分かれて、日本海を北上します。

❻ プランクトンが多く、魚にめぐまれていることから、親潮とよばれています。

(3) 太平洋側や東シナ海に面した地域に、水あげ量が多い漁港があります。

2 ㋐ 食料消費量のうち、国内で生産された食料のわりあいを、食料自給率といいます。日本の食料自給率はとても低く、現在、日本が国内の生産だけでほぼまかなえる(食料自給率が100%に近い)のは、米とたまごぐらいです。

㋑㋒ グラフより、特に、小麦と大豆の自給率は低くなっています。小麦はパン、めん類、パスタなど、大豆はしょうゆ、みそ、とうふなどの原料になります。日本の食生活に欠かせない食品の多くが、外国産の原料にたよっています。

社 会
5 日本の水産業とこれからの食料生産

1 だいちさんとみづきさんは、日本の水産業について調べ、次の資料1、2を見つけました。

【資料1】

□ 日本の排他的経済水域　□ 世界の排他的経済水域
● 漁業区別にみた日本の漁かく量(単位は万t)と主な水産物　(2016年 国際連合食糧農業機関)

【資料2】漁業種類別の漁かく量の変化

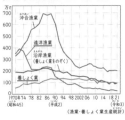

(漁業・養しょく業生産統計)

だいち：資料1の■や■は、自国の沿岸から（**❶**）海里以内の水域を表していて、この（**❷**）では、ほかの国の漁船が漁をするときは、<u>魚の種類やその量が制限されている</u>んだよ。

88

ステップ **2** > 情報を読み取って考える

	● ● … ●
判断力	☆☆☆
思考力	☆☆☆
表現力	☆☆☆

みづき：資料2を見ると、遠くの海で漁を長期間行う（**❸**）漁業の漁かく量が、減り続けているけど、なぜかな。

だいち：（**❷**）が設定され始めた1977年より後に、大きく減っているみたい。

みづき：ほかの国の（**❷**）で、それまでよりもたくさんの魚をとることがむずかしくなったからかな。

だいち：資料1を見ると、日本の近海で多くとれる魚はいわしと（**❹**）みたい。

みづき：沖合漁業や沿岸漁業が減ってきたのは、漁場の環境の悪化や魚のとりすぎによって、魚が（**❺**）ことや、外国から安い魚を（**❻**）するようになったことが関係しているみたいだよ。

だいち：だから、<u>魚をつくり育てる（**❼**）</u>がさかんに行われるようになったんだね。

（1）❶～❼の（　）にあてはまる数やことばを書きましょう。同じ番号の（　）には、同じことばが入ります。

❶ 200	❷ 排他的経済水域	❸ 遠洋
❹ さば	❺ 減った	❻ 輸入	❼ 養しょく業

（2）次の①～④が、資料2から読み取れることとして正しいなら○を、まちがっているなら×を書きましょう。

① **○** 1970年は、遠洋漁業の漁かく量が最も多い。

② **×** 2021年の沿岸漁業の漁かく量は、<u>全体の半分以上</u>となっている。

③ **○** 2021年の沿岸漁業と養しょく業の漁かく量は、ほぼ同じである。

④ **○** 2021年の沖合漁業の漁かく量は、1984年の3分の1以下である。

89

---

1 （1）**❶❷** 1977年ごろから、世界各国は自国の水産資源を守るために、海岸から200海里（約370km）のはんいの海を排他的経済水域として、他国の漁船がとる魚の種類や量を制限するようになりました。

❸ 遠洋漁業の漁かく量が1970年代に急に少なくなったのは、200海里の排他的経済水域が決められたためです。また、遠い海で行う遠洋漁業は、大型船で、長い場合は数か月もかけて漁を行います。1973年に起こった石油危機により、漁船の燃料となる石油の価格が急に上がったことも、理由の1つにあげられます。

❺ 漁場の環境の悪化や魚のとりすぎによって、魚の数自体が減りました。現在では、魚をとる場所や期間、量を制限して、魚をとりすぎないようにしています。

❼ 養しょく業は、とる漁業よりも安定した生産ができますが、魚の子どもやえさとなる小魚は自然の海からとってくるものが多いため、水産資源の減少につながらないように、とりすぎには注意が必要です。

（2）② 全体ではなく、沖合漁業の半分くらいの漁かく量となっています。

日本の漁業の漁かく量が最も多かったのは、1984年の約1282万tで、その後は年々少なくなっています。2021年の漁かく量は約422万tで、1984年に比べて3分の1ほどになっています。

④ 沖合漁業の漁かく量も、1984年には約696万tであったものが、2021年には約202万tとなり、3分の1以下となっています。

🚩ポイント <u>遠洋漁業・沖合漁業・沿岸漁業のちがいを確かめておこう。</u>

社会 5 日本の水産業とこれからの食料生産

かんなとそうたは、これからの食料生産について調べ、次の資料1～5を見つけました。

【資料1】主な国の食料自給率

【資料2】日本の食料自給率の変化
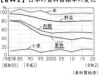

【資料3】食料品の輸入量の変化
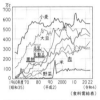

【資料4】日本人の食生活の変化

【資料5】国産と外国産の食料のねだん

90

判断力	☆ ☆ ☆
思考力	☆ ☆ ☆
表現力	☆ ☆ ☆

かんな：資料1を見ると、約50年間で食料自給率が100％以下のままの国は、日本と（ ① ）だけなのね。

そうた：そうだね。2020年の日本は、（ ② ）％くらいしかないよね。

かんな：資料2を見ると、2020年の食料自給率は、1980年に比べて低くなっているものが多いね。特に、1980年には自給率が約80％だった肉類と（ ③ ）が低くなっているよ。理由は何だろう。

そうた：輸入量が増えたからではないかな。資料3を見ると、肉類や（ ③ ）の輸入量が増えているね。牛乳・乳製品も増えているよ。

かんな：輸入量が増えた理由も知りたいな。資料4を見ると、（ ④ ）と油脂類のわりあいが大きく増えているよね。

そうた：逆に米は減っているね。日本人の（ ⑤ ）が洋風になってきたのかな。

かんな：資料5は、食料品の輸入量が増えたことに関係がありそうだね。

（1）①～⑤の（ ）にあてはまることばや数を書きましょう。同じ番号の（ ）には、同じことばが入ります。

❶ イギリス	❷ 40

❸ 果物	❹ 畜産物	❺ 食生活

（2）資料5から考えることができる、外国から多くの食料を輸入するようになった理由を、20字程度で書きましょう。

例 国産に比べて外国産の食料のほうが安いから。

（3）米の消費量から考えることができる、日本の食料全体の自給率が下がっている原因を、下のことばに続けて、20字以内で書きましょう。

米の自給率は高いが、
例 米の消費量は減っていること。

91

---

1 （1）❶❷ 下のグラフの通り、日本の食料自給率が特に低いことがわかります。

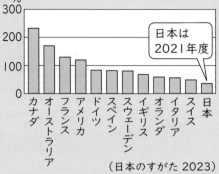

主な国の食料自給率（2019年）

日本は2021年度

（日本のすがた2023）

ポイント 食料自給率が高い国と低い国で、共通してみられる特ちょうを考えてみよう。

❸ フィリピンからはバナナ、アメリカからはオレンジなどの果物を輸入しています。

❹❺ 昔は米を多く食べていましたが、資料4の通り、米の消費量は、62年前と比べると、2022年度は半分ほどに減っています。これは、米以外にも畜産物である肉や乳製品を多く食べるようになったからで、日本人の食生活が変化したためです。

（2）昔と比べて、和食だけでなく洋食を食べることも増え、肉や乳製品など、安い外国産の食料がたくさん輸入されるようになり、食生活は豊かになりました。外国産の食料が安い理由として、人件費が安いことや、大規模な農業を行っていることなどがあります。

（3）食料自給率の高い米の消費量が減る一方で、外国産の安い食料品の輸入が増え、日本の食料全体の自給率が低下しています。

社会 6

日本の工業生産と自動車工業

1 あおいさんとひまりさんは、日本の工業について、次のようにまとめました。

重化学工業：重工業（金属や機械を使った工業）と化学工業を合わせた工業

軽工業：衣類や食品、紙などをつくる工業

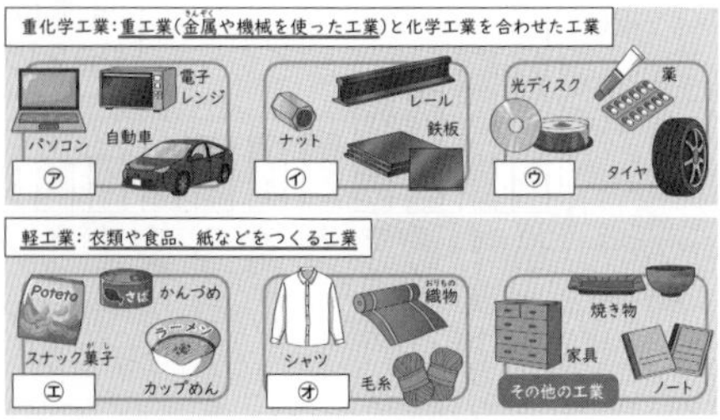

電子レンジ
パソコン
自動車
㋐
ナット
レール
鉄板
㋑
光ディスク
薬
タイヤ
㋒
かんづめ
スナック菓子
カップめん
㋓
シャツ
織物
毛糸
㋔
焼き物
家具
ノート
その他の工業

（1）㋐～㋔の□にあてはまる工業の種類を、下の□からそれぞれ選んで書きましょう。

㋐ 機械工業　㋑ 金属工業　㋒ 化学工業

㋓ 食料品工業　㋔ せんい工業

食料品工業　機械工業　せんい工業　化学工業　金属工業

（2）次の①、②の説明にあてはまることばを書きましょう。

① 製品が重い金属工業と機械工業を合わせた工業。　**重工業**

② 重化学工業以外のもので、製品が軽いものが多い工業。　**軽工業**

92

ステップ1 ＞ 情報を読み取る

判断力 ☆☆☆
思考力 ☆☆☆
表現力 ☆☆☆

2 あおいさんとひまりさんは、工業のさかんなところについて調べ、次の地図を見つけました。

（1）地図中に▭で示した、工業が特にさかんな地域を何といいますか。

太平洋ベルト

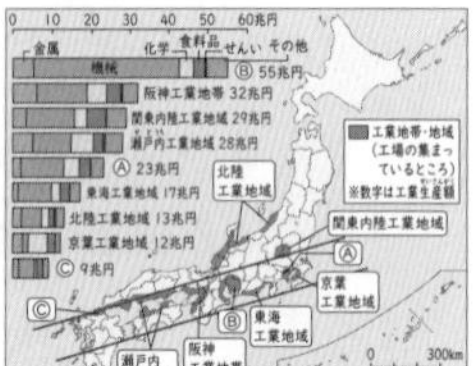

金属
機械
化学
食料品
せんい
その他
Ⓑ 55兆円
阪神工業地帯 32兆円
関東内陸工業地域 29兆円
瀬戸内工業地域 28兆円
Ⓐ 23兆円
東海工業地域 17兆円
北陸工業地域 13兆円
京葉工業地域 12兆円
Ⓒ 9兆円
工業地帯・地域（工場の集まっているところ）
※数字は工業生産額
北陸工業地域
関東内陸工業地域
京葉工業地域
東海工業地域
瀬戸内工業地域
阪神工業地帯
300km
（2020年「2023/24年版 日本国勢図会」）

（2）早くから工業が発達した、地図中のⒶ～Ⓒの工業地帯・地域名を書きましょう。

Ⓐ 京浜工業地帯　Ⓑ 中京工業地帯

Ⓒ 北九州工業地域

（3）次の①～③の説明にあてはまる工業地帯・地域を、地図中から選んで、工業地帯・地域名を書きましょう。

① 工業生産額が日本で最も多く、特に工業生産額にしめる機械工業のわりあいが高い。　**中京工業地帯**

② 大阪を中心に広がっている。ほかの工業地帯に比べて、工業生産額にしめる機械工業のわりあいは低い。　**阪神工業地帯**

③ 東京湾の東側に広がっている。ほかの工業地帯に比べて、工業生産額にしめる化学工業のわりあいが高く、機械工業のしめるわりあいが低い。　**京葉工業地域**

93

1

（1）㋐　機械工業とは、自動車やパソコンなどの機械をつくる工業です。

㋑　金属工業の中でも中心となるのが鉄鋼業です。鉄鋼業の原材料となる鉄鉱石・石炭は、どちらもほぼすべてを輸入にたよっています。

㋒　化学工業で光ディスクや医薬品などがつくられます。

㋓　食料品工業とは、農産物、水産物などを加工する工業です。かんづめやカップめんなどがつくられます。

㋔　せんい工業では、シャツなどの衣類や、織物がつくられます。

ポイント **日本の工業の移り変わりを確かめておこう。**

（2）製品が重い機械や金属などをつくる工業が重工業で、これに化学反応を利用して製品をつくる化学工業を合わせたものが重化学工業です。それに対して、製品が軽く、日常の生活で使用するものをつくる工業が軽工業で、せんい・食料品工業などがこれにあたります。重化学工業は軽工業に比べて、広い土地と大きな設備が必要となります。

2

（1）太平洋ベルトには、日本の大都市や人口の多くが集中し、高速道路や新幹線などが整備されています。

（2）Ⓒ　日本の産業の発展を支えてきた北九州は、工業地帯とよばれていましたが、現在では工業生産額が減ったため、工業地域とよばれています。

（3）①　中京工業地帯では、豊田市を中心に自動車工業が発展しました。

②　阪神工業地帯には、金属をつくる工場が多く、金属工業のわりあいは、ほかの工業地帯に比べて高くなっています。

③　京葉工業地域には、大規模な石油化学コンビナートがあります。

社会 6
日本の工業生産と自動車工業

1 あおいさんとひまりさんは、工業のさかんなところについて調べ、次の地図を見つけました。

（1）太平洋ベルトで工業が発展した理由について、地図を見ながら話しています。❶～❸の（　）にあてはまることばを書きましょう。

工業のさかんなところ

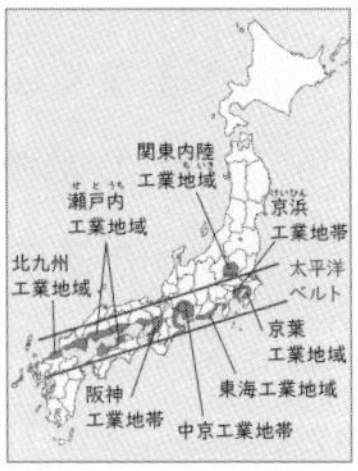

関東内陸工業地域
瀬戸内工業地域
京浜工業地帯
北九州工業地域
太平洋ベルト
京葉工業地域
東海工業地域
阪神工業地帯
中京工業地帯

あおい：海に面しているので、（❶）や燃料の輸入、製品の輸出に便利だね。
ひまり：それに、日本の主な大都市がふくまれているから、その場所で（❷）人を集めやすいと思うよ。
あおい：（❸）をつくるための広い平地や海をうめ立てた土地があったのも、理由の一つだね。

❶ 原材料　❷ 働く　❸ 工場

（2）右の写真は、内陸部につくられた工業地域です。このような、原材料の輸入や製品の輸出にあまり適していない内陸部に、工業地域がつくられるようになったのはなぜですか。㋐、㋑の□にあてはまることばを書きましょう。

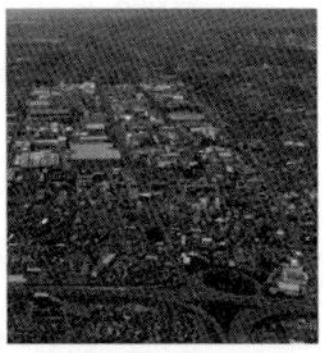

[㋐]などを中心とする交通もうが整えられたことで、原材料や工業製品を[㋑]なったため。

㋐ [例]高速道路　㋑ [例]運びやすく

94

ステップ 2 ＞ 情報を読み取って考える

判断力 ☆☆☆
思考力 ☆☆☆
表現力 ☆☆☆

2 あおいさんとひまりさんは、日本の工業の変化について調べ、右の資料1、2を見つけました。❶～❺の（　）にあてはまることばを書きましょう。同じ番号の（　）には、同じことばが入ります。

【資料1】工業種類別の工業生産額のわりあいの変化

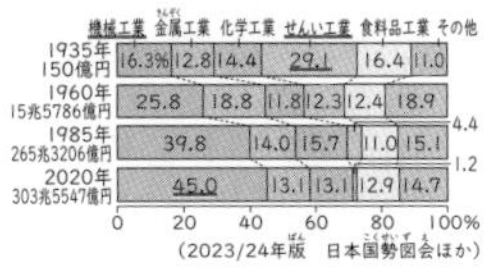

機械工業
金属工業
化学工業
せんい工業
食料品工業
その他
1935年 150億円
16.3%
12.8
14.4
29.1
16.4
11.0
1960年 15兆5786億円
25.8
18.8
11.8
12.3
12.4
18.9
4.4
1985年 265兆3206億円
39.8
14.0
15.7
11.0
15.1
1.2
2020年 303兆5547億円
45.0
13.1
13.1
12.9
14.7
0
20
40
60
80
100%

（2023/24年版　日本国勢図会ほか）

【資料2】大工場と中小工場のわりあい

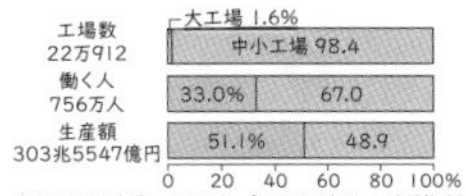

大工場 1.6%
工場数 22万912
中小工場 98.4
働く人 756万人
33.0%
67.0
生産額 303兆5547億円
51.1%
48.9
0
20
40
60
80
100%

（2021年※生産額のみ2020年「2023/24年版　日本国勢図会」）

ヒント
日本の近代工業は、糸や織物をつくる工業から発展したんだよ。

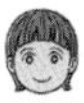

あおい：資料1を見ると、1935年の日本の工業生産額にしめるわりあいが最も高かったのは（❶）工業で、工業生産額の約30%をしめているよ。

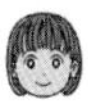

ひまり：（❶）工業と食料品工業・その他の工業を合わせた（❷）工業の生産額は、機械工業・金属工業と化学工業を合わせた（❸）工業よりも多いね。
あおい：でも、2020年には、（❹）工業のわりあいが最も高くなっているね。工業の中心は、（❸）工業に移ったと考えられるね。
ひまり：資料2で工場について調べると、全体の1.6%しかない（❺）工場が、生産額では半分以上をしめているのね。

❶ せんい　❷ 軽　❸ 重化学
❹ 機械　❺ 大

95

1

（1）❶　原材料や燃料の輸入、製品の輸出には、主に船が使われています。輸入や輸出のしやすさから、海沿いに工業地帯・地域が集まっています。

（2）下の図のように、高速道路の近くに工業団地があるのは、原材料やつくった製品を運びやすいからです。

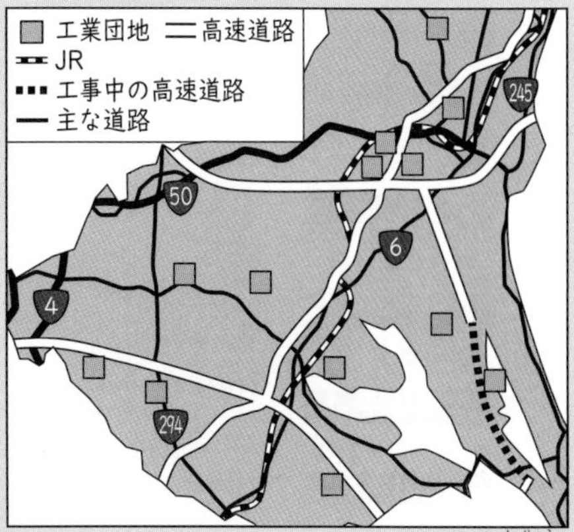

工業団地
高速道路
JR
工事中の高速道路
主な道路
245
50
6
4
294

（茨城県資料）

2

❶　せんい工業は、生糸・きぬ織物・綿織物などをつくる工業です。

❷❸　日本では、軽工業を中心に産業革命が進みました。1909年には世界最大の生糸の輸出国になるなど、軽工業が日本の工業の中心でした。1950年代半ばから、高度経済成長期に入り、工業の中心は重化学工業に移りました。

❹　自動車や、パソコンの部品などをつくる機械工業は、現在の日本の工業の中心となっています。

❺　働く人の数が300人以上の工場を大工場、300人未満の工場を中小工場といいます。大工場は、数は少ないですが、生産額の半分以上をしめています。

ポイント　電子機器など、高度な技術が必要とされる工業を、先たん技術産業というよ。

社会 6 日本の工業生産と自動車工業

ゆうきさんとみきさんは、自動車工場への社会科見学の予習をしています。事前にもらったパンフレットに、次の資料1～4がありました。

【資料1】

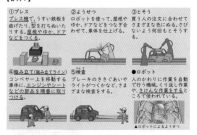

①プレス
プレス機で、うすい鉄板を曲げたり、型を打ちぬいたりする。屋根やゆか、ドアなどをつくる。

②ようせつ
ロボットを使って、屋根やゆか、ドアなどをつなぎ合わせて、車体を仕上げる。

③とそう
買う人の注文に合わせてさまざまな色にぬる。さびないよう何回もとそうする。

④組み立て(組み立てライン)
コンベヤー上を移動する車体に、エンジンやシートなどの部品を順番に取りつける。

⑤検査
ブレーキのききぐあいやライトがつくかなど、さまざまな検査をする。

●ロボット
人のかわりに作業を自動で行う機械。くり返し作業や、きけんな作業をするところで使われている。

▲ロボットによるようせつ

【資料2】

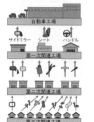

自動車工場
サイドミラー シート ハンドル
第一次関連工場
第二次関連工場
第三次関連工場

【資料3】日本のある自動車会社の海外工場の分布

※四輪車の製造工場のみ (2017年)

【資料4】日本の自動車会社の国内生産台数と輸出台数、海外生産台数の変化

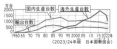

国内生産台数 海外生産台数 輸出台数
(2023/24年版 日本国勢図会)

96

ステップ3 情報をもとに考えたことを表現する

判断力 ★☆☆
思考力 ★☆☆
表現力 ★☆☆

ゆうき：資料1を見ると、ドアやゆかなどは、（①）という機械を使ってつくるんだね。

み き：ようせつするときは、ロボットが使われているよ。金属を熱でとかしてつなぐような（②）からだね。

ゆうき：（③）では、シートなどの部品が取りつけられるんだね。このシートをつくっているところは見学できるのかな。

み き：それはむずかしいと思うよ。資料2を見ると、シートなどの部品は、（④）でつくられているのがわかるね。

ゆうき：本当だ。あれ、海外にも自動車工場があるんだね。資料4を見ると、特に2000年から2016年の間に、海外の工場の生産台数が大きく（⑤）ことがわかるよ。

み き：日本からの輸出台数よりも多いね。なぜだろう。

（1）①～⑤の（ ）にあてはまることばを書きましょう。

① プレス機　② 例 きけんな作業が多い

③ 組み立て(ライン)　④ 関連工場　⑤ 増えている

（2）下線部について調べていたみきさんは、資料5を見つけました。日本からの輸出ではなく、海外の工場で生産することは、どのような利点があると考えられます。「輸送費」ということばを使って、20字程度で書きましょう。

【資料5】車をつくるのにかかる費用

ぜん伝費
製造・組み立て費
はん売費
人件費
輸送費　材料費　研究開発費

例 海外でつくるほうが輸送費が安くなること。

97

---

1 自動車工場では、人と機械がそれぞれの得意な作業を行って、効率的に自動車をつくっています。特に人の力で自動車を組み立てるラインでは、より働きやすく、品質のよい自動車をつくるために、さまざまなくふうをしています。部品箱にあらかじめ必要な部品をまとめたり、すわったまま作業ができるようにしたりしています。

（1）❶ ドアやゆかなどをつくるとき、鉄板を切断したり、形を整えたりするには、大きな力が必要とされるため、プレス機などの機械を使っています。

❷ きけんな作業だけでなく、人間が行いにくい作業、同じことをくり返す作業にもロボットを使います。

ポイント 考えなければいけない作業は、人間が行っているよ。

❸ 組み立てを行うところ（ライン）は、一定の速さで動いているので、組み立てを行う人は、組み立てる部品を、決められた時間で取りつけなければなりません。

❹ 1台の自動車には、およそ3万個の部品が使われています。その部品の多くが関連工場でつくられています。

❺ 海外生産台数は、2000年から2016年の間に、約3倍以上に増えています。

（2）資料5から車をつくるには、さまざまな費用がかかることがわかります。海外で生産してその国ではん売することにより、日本から輸出するよりも輸送費が安くなります。

社会 7 日本の貿易とこれからの工業生産

1 すずさんとたくやさんは、日本の主な輸入品と輸出品について調べ、次の2つのグラフを見つけました。❶〜❹の（ ）にあてはまることばを書きましょう。同じ番号の（ ）には、同じことばが入ります。

・日本の主な輸入品

・日本の主な輸出品

（通商白書 各年版 財務省貿易統計）

すず：1960年の輸出品で、わりあいが最も高かったのは（❶）で、輸入品の中の（❷）をもとにつくったんだよね。でも、2018年になると、輸入品・輸出品のどちらも、（❸）のわりあいが最も高くなるよ。

たくや：日本の工業が、（❶）などの軽工業中心から、（❸）や、2018年の輸出品で2番目にわりあいが高い（❹）を生産する重化学工業中心へと変わったからだね。

❶ せんい品 ❷ 原料（品）

❸ 機械類 ❹ 自動車

98

ステップ 1 情報を読み取る

判断力 ☆☆☆
思考力 ☆☆☆
表現力 ☆☆☆

2 たくやさんは、日本の輸出品と輸出相手先、日本の輸入品と輸入相手先について調べ、次の資料1、2を見つけました。

（1）日本が自動車を最も多く輸出している国を書きましょう。

【資料1】主な輸出品の輸出相手先

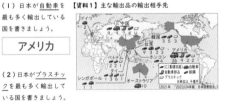

（2021年 『2023/24年版 日本国勢図会』）

アメリカ

（2）日本がプラスチックを最も多く輸出している国を書きましょう。

中国

（3）日本が原油を最も多く輸入している国を書きましょう。

【資料2】主な輸入品の輸入相手先

サウジアラビア

（4）日本がICなどの機械類を最も多く輸入している地域を、次のア〜ウから1つ選んで、記号で答えましょう。

ア アジア　イ ヨーロッパ　ウ 北アメリカ

ア

99

解答・解説

1 ❶ 1960年の輸出品で、わりあいが最も高いせんい品は綿織物で、次に衣類となっています。

❷ 綿花は綿織物、羊毛は毛織物の原料とされました。せんい品の原料としては、ほかに、きぬ織物の原料となる生糸がありますが、生糸は日本の代表的な輸出品となっていました。

❸ 機械類には、金属を加工するなどの生産用機械、計量器・医りょう用機械などの業務用機械、家電製品などの電気機械、パソコンなどの情報通信機械、自動車などの輸送用機械などがあります。

❹ 2021年では、自動車は、日本の輸出額の12.9％をしめています。

2 （1）日本が自動車を多く輸出している国は、アメリカ、オーストラリア、中国の順となります。

（2）日本がプラスチックを多く輸出している国は、中国や韓国などです。

（3）2021年には、日本は7兆円近くの原油を輸入しています。そのうちの40.0％がサウジアラビアから輸入したものです。2022年に日本が原油を多く輸入していた国は、サウジアラビア、アラブ首長国連邦、クウェート、カタールなどで、輸入する原油の90％以上が西アジアの国々からのものです。

ポイント：サウジアラビアやアラブ首長国連邦などの西アジアの国々のことを、ヨーロッパから見た位置から中東とよぶこともあるよ。

（4）日本が輸入するICなどの電子部品の半分以上を、台湾から輸入しています。

社会 7

日本の貿易とこれからの工業生産

1 ゆきさんととうまさんは、日本の貿易について調べ、次の資料1を見つけました。

【資料1】日本の主な貿易相手先

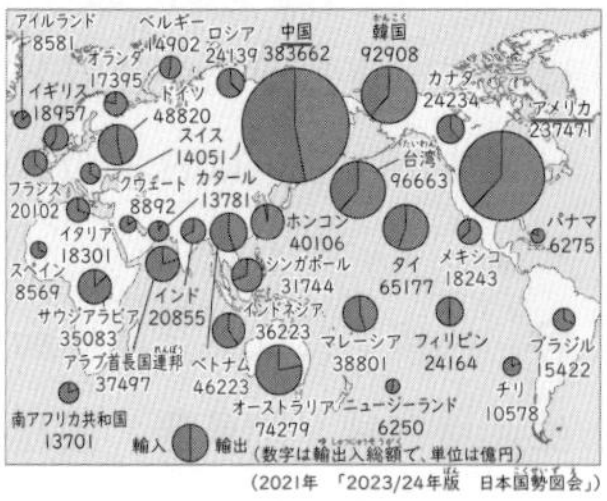

アイルランド 8581
ベルギー 14902
ロシア 24139
中国 383662
韓国 92908
オランダ 17395
ドイツ
イギリス 18957
48820
カナダ 24234
アメリカ 237471
スイス 14051
台湾 96663
フランス 20102
クウェート
カタール 13781
8892
イタリア 18301
ホンコン 40106
パナマ 6275
スペイン 8569
シンガポール 31744
タイ 65177
メキシコ 18243
インド 20855
サウジアラビア 35083
インドネシア 36223
マレーシア 38801
フィリピン 24164
ブラジル 15422
アラブ首長国連邦 37497
ベトナム 46223
チリ 10578
オーストラリア 74279
ニュージーランド 6250
南アフリカ共和国 13701
輸入 輸出（数字は輸出入総額で、単位は億円）

（2021年 「2023/24年版 日本国勢図会」）

ゆ き：資料1を見ると、日本の貿易相手先のうち、輸出額が最も多いのは（❶）で、2番目は（❷）だね。

とうま：輸入額も同じ順番だね。でも、（❶）は（❸）額が（❹）額よりも多いけれど、（❷）は（❸）額よりも（❹）額のほうが多くなっているね。

ゆ き：日本の貿易相手は、どの地域が中心かな。

とうま：（❺）だよね。貿易額が多い（❶）、韓国、台湾はみんな（❺）に位置しているよ。

（1）❶～❺の（ ）にあてはまることばを書きましょう。同じ番号の（ ）には、同じことばが入ります。

❶ 中国　❷ アメリカ

❸ 輸入　❹ 輸出　❺ アジア

100

ステップ 2 > 情報を読み取って考える

判断力 ☆☆☆
思考力 ☆☆☆
表現力 ☆☆☆

（2）ゆきさんととうまさんは、日本の貿易額についてもくわしく調べてみようと思い、右の資料2を見つけました。次の①～③が、資料2から読み取れることとして正しいなら○を、まちがっているなら×を書きましょう。

【資料2】日本の輸出入額の変化

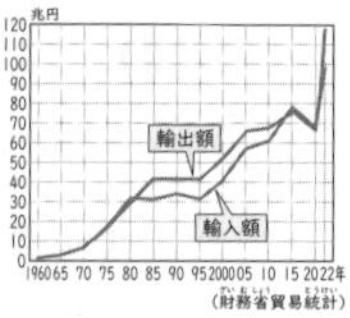

兆円
輸出額
輸入額
1960 65 70 75 80 85 90 95 2000 05 10 15 2022年

（財務省貿易統計）

① [×] 1960年から2022年にかけて、輸出額・輸入額はどちらも上がり続けている。

② [×] 1960年から2022年にかけて、すべての年で輸入額より輸出額のほうが多い。

③ [○] 1960年から2022年にかけて、輸出額と輸入額はどちらも90兆円以上多くなっている。

（3）輸出国と輸入国の間で、「貿易まさつ」とよばれる争いが起こることがあります。ゆきさんは、1980年代ごろに、日本とアメリカの間で「貿易まさつ」が起こったことを知りました。このような争いが起こる理由について、次のようにまとめました。㋐、㋑の［　］にあてはまることばを書きましょう。

同じ工業製品の場合、製品を安くつくることができるA国は、自分の国の製品をできるだけ［㋐］することで、国内の産業をさかんにしたいと思うが、A国に比べて製品の価格が高いB国にとっては、A国産の安い製品がたくさん入ってくると、［㋑］がおとろえてしまうので、輸入する量を少なくしようとするため。

㋐ [例]多く輸出　㋑ [例]国内の産業

101

1 （1）下の円グラフは、2000年と2021年の日本の輸出入額における地域別のわりあいです。

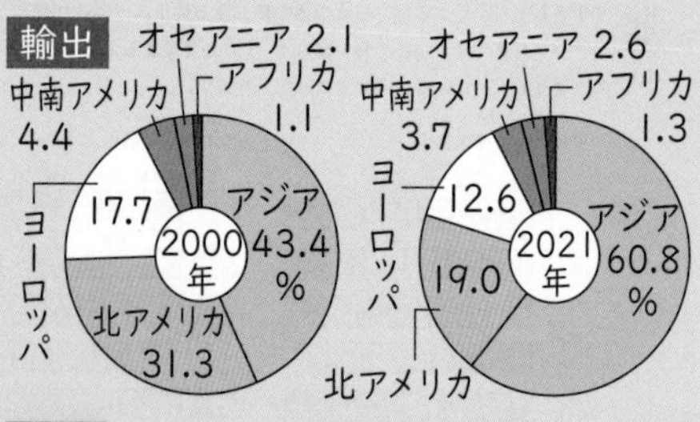

輸出
オセアニア 2.1
アフリカ 1.1
中南アメリカ 4.4
17.7
ヨーロッパ
2000年
アジア 43.4%
北アメリカ 31.3
オセアニア 2.6
中南アメリカ 3.7
アフリカ 1.3
12.6
ヨーロッパ
2021年
アジア 60.8%
19.0
北アメリカ

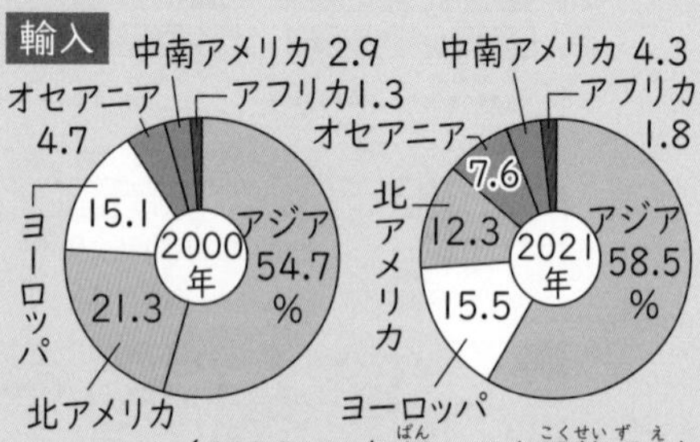

輸入
中南アメリカ 2.9
オセアニア 4.7
アフリカ1.3
15.1
ヨーロッパ
2000年
アジア 54.7%
21.3
北アメリカ
中南アメリカ 4.3
アフリカ 1.8
オセアニア 7.6
北アメリカ 12.3
2021年
アジア 58.5%
15.5
ヨーロッパ

（2023/24年版　日本国勢図会）

アジアは中国、北アメリカはアメリカが最大の貿易相手国です。2021年には輸出入ともに、アジアのわりあいが増え、北アメリカのわりあいが減っています。

ポイント **2006年まではアメリカが最大の貿易相手国だったけれど、2007年からは中国が最大の貿易相手国となったよ。**

（2）① 2020年の日本の貿易額は、輸出額・輸入額ともに減っています。
② 2015年や2022年などで、輸入額が輸出額を上回っています。

ポイント **輸出額が輸入額より多いことを貿易黒字、反対に輸出額が輸入額より少ないことを貿易赤字というよ。**

（3）製品を安くつくることができるA国は、製品を多くつくって輸出し、利益をたくさん得ようとします。しかし、B国は国内の産業を守るため、安いA国の製品の輸入量を少なくしたり、税金をかけて価格を高くしたりします。これによって起こる争いが貿易まさつです。

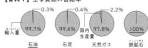

社会 7 日本の貿易とこれからの工業生産

1 さくらさんの班では、これからの日本の工業生産について、資料1〜5を見ながら話し合っています。

【資料1】主な資源の自給率

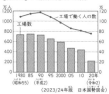

石油 99.7% 輸入量 0.3%
石炭 99.6% 0.4%
天然ガス 97.8% 国内生産量 2.2%
鉄鉱石 100%

(2021年 「日本のすがた2023」)

【資料2】工場数と働く人の数

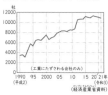

(2023/24年版 日本国勢図会)

【資料3】国内の主な電化製品の生産台数

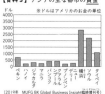

(2023/24年版 日本国勢図会)

【資料4】海外にある日本の会社数

(経済産業省資料)

【資料5】アジアの主な都市の賃金

※ドルはアメリカのお金の単位

(2019年 MUFG BK Global Business Insight臨時増刊号)

102

ステップ 3 > 情報をもとに考えたことを表現する

さくら：これからの日本の工業生産について問題だと思うのは、燃料や原料の多くを輸入にたよっていることかな。資料1を見ると、日本の工業にとって大切な（❶）・石炭・天然ガスなどは、ほとんど輸入されたものを使っていて、特に鉄鋼業の原料となる鉄鉱石は、（❷）％を輸入にたよっているよね。

たくま：ぼくは資料2を見て、（❸）ことが問題だと思ったよ。このままでは、日本の工業はおとろえてしまうのではないかな。実際に資料3を見ると、国内の電化製品の生産台数は（❹）いることがわかるよ。

はやと：国内の電化製品の生産台数が（❹）いることは、ほかにも理由があると思うよ。資料4を見ると、海外にある日本の会社が（❺）いるよね。この理由は何だろう。

さくら：資料5が参考になると思うよ。みんなで理由を考えてみよう。

（1）❶〜❺の（ ）にあてはまることばや数を書きましょう。同じ番号の（ ）には、同じことばが入ります。

❶ 石油　　❷ 100

❸ 例 工場とそこで働く人が減っている

❹ 減って　❺ 増えて

（2）下線部の理由について、資料5を参考に、「費用」ということばを使って、30字程度で書きましょう。

例 日本に比べて賃金が低いため、製品をつくる費用が安くすむから。

103

---

1 （1）❶❷ 石油は燃料として使用されるだけでなく、化学工業の原料としても使われています。下の円グラフのように、日本では国内で取ることのできる地下資源が限られているため、その多くを輸入にたよっています。

地下資源の国内でとれる量と輸入する量のわりあい

石油　　石炭　　天然ガス　　鉄鉱石
国内でとれる量
0.3% 0.4% 2.2%
99.7 99.6 97.8 100%
輸入する量
銅　　なまり　　ボーキサイト　　石灰石
100% 100% 100% 100% 国内でとれる量

（2021年 「日本のすがた 2023」）

❸ 資料2から、工場数も工場で働く人の数も減っていることが読み取れます。国内の工場が海外へ移り、国内の産業がおとろえていくことを「産業の空どう化」といいます。

❹ 資料3から、国内の電化製品の生産台数が、全体的に減っていることがわかります。

（2）外国に工場をつくり、そこで生産する理由には、賃金が安い、製品をつくるために必要な原材料を現地で調達して輸送費を減らすことができる、日本よりも税率が低いなどがあり、そのため、安くつくることができます。また、市場を広げることができるなどの理由もあります。

ポイント 近年、外国の賃金が高くなってきて、「賃金が安い」という外国で生産するメリットが少なくなっているよ。

社会 8

情報を生かすわたしたち

1 いちかさんとひろとさんは、情報について調べ、次のようにまとめました。

得る方法	新聞	ざっし	ラジオ	テレビ	インターネット
手段	文字、写真、絵	❶	❷	❸	❹
特ちょう	・文字、写真、絵などで情報を伝える。 ・持ち運びができ、読み返せる。 ・最近のできごとをすぐに伝える。	・文字、写真、絵などで情報を伝える。 ・持ち運びができ、読み返せる。	・音声だけで情報を伝える。 ・車を運転したり、家事をしたりしていても情報を手に入れられる。	・映像と音声で情報を伝える。 ・年れいに関係なく、お年寄りから子どもまで楽しめる。	・世界中の情報を文字や映像で伝える。 ・パソコンやスマートフォンですぐに見たり、発信できる。

(1) 新聞にならって、❶～❹にあてはまるものを、次のア～エから1つずつ選んで、記号で答えましょう。同じ記号をくり返し使ってもかまいません。

ア 音声　　イ 映像

ウ 文字、写真、絵　　エ 映像、音声、文字、写真、絵

❶ ウ　❷ ア　❸ エ　❹ エ

(2) 次の①、②のときの情報を得る方法を、上からすべて選んで書きましょう。

① 特定のニュースについて切り取って、ノートに保ぞんしたい。

新聞・ざっし

② 今、世界で起こっているできごとを、文字や映像で見てみたい。

テレビ・インターネット

104

ステップ 1 ＞ 情報を読み取る

判断力 ☆☆☆
思考力 ☆☆☆
表現力 ☆☆☆

2 いちかさんとひろとさんは、地上デジタル放送について話しています。

いちか：1つだけでなく、いくつもの（❶）を一度に見ることができるのね。

ひろと：音だけでなく、（❷）を同時に出せるサービスは、高れい者や障がいがある人にとって役立つね。

いちか：家のテレビだけでなく（❸）でも見ることができるから、電車に乗っていても情報を得られるよ。

ひろと：住んでいる地域のニュースや（❹）予報を選んで見ることもできるね。

ヒント
持ち運びできる機器は？

(1) ❶～❹の（　）にあてはまることばを書きましょう。

❶ 番組　❷ 文字

❸ スマートフォン〔タブレット、ノートパソコン〕 ❹ 天気

(2) 右の資料はニュースがつくられるまでの流れです。㋐～㋒の□にあてはまることばを、次の□から選んで書きましょう。

取材　編集　放送

㋐ 編集　㋑ 取材　㋒ 放送

105

1

(1) ❶ ざっしには、文字、写真、絵がのっています。

❷ ラジオは、音声だけで情報を伝えます。

❸❹ テレビとインターネットでは、映像、音声、文字、写真、絵で情報を伝えます。

(2) ① 「切り取って、ノートに保ぞんしたい」とあるので、紙に書かれている新聞とざっしです。

② 「文字や映像で見てみたい」とあるので、テレビとインターネットです。

かつては情報を得る方法は、新聞・ざっしという紙が中心でしたが、やがて音声を直接伝えるラジオ、音声や映像などを伝えるテレビが中心となりました。また、1995 年以降、受け取る側からも発信できるインターネットが家庭でも使われるようになり、2000 年以降、急速にふきゅうしたことで、インターネットの役割が大きくなっています。

2

(1) ❶ 左下の絵に、「複数の番組を一度に見ることができる」とあります。

❷ 左上の絵では、アナウンサーが話していることばが、文字になって画面にうつっています。

❸ 右上の絵では、スマートフォンを使って放送を見ています。

❹ 右下の絵に、「住んでいる地域のニュースや天気予報を選んで見ることができる」とあります。

(2) どのような番組をつくるのかを、編集会議で決めます。編集会議の決定にそって、取材を行います。取材で集めてきた情報や映像をまとめて、それを実際に番組で放送します。

社会
8 情報を生かすわたしたち

1 さつきさんとゆうきさんは、気象情報を生かしたサービスについて調べ、次の資料1を見つけました。

【資料1】気象売り上げ予測（全国）

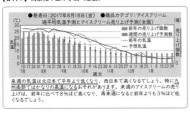

来週の気温は北日本で平年より低くなり、西日本で高くなるでしょう。特に九州南部ではかなりの高温になるおそれがあります。来週のアイスクリームの売り上げは、前年に比べて8％ほど高くなり、再来週になると前年よりも3％ほど低くなるでしょう。

（1）次の①〜③が、資料1から読み取れることとして正しいなら〇を、まちがっているなら×を書きましょう。

① 〇 グラフの左のたて軸は気温を、右のたて軸は売り上げ個数を表している。

② ✕ 前年の売り上げ個数は、週間の売り上げ予測数よりすべて少ない。

③ ✕ このグラフからは、週間の売り上げ予測数を読み取ることはできない。

（2）この予測によると、来週の北日本の気温は、平年に比べてどうなりますか。
低くなる

（3）この予測によると、来週、アイスクリームの売り上げが特に高くなるのは、どの地域だと考えられますか。
九州南部

106

ステップ2 > **情報を読み取って考える**

判断力	☆ ☆ ☆	
思考力	☆ ☆ ☆	
表現力	☆ ☆ ☆	

さつきさんとゆうきさんは、次の資料2、3も見つけました。

【資料2】アイスクリームがとどくまで

【資料3】アイスクリームをつくる会社でこまっていたこと

（4）アイスクリームが、スーパーマーケットやコンビニエンスストアにとどくのは、工場から出荷してから何日目ですか。
6日目

（5）資料2、3から読み取れることを、次のア〜ウから1つ選んで、記号で答えましょう。
ア 気温が高い日は、全国でアイスクリームが売れる。
イ アイスクリームは、卸売業者を通して店へ運ばれる。
ウ 在庫が0になると、すぐに生産量を増やす。
イ

（6）ゆうきさんは、気象情報がアイスクリームをつくる会社に必要である理由について、次のように考えました。□□□にあてはまることばを書きましょう。

気温が高くなって、店のアイスクリームが急に売り切れてしまっても、□□□ため、あらかじめ売り上げがのびそうな日を予測する必要があるから。

例 すぐにとどけることができない

107

---

1 （1）① グラフを読み取るときは、たて軸と横軸が何を表しているか、また、単位は何かを、まず確かめましょう。

② 前年のアイスクリームの売り上げ個数は、7月31日や8月7日などで、週間の売り上げ予測数より多くなっています。

③ 緑色のぼうグラフが、週間の売り上げ予測数を表しています。

（2）（3）予測の文章では、来週の北日本の気温は低く、西日本、特に九州南部の気温がかなり高いことから、アイスクリームの売り上げは8％ほど高くなるとあります。

（4）資料2より、工場でつくられたアイスクリームは、アイスクリーム会社の倉庫から卸売業者の倉庫へ送られ、6日目に店へとどけられます。

（5）専門の卸売業者を通すことで、アイスクリーム会社が直接とどけるより、安く、手早くとどけることができます。

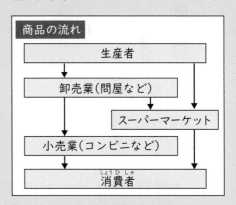

商品の流れ
生産者 → 卸売業（問屋など） → スーパーマーケット → 小売業（コンビニなど） → 消費者

（6）店の在庫がなくなっても、すぐにとどけたり、工場の生産量を増やしたりすることはできません。

🚩ポイント あらかじめ売り上げがのびそうな日を、気象情報から予測しているよ。

社会 8 情報を生かすわたしたち

1 ゆきさんは、インターネットについて調べ、次の資料1～4を見つけて、先生と話しています。

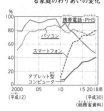

【資料1】情報通信機器を持っている家庭のわりあいの変化

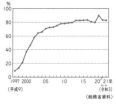

【資料2】インターネット利用率の変化

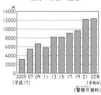

【資料3】インターネットを利用した犯罪の件数の変化

【資料4】インターネットの利用で起こる問題の例

学校の行事の様子や、テストのことなどを、SNSに写真とともにのせていました。すると、ある日の学校からの帰り道で、知らない人に声をかけられて、名前をよばれました。こわかったので、すぐに近くの交番にかけこみましたが、次の日に、SNSのメッセージに、走ってにげる自分の写真がとどきました。また声をかけられたらどうしよう、と不安です。

108

ステップ3 > 情報をもとに考えたことを表現する

判断力 ☆☆☆
思考力 ☆☆☆
表現力 ☆☆☆

ゆ き：資料1を見ると、情報通信機器を持つ家庭のわりあいが大きく変化したのは、2010年ごろからだといえそうです。

先 生：そうですね。それまで80%以上の家庭が持っていた（❶）が減りだし、それにかわって、（❷）のわりあいが急増していますよ。

ゆ き：ほかの情報通信機器に比べて、（❸）は増えたり減ったりはしているけれど、2005年からは大きく変わっていません。

先 生：（❷）に比べて、画面が（❹）点が便利ですね。

ゆ き：資料2と資料3を見ると、インターネットの利用率が（❺）につれて、（❻）ということがわかります。

先 生：インターネットは便利だけれど、利用するときに注意しなければならないことがたくさんあります。

（1）❶～❻の（　）にあてはまることばを書きましょう。同じ番号の（　）には、同じことばが入ります。

❶ 携帯電話・PHS　❷ スマートフォン　❸ パソコン
❹ 例 大きくて見やすい　❺ 増える
❻ 例 インターネットを利用した犯罪も増加している

（2）下線部について、資料4のようなことを防ぐには、どうすればよいですか。「個人情報」ということばを使って、30字程度で書きましょう。

例 個人情報をだれでも見られるSNSにのせないように注意する。

109

1

（1）❶❷　2010年からスマートフォンを持っている家庭のわりあいが増えて、携帯電話・PHSを持っている家庭のわりあいが減っています。

❸❹　パソコン（パーソナルコンピュータ）は、スマートフォンに比べて画面が大きく見やすいなど、便利な点があるため、携帯電話・PHSほど急に減ることはありませんでした。

❺❻　資料2から、インターネットの利用率は2000年ごろから急速に増え、2021年には80%をこえていることが読み取れます。また、資料3から、インターネットの利用率の増加にともなってインターネットを利用した犯罪の件数も増えていることがわかります。

（2）インターネット犯罪を防ぐには、

- 個人情報をしっかりと管理する。
- パスワードをしっかりと管理する。
- ウイルス対さくソフトのこう新をする。
- OSやアプリは常に最新の状態を保つ。
- フィルタリングサービスを活用する。
- 無線LANの利用に注意する。
- ゲーム等のアプリのダウンロードに注意する。
- あやしいメールやホームページに注意する。
- バックアップを取って、データが消えてしまったときに備える。

（参考：公益財団法人全国防犯協会連合会資料）

ポイント　個人情報には、氏名、生年月日、住所のほか、顔写真などもふくまれるよ。「個人」情報といっても、たくさんの人が写っている集合写真もその対象となることがあるから、気をつけよう。

社会 9

自然災害と環境

1 ひなたさんとみなとさんは災害についてくわしく知るため、資料1、2を見つけました。

【資料1】世界の自然災害の被害額のそれぞれの地域のわりあい

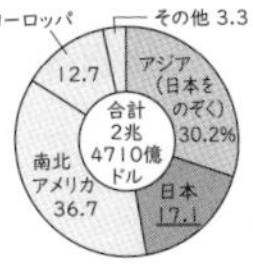

ヨーロッパ 12.7
その他 3.3
アジア（日本をのぞく）30.2%
合計 2兆 4710億 ドル
日本 17.1
南北アメリカ 36.7

※ドルはアメリカのお金の単位
（1984年～2013年の合計　内閣府ほか）

【資料2】日本で発生した大きな自然災害

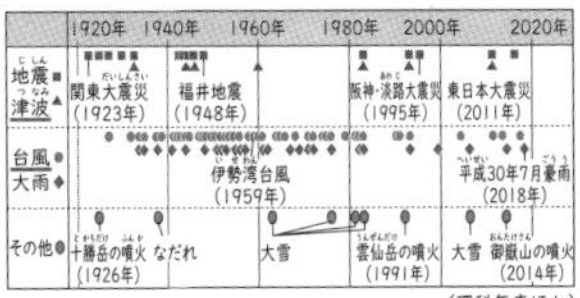

1920年 1940年 1960年 1980年 2000年 2020年
地震■
津波▲
関東大震災（1923年）
福井地震（1948年）
阪神・淡路大震災（1995年）
東日本大震災（2011年）
台風●
大雨◆
伊勢湾台風（1959年）
平成30年7月豪雨（2018年）
その他●
十勝岳の噴火 なだれ（1926年）
大雪
雲仙岳の噴火（1991年）
大雪 御嶽山の噴火（2014年）

（理科年表ほか）

ひなた：資料1を見ると、日本は自然災害が多い国だとわかるね。
みなと：本当だ。ほかの地域と比べて、日本だけで（❶）%もしめているよ。
ひなた：資料2を見ると、100年の間に、大きな地震が何度も起こっているよね。地震といっしょに、（❷）も何度か起こっているよ。
みなと：（❸）や大雨の災害は、たくさん起こっているんだね。
ひなた：日本で地震や火山の噴火が多いのは、どうしてなのかな。

（1）❶～❸の（　）にあてはまる数やことばを書きましょう。

❶ 17.1　❷ 津波　❸ 台風

110

ステップ 1 ＞ 情報を読み取る

判断力 ☆☆☆
思考力 ☆☆☆
表現力 ☆☆☆

（2）資料3は、日本で地震が多く起こる理由にあげられている複数の岩ばんを表しています。資料3の□にあてはまるこの岩ばんを何といいますか。

ヒント
ぶつかったりずれたりすると地震が起こるよ。

プレート

【資料3】

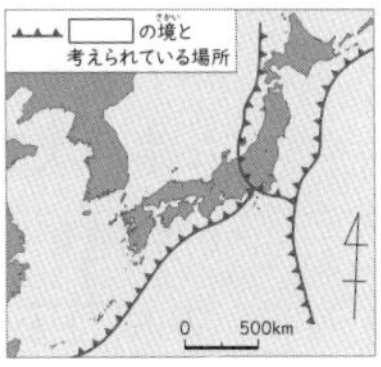

□の境と考えられている場所
0 500km

（3）ひなたさんは災害への対応や取り組みについて、資料4を見つけて、次のようにまとめました。㋐～㋒の□にあてはまることばを書きましょう。同じ記号の□には、同じことばが入ります。

【資料4】

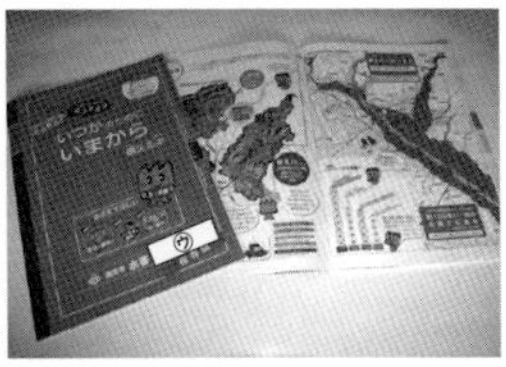

いまから

資料4には、こう水や地震といった［㋐］災害が起きたときに予測される被害のはんいやきけんな場所、［㋑］場所・［㋑］経路などが示されています。市町村などの自治体が作成し、住民に配布しているこのような地図を［㋒］といいます。

㋐ 自然　㋑ ひなん　㋒ ハザードマップ

111

[1]

（1）❶　自然災害には、大雨、大雪、台風、地震、津波、火山の噴火などがあります。下の円グラフは、1990年以降の世界の大きな自然災害のうち、日本で発生したわりあいを表しています。この円グラフからも、日本は自然災害が多い国であることがわかります。

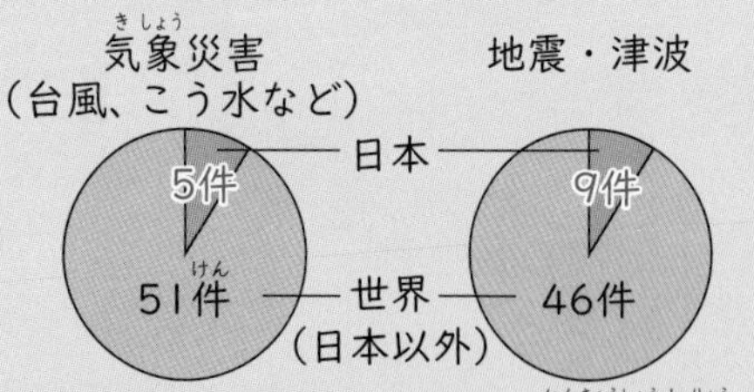

気象災害（台風、こう水など）
地震・津波
日本
5件
9件
51件
世界（日本以外）
46件

（環境省資料）

❷　地震で海の底が動いて、その上の海水をおし上げることで、津波が起こります。

❸　日本では、1951年から2021年までの71年間で、年平均26.1個の台風が発生しています。なかでも2004年には19個の台風が日本に接近し、そのうち10個の台風が日本に上陸しました。特に、台風の通路にあたる沖縄では、毎年、台風が接近・上陸し、人々の生活に大きなえいきょうをあたえています。

（2） 日本は太平洋プレート、フィリピン海プレート、ユーラシアプレート、北アメリカプレートという4つのプレートがぶつかる地点にあるため、世界の中でも地震が多く発生します。

（3） ハザードマップとは、地震などの自然災害が起きたときに予測される被害のはんいやきけんな場所、ひなん場所などを示した地図のことです。国土交通省が運営する「ハザードマップポータルサイト」では、各地域でのこう水・土砂災害・高潮・津波に関する災害情報を見ることができます。

社会 9 自然災害と環境

1　かえでさんとさとしさんは、日本の土地利用について調べ、次の資料1～3を見つけました。

【資料1】

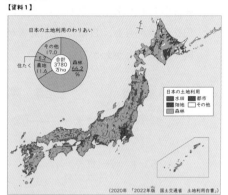

日本の土地利用のわりあい

その他 17.0
住たく 5.2
農地 11.6
合計 3780万ha
森林 66.2%

日本の土地利用
■水田　■都市
■畑地　□その他
■森林

(2020年 「2022年版 国土交通省 土地利用白書」)

【資料2】国内の木材の使用量の変化

千万m³
国産木材
輸入木材
1980 90 2000 10 21年
(昭和55)(平成2)　　(令和3)
(林野庁資料)

【資料3】林業で働く人の変化

万人
34才以下
60才以上
35
59才
1980 90 2000 10 20年
(昭和55)(平成2)　　(令和2)
(総務省 国勢調査)

112

ステップ2 情報を読み取って考える

判断力 ☆ ☆ ☆
思考力 ☆ ☆ ☆
表現力 ☆ ☆ ☆

さとし：水田は大きな川にそって多く見られるけど、なぜなのかな。
かえで：米づくりには、（❶）だからだと思うよ。
さとし：そうだったね。ところで、資料1を見ると、森林は日本の国土の約（❷）分の2をしめているんだね。
かえで：でも、資料2を見ると、日本には多くの森林があるのに、どうして外国から木材を輸入しているのかな。
さとし：国産に比べて外国産の木材のねだんが（❸）ということが、理由の一つにありそうだね。資料3からもわかるように、日本の林業は、ほかにも問題があるんだよね。
かえで：日本は森林の面積が多いから、この先が心配だね。

（1）❶～❸の（　）にあてはまることばや数を書きましょう。

❶ 例たくさんの水が必要　❷ 3　❸ 安い

（2）次の①～③が、資料1から読み取れることとして正しいなら○を、まちがっているなら×を書きましょう。
① ☒ 水田は山地に多く見られる。
② ◯ 本州の中央部は特に森林が多い。
③ ☒ 日本の森林の面積は、農地の約7倍以上ある。

（3）下線部について、資料3から考えられる林業の問題とは何ですか。働く人の年れいに注目して、30字程度で書きましょう。

例特に59才以下の林業で働く人の数が減っていること。

113

1
（1）❶　米はもともとあたたかくしめった地域の作物で、生育には17～18℃の平均気温と、年間に1000mm以上の降水量が必要とされています。大きな川からは、豊かな水を得ることができます。

❷　資料1の円グラフより、日本の国土の66.2%を森林がしめていることがわかります。

❸　長い間、国産木材より輸入木材のほうが安かったのですが、近年は輸入木材の価格が上がっています。

（2）①　資料1から、水田は山地の多い本州の中央部よりも、広い平野や、盆地に多く見られます。山地にも水田はつくられていますが、その多くは人々の努力によってつくられた、たな田などです。

②　本州の中央部には、山地・山脈が連なり、ブナやカエデなどの天然林、スギ・ヒノキなどの人工林が広がっています。

③　円グラフより、森林の面積は、農地の約6倍です。

（3）林業だけでなく、農業・水産業といった第一次産業で働く人の減少、高れい化が問題となっています。

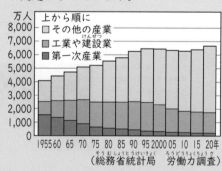

万人
上から順に
□ その他の産業
▨ 工業や建設業
■ 第一次産業
8,000
7,000
6,000
5,000
4,000
3,000
2,000
1,000
0
1955 60 65 70 75 80 85 90 95 2000 05 10 15 20年
(総務省統計局　労働力調査)

社会 9 自然災害と環境
（さいがい　かんきょう）

1　みさきさんとゆうとさんは、日本で起こった公害について調べ、次の資料1、2を見つけました。

【資料1】公害にかかわる苦情・ちん情とその原因

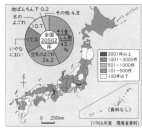

- 地ばんちん下 0.2
- 水のよごれ 10.7
- その他 4.8
- 全国 20502件
- そう音・しん動 43.1 ％
- いやなにおい 17.0
- 空気のよごれ 24.2

- 3001件以上
- 1001〜3000件
- 501〜1000件
- 101〜500件
- 100件以下

0　200km

（資料なし）
（1966年度 環境省資料）

【資料2】四大公害病

病名と時期	場所	原因	病気の様子
水俣病 (1953年ごろ〜)	熊本県・鹿児島県	化学工場から出された有機水銀	手足がしびれ、目や耳が不自由になったり、死ぬこともある。
イタイイタイ病 (1922年〜)	富山県	鉱山から出たカドミウム	骨がもろくなり、はげしい痛みに苦しむ。
四日市ぜんそく(1960年ごろ〜)	三重県	石油化学工場から出されたけむり	息苦しくて、のどが痛み、はげしいぜんそくの発作が起こる。
新潟水俣病 (1964年ごろ〜)	新潟県	化学工場から出された有機水銀	水俣病と同じ。

- 海や川のよごれ
- 空気のよごれ
- 新潟水俣病（阿賀野川下流）
- イタイイタイ病（神通川下流）
- 水俣病（八代海沿岸）
- 四日市ぜんそく（四日市市）

114

ステップ3 > 情報をもとに考えたことを表現する

判断力 ☆☆☆
思考力 ☆☆☆
表現力 ☆☆☆

みさき：資料1を見ると、1966年度には、全国で（❶）件の公害に対する苦情・ちん情があったのね。

ゆうと：特に多いのが（❷）だね。

みさき：苦情・ちん情が501件以上の都府県は、（❸）がさかんという特ちょうがある地域だと考えられるね。

ゆうと：公害に対して、国はどのような取り組みをしたのか調べてみよう。

（1）❶〜❸の（　）にあてはまる数やことばを書きましょう。

❶20502　❷そう音・しん動　❸工業

（2）資料2の四大公害病の原因を、資料1中の円グラフからそれぞれ選んで書きましょう。

① 水俣病　　　　　　水のよごれ

② イタイイタイ病　　水のよごれ

③ 四日市ぜんそく　　空気のよごれ

④ 新潟水俣病　　　　水のよごれ

年	国の主な取り組み
1958	工場はい水規制法ができる。
1967	公害対さく基本法ができる。
1970	水質おだく防止法ができる。
1971	環境庁ができる。
1993	環境基本法ができる。
2001	環境庁が環境省になる。

（3）下線部について、国が行った取り組みを調べたゆうとさんは、上の年表をつくりました。年表を参考にして、国はどのような取り組みをしてきたのか、30字程度でまとめましょう。

例 公害対さく基本法などの法りつや、環境省をつくった。

115

1

（1）❶ 資料1の円グラフから、1966年度には20502件の苦情・ちん情があったことがわかります。下の円グラフは2021年度の公害の苦情・ちん情数です。1966年度に比べて件数は増加していますが、空気のよごれ、水のよごれのわりあいは少なくなっています。1966年度の公害は、環境よりも工業などの発展を優先したことにより、工場が排出するけむりや有害物質などが原因となって発生しました。それに対して、2021年度の公害は、ごみなど、人が原因となるものが増加しています。

公害に対する苦情の内訳

- その他 16.9
- そう音 25.4 ％
- ごみ 13.4
- その他 3.4
- 水のよごれ 7.3
- 14.1
- いやなにおい
- 空気のよごれ 19.5
- 典型7害公
- 他の公そ害
- 2021年度 7万3739件

「典型7公害」のその他には、土のよごれ、しん動、地ばんちん下があります。「その他の公害」のその他には、日照不足、通風ぼう害、い法電波などがあります。

（日本のすがた2023）

❸ 苦情・ちん情が501件以上の都府県は、すべて主な工場地帯・地域がふくまれる太平洋ベルトに位置しています。

（2）資料2の地図から、水俣病、イタイイタイ病、新潟水俣病は水のよごれ、四日市ぜんそくは空気のよごれが原因だとわかります。

（3）年表から、公害対さく基本法や環境基本法などの法りつをつくったり、環境省という専門の機関をつくったりしたことがわかります。

ポイント 国や自治体、工場、地域の人々が協力して、公害が起こらないようにしているよ。

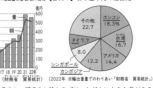

左ページ（問題）

社会　まとめ問題（1）

1 今日の夕食はかなたさんのリクエストで、焼肉となりました。これから買い物に行くかなたさんとお母さんは、国産牛と輸入牛の食べ比べをしようと思い、牛肉について調べ、資料1～4を見つけました。

【資料1】国産牛肉と輸入牛肉の価格の変化

国産牛肉（冷ぞうロース）（円/100g）
輸入牛肉（冷ぞうロース）（円/100g）
（農林水産省　食品価格動向調査）

【資料2】日本とアメリカの肉牛を飼う農家のちがい
・日本の肉牛より、アメリカの肉牛のほうが早く出荷されるので、えさ代が安くすむ。
・日本は屋根のある牛舎で飼育しているが、アメリカではほとんど屋根のない牧場で飼育しているため、施設にかかる費用が少なくてすむ。
・世界最大の農業国であるアメリカでは飼料を安く手に入れられるが、日本では飼料のほとんどを輸入にたよっている。
・農家の一戸あたりの肉牛の飼育頭数が、アメリカは日本の約3倍である。

【資料3】日本産牛肉の輸出量と輸出額の変化
【資料4】日本産牛肉の輸出先
（財務省　貿易統計）
ホンコン18.3%
台湾16.7
アメリカ14.4
カンボジア12.2
シンガポール8.0
タイ7.7
その他22.7
（2022年　※輸出重量でのわりあい「財務省　貿易統計」）

かなた：資料1を見ると、国産牛と輸入牛では、ねだんに大きな差があるね。例えば、2022年12月のねだんは、国産牛のほうが、約（❶）倍高くなっているよ。資料2を見ると、日本と外国では、牛の育て方に大きなちがいがあるみたいだし、それが原因かな。

116

点

お母さん：そうだね。ほかの農産物も、アメリカでは、日本と比べて広い耕地で大型機械が使えるから、少ない（❷）で安くたくさん生産できるみたい。それに、輸入食品のねだんには（❸）などがふくまれているから、現地ではもっと安いはずだよ。

かなた：このままだと、国産牛は減ってしまうのかな。

お母さん：心配だね。でも、資料3と資料4からわかるように、日本の牛肉のおいしさが知られるようになって、経済が急速に発展している（❹）の国を中心に、輸出が（❺）しているよ。

かなた：本当だね。でも、食品の輸入が増えることで日本全体の（❻）が低下しているのが大きな問題だよね。何かできることはある？

お母さん：例えば、すぐにできることとして、（❼）ということがあるよ。

かなた：じゃあ、今日野菜を買うときは、どこでつくられたかに注目しよう。生産者の顔が見える野菜は安心だしね。

(1) ❶～❻の（　）にあてはまる数やことばを書きましょう。
[1問 10点]

❶ 2.4	❷ 例 人手	❸ 例 輸送費
❹ アジア	❺ 増加	❻ 食料自給率

(2) ❼の（　）にあてはまることばを、20字程度で書きましょう。[20点]

例 なるべく国内で生産された食料品を食べるようにする

(3) 下線部の理由を、「輸入食品」ということばを使って、30字程度で書きましょう。[20点]

例 輸入食品はどこでどのように生産されているかわかりにくいから。

117

右ページ（解説）

1 (1) ❶ 2022年12月の100gあたりの牛肉の価格を比べると、国産牛肉の価格がおよそ850円に対して、輸入牛肉の価格はおよそ350円となっています。850÷350＝2.42…で、約2.4倍です。

❷ アメリカでは、広大な土地で大型の機械を使うため、少ない人手で大量に農産物を生産することができます。

❸ 輸入される牛肉のほとんどは、冷ぞう・冷とう専用の船で運んでいます。輸入される牛肉は、輸送費のほか、輸送中の事故に備えた保険料、輸入品にかかる税金（関税）、輸入業者の手数料などが、日本で売られる価格にふくまれます。

❹❺ 資料3から、日本産の牛肉の輸出量が増加していることが読み取れます。資料4の「その他」以外の輸出先のうち、アジアは62.9%をしめています。

❻ 国内で食べられる食料のうち、国内で生産されたわりあいが食料自給率です。日本は外国に比べて食料自給率が低く、大きな問題となっています。特に、わたしたちの食生活に欠かすことのできない、小麦、大豆、果物などの食料自給率が低くなっています。

(2) 食料自給率の低下を防ぐには、①国産の食料品の生産量を増やすことと、②国産の食料品を食べる量を増やすことがあげられます。すぐにできることとして、②の方法を書くことができていれば正解です。

(3) 農産物をつくるときに使用してもよい化学肥料や農薬は、国によってちがうため、輸入食品の中には、日本で使用できない化学肥料や農薬が使われている場合があります。輸入食品は国産の食品よりも、どこでどのように生産されているかわかりにくいということが書けていれば正解です。

社会

まとめ問題（2）

1 つむぎさんとお父さんは、地球環境についての資料1～3を見ながら話しています。

つ む ぎ：今年の夏は去年よりも暑いね。

お父さん：地球（❶）が関係あるといわれているね。

つ む ぎ：資料1を見ると、1890年から2020年の間に、世界の平均気温が（❷）℃以上も高くなっていることがわかるよ。

お父さん：地球の気温が上がると、どんなことが起こると思う？

つ む ぎ：資料2を見ると、（❸）が上がることで、島がなくなってしまうおそれがあるみたい。なぜ、地球（❶）が起こるのかな。

お父さん：いろいろな原因があげられているけれど、一番の原因は（❹）を中心とする温室効果ガスにあるといわれているよ。

つ む ぎ：（❹）がこんなに増えたのは、なぜなの？

お父さん：（❹）は主に、（❺）や石油といった燃料を使うことで発生する

【資料1】世界の平均気温の変化

（気象庁資料）

【資料2】地球の気温が上がると起きること

さばく化が進む　海面が上がる　氷河がとける

【資料3】世界の（❹）はい出量の予測

（環境省資料）

118

点

よ。世界中で金属工業や化学工業などが発展して、産業の（❻）化が進むことで、燃料をたくさん使うようになり、（❹）のはい出量が増加したんだ。

つ む ぎ：資料3を見てもわかるように、（❹）のはい出量を減らすためには、世界中の国が協力しなければならないんだね。

お父さん：そのための会議が開かれているけれど、なかなか意見がまとまらないんだよ。

（1）❶～❻の（　）にあてはまることばや数を書きましょう。同じ番号の（　）には、同じことばが入ります。
［1問 10点］

❶ 温暖化	❷ 1	❸ 海面

❹ 二酸化炭素	❺ 石炭〔天然ガス〕	❻ 工業

（2）下線部について、
資料4を見つけました。
温室効果ガスを減らすための先進国、発展途上国の考えを、資料3と資料4をもとに、それぞれ20字程度で書きましょう。
［1問 20点］

【資料4】

温室効果ガスのはい出量を増加させてきた先進国に責任があり、はい出量を減らす義務は、先進国がまず負うべきであると、発展途上国からの根強い主張がある。

・先進国の考え

これから先、（❹）の多くは発展途上国がはい出するため、

例 発展途上国のはい出量を減らす必要がある。

・発展途上国の考え

これまで、（❹）を多くはい出してきたのは先進国であり、発展途上国はこれから工業化を進めて経済発展をしていくので、

例 先進国にはい出量を減らす義務がある。

119

1

（1）❶❹ 二酸化炭素やメタンといった温室効果ガスの増加により、地球の表面の温度が上がることを、地球温暖化といいます。

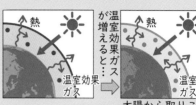

が温室効果ガス増えると…

太陽から取りこむ熱が増える。

❸ 1901年から2010年の間に海面が19cm上がっていて、21世紀の間に最大で82cm上がるとされています。

❺❻ 工業が急速に発展し、石炭や石油のような燃料をたくさん使うようになり、二酸化炭素のはい出量が増えました。下のグラフは、世界の二酸化炭素はい出量の変化で、特に、20世紀以降のはい出量は急増しています。

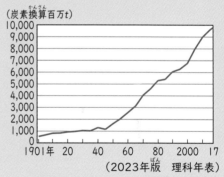

（炭素換算百万t）

（2023年版　理科年表）

（2）発展途上国はこれから経済が成長していくので、二酸化炭素を多くはい出することが考えられます。そのため、先進国は、発展途上国のはい出量を減らすべきだと考えています。一方、すでに産業が発展している先進国は、これまで多くの二酸化炭素をはい出してきました。そのため、発展途上国は、先進国のはい出量を減らすべきだと考えています。それぞれの立場で、上記のことが書けていれば正解です。